5

杂文卷

柏杨全集

人民文学出版社

图书在版编目(CIP)数据

柏杨全集:限量版.5/柏杨著.—北京:人民文学出版社,2010

ISBN 978-7-02-008000-7

Ⅰ.柏… Ⅱ.柏… Ⅲ.①柏杨(1920~2008)-全集②杂文-作品集-中国-当代 Ⅳ.C52

中国版本图书馆CIP数据核字(2010)第049022号

责任编辑:常雪莲 马玉梅　装帧设计:翁 涌
责任校对:常 虹　责任印制:张文芳

5 杂文卷

柏杨全集

神魂颠倒集

鬼话连篇集

大愚若智集

目　　录

神魂颠倒集

鬼话连篇集

大愚若智集

神魂颠倒集

提　要

《神魂颠倒集》谈离婚、老人的寂寞、三种择偶标准各异的女人类型、爱情的试探、红颜薄命，以及女人的美貌，主题大致围绕着婚姻发展。

柏杨分女人为见钱眼开型、艺术气质型、不求甚解型三种，指出大多数女人都不求甚解，马马虎虎、大而化之，而见钱眼开型当配老板经理，穷文化人则有艺术气质型的女人欣赏，如果错配，都是不适合的婚姻。至于离婚，虽是一种社会公认的“能不就不”的行为，却也是拯救苦命配偶的唯一方法。他更分析一种“拖”式的拒绝离婚，阐述其本质并不是因为爱情太多，而是利润太少，恶婚姻自当愈早结束愈好。在经营婚姻上，柏杨主张在婚前应多加选择，而婚后则只能冷眼旁观地考察而不应该加以试探。

序

自从盘古先生手执大斧，对准混沌宇宙，拦腰一砍，砍成了两半，上升者清清为天，下沉者浊浊为地，世界上就开始布满了男男女女所设的网罗、圈套和陷阱。男人设的，为的要捉一个妻子；女人设的，为的要捉一个丈夫。这种与开天辟地俱来的永恒奋斗，随着时代的进展，越来越烈，也越来越花样百出。有些捉了一辈子都捉不到；有些捉了十年才有斩获；有些一下子就捉到一个如意的，好不兴头；有些却窝窝囊囊捉到一个不如意的，恁怎么甩都甩不掉。有些被捉的猎物对猎人爱慕有加，有些被捉的猎物则于心不甘，挣扎踢腾，杀声震天。

天底下似乎是愉快的婚姻不多，盖大家宁肯用尽心机去制网罗，去摆圈套，去挖陷阱，却不肯用爱情和智慧去造一个坚固的笼也。捉固然困难重重，一旦捉到啦，如果没有坚固的笼，最后恐怕仍是一场空。

美满的婚姻是人生的避风港，不美满的婚姻则是港里的里风雨。柏杨先生有鉴于此，于日理万机之余，乃有《神魂颠倒集》之出版，各文均在台北《自立晚报》上发表过。呜呼，婚姻幸福，是舒服的神魂颠倒；婚姻不幸福，是倒霉的神魂颠倒也。

是为序。

甲辰年十月于台北柏府

1. 征答骗局

记不得确实的日子啦,大概是今年(1964)年初,一个风雨冷冽之晚(柏杨先生按:台湾这地方真怪,似乎只有夏天秋天冬天,而没有春天,大概是夏天为时太长,把春天挤掉啦。于是所谓春天也者,不是下雨,就是刮风,不但没有乐趣,简直没有生趣),台湾电视台上演《电视法庭》节目,不禁怦然心动,如痴如迷,急唤老妻前来一同观礼。她阁下观礼之后,笑得连假睫毛都掉了下来,诚异数也。

那一天上演的是一场离婚官司。电视上男主角是一位中年以上的老实人,太太是续弦,精明能干,眼睛都会说话,两位肩并着肩,站在公堂之上。男主角告状的目的是要求离婚,女主角一听离婚就怒火上升,谈啥都行,谈离婚不行。我爱你爱得要命,你岂可把我玩腻了之后一脚踢。说到伤感之处,哭了没有,时间隔得太久,记不清矣,不过她的痛心疾首,却颇得观众同情。

然而男主角硬是要离。他在公堂上申诉他的委屈,说他们婚后的感情,本来非常美满,可是自他不幸出了车祸之后,眼看有一命归天的希望,情形就忽然大变。她不但不再温柔啦,反而脸色铁青,巴不得他早死,以便名正言顺地接收他的黄金美钞。不特此也,还趁他在病床上哎哟之际,悄悄地把他名下的存款,过户到她自己名下。不特此也,她还虐待他前妻的女儿,该女儿年方八岁,每天浑身发抖地在门口等候父亲回来,但她还是要照常毒打,以致在家不能立足,只好送到朋友家抚养。不特此也,他进医院住的是大房间,她为了省钱,却要求搬一个小房间。不特此也,还有很多别的。

接着太太对他的话一一加以反击,你说我不温柔乎?你叫怎么做才算温柔?我得到你入院的消息,不是马上赶去,嘘寒问暖,临走时还吻了你阁下一嘴乎？又说我盼你早死，更是异想天开，我巴不得你活一千岁。又说我把你的金银财宝过户到我名下，那是你自己同意的呀，而且连朋友还有通财之义，何况你我夫妻，即令不同意也没有关系呀。至于说我虐待前任的女儿，噫，真是一颗好心被当成驴肝，当母亲的难道忍心看孩子学坏，不加管教乎哉？至于说住医院大房间换小房间，那是小房间比较幽静，而且花的是你的钱，呜呼，节约是一种美德，你总不能把美德当作恶行吧。

大致情形如此如此，我想当天电视机前的观众，看了后恐怕都会像柏杨先生暨夫人一样，会心微笑之余，痴迷的痴迷，掉假睫毛的掉假睫毛。盖故事太熟悉啦。如果男主角年纪大一点，如果不是出的车祸而是跌断了腿，如果不是小女儿而是大女儿，便和当时轰动全国的蒋梦麟先生和徐贤乐女士的离婚官司一模一样矣。电视法庭上演这一幕，其目的似乎也正是如此，并且剪裁一番后，悬赏征答，垂听一下社会舆论。

电视法庭为啥把蒋、徐二位当作蓝本，我不知道，但这种方式我非常赞成，该法庭过去上演的全是些架空问题，好像和现时代距离十万八千年。演者出汗，看者稀松，有啥意思哉。不过用现实的材料，危险性似乎颇巨，一旦撞了谁的脓包，恐怕就有一阵子人仰马翻。所以电视法庭此一壮举，诚了不起的勇气，老板大人应该查出设计人是谁，给他一个金像奖。

那一天节目是有奖征答的，第一奖大概三百元，第二奖二百元，第三奖一百元，我说“大概”，实在是记不清矣，可能还要多些，第一奖说不定是五百元。反正有奖就是啦。柏杨先生天生的见钱眼开，而且谈谈男女官司，也颇中下怀，当时不声不响，背着老妻（她是站在女人立场，反对离婚的），遵照规定，写了一千字，隆重寄出。一则盼望能得个第一奖，就有三百元；一则盼望敝大作刊在该台出版的《电视周刊》上，出出风头，门楣生辉。

想不到寄出之后，好像招商局的沉船一样，一直没有消息，不但沉掉了的船没消息，连如何整顿也没消息，真是等死人也。大概过了七八个星期,我就写了一封大函寄给该节目主持人田敏媛女士,问她是啥缘故。事被老妻知道,骂我老而不死,人穷气大。其实非也,而是我觉得这年头骗局太多,不了了之的事也太多,都出在老妻这种态度上。仅征答征文上,便有数不完的花样,应征的家伙们可怜兮兮,不做声则罢,谁如果不肯识相,稍微一嚷,噫,你竟然有个性,不甘心被整呀?好吧,我不录取你的大作,不犯法吧。你说你的文章妙,我连鼻子都能嗤出三个孔来。柏杨先生写出第一封信之后,过了很久,没有消息如故。乃再写第二封信,写第二封信时就下定决心,如果仍没有答复,我就来一个百万封信运动,不得到回信,誓不罢手。

结果第二封信去后,原稿退回,还附有一封十分客气的油印信,信曰:

一、《电视法庭》前曾以离婚案征求观众解答,惠蒙赐稿,至谢,以评阅费时,有劳盼望,请赐原谅。

二、业经评阅完毕,除录取陈大伟、毛叔明、古岩之先生等三名,并发给奖金外,余均赠送《今日画刊》一本,藉酬雅意。

三、随函附上《今日画刊》一本,敬请查收为感。

呜呼,太太是人家的好,文章是自己的好,如今有比柏杨先生更好的大作出笼,怎不叫人紧张,当时就去买了一瓶眼药水,准备拜读。

2. 落选原稿

可是不但台湾电视台的《电视周刊》上始终没有,连《电视法庭》上报告两句,向观众作一个交代,也始终没有,好像当初根本没有堂而皇之的宣布一样。如果换了一位温柔敦厚、颇有前途的乡愿之士,也就罢了,偏偏柏杨先生乃好事之徒,就又写信去问。第一封照例没答复,我就写第二封,第二封没答复,我就写第三封,并且提议把那三篇入选的大作寄给我,由我向《自立晚报》推荐发表,以便世人开开眼界,增增见闻。大概太过于咄咄逼人,这才算回信来啦,是剧作家朱白水先生写的,告诫我说,算啦,《电视周刊》所以未登,因时间隔得太久之故。这时候我才想起他也在该电视台吃饭。大概田敏媛女士跳高之余,被他看见,路见不平,拔刀相助,我只好收拾摊子矣。不过我却回了一信给朱先生,说我还是要把事情的始末乱嚷嚷的,盖我怀疑他所说的理由,我想这是"不了了之学",虽正人君子都不免也。该节目主持人高仰止先生,乃法学大师,不知道有没有同感也。

以上都是闲言废话,天下只有神经病兼不知趣分子,才会在应征落选后乱叫乱闹,这只有丑态毕露,使主办人兴"人心不古""再也不征啦"之叹外,别无收获,柏杨先生何必努力去娱乐他人的五官哉。不过一则感到利用应征人这种弱点而欺之骗之的风气,竟侵略到新兴的机构,实在可怕。一则我也想借此为引,谈谈问题。因离婚是爱情的终结(当然也有不终结的,好比阔大代表,为了领两份津贴而假离婚,爱情固然存在),事体太大,每人都应研究研究也。

现在且把那一次柏杨先生应征而落选的原稿,一字不易,抄录于后,恭请一览,文曰——

看了贵台《电视法庭》的案情,特此应征。假如我是法官,我的判决是准他们离婚,不但准他们离婚,而且还寄予男方以无限的同情,这里请勿误会我是男人故而同情男人,如果他们的遭遇反转过来,我会百倍同情女方。

仅从法律观点,男主角要求离婚,已可确立,我们不必再帮他多搬条文,就他提供的那些条文就够啦。主要的是,离婚应用的是民法,而婚姻又不外乎人情,这个案子可能会使人误认为涉及到"遗弃"问题,好像男人把女人玩腻啦,便一脚踢之,女方哀哀无告,只好紧抓住不放。天下没有一个女人愿意她的同性被男人玩腻了一脚踢开的,所以在男人提出离婚之诉的案子中,女人总是同情女人。这个案子如果造成这种印象,真是一个大大的不幸,因为无论从哪一方面,精神的或物质的,都没有"遗弃"的存在。

应征原稿续曰：

男方说他现任妻子虐待他前妻的八岁女儿，女方说没有；男方说他撞车受伤后女人不够温柔，女方说她温柔得很，而且临走时还给了他一吻；男方说多花钱住院没关系，女方说当然有关系，而且省钱为的是你好呀；男方说女方打他钱的主意，女方说她啥主意都没有打。两人成了尖锐的对立，这种对立恐怕连上帝都没有办法，盖再能干的官，都难断家务事也。好比温柔吧，女方说，我吻都吻你啦，还不叫温柔，你说叫啥？你说我干啥才算温柔？恐怕全世界的人都得瞪眼。但问题就在这里，温柔不温柔，爱不爱，是主观的而非客观的，第三者不可得而知之，第三者一定要知之的话，只能看它的内涵，不能看它的形式，打一耳光可能是恨，也可能是爱。而吻之摸之，可能是爱，也可能是巴不得他早翘辫子。我想法官老爷从人情上去想爱情，就可以一矢中的矣。

无论如何，男方如不是有锥心之痛，他不会把女儿送走。亲娘当然照打女儿不误，但即令是亲娘，把孩子打得浑身发抖的在门外盼望父亲归来，都不能原谅，法官都应允许父亲要求离婚。男人被车撞伤，依人情之常，妻子便是卖儿女，都不能要求住小一点房子，接受次一等的待遇，否则她和蛇蝎何异？

这个案子的女方，恐怕是太急吼吼的啦，以致成了欲速反不达的局面，我想天下所有男人——包括法官老爷在内，都不会情愿有这样的妻子。而所有的女人，恐怕也不见得愿交这样的朋友。钱，钱，钱，即令是男人主动，即令是结发夫妻，而在丈夫卧病期间，把钱急吼吼过户，都使人不能忍受。看起来她不肯离婚，不是爱他，恐怕是想慢性害他。和这种人在一起，一天到晚都会心惊肉跳。不幸和她结了婚，就应该允许男人提出正当防卫——那就是离婚。因此，拜托贵法庭，让他们离婚为宜，救人一命，正是此时。

抄录已毕，仍盼望拜读拜读三位入选的大作，以长见闻。不过遗憾的事并不仅此一件，还有第二件，那就是《电视法庭》自创办以来，每件案子,都有判决,也就是说,都独自成为一个完整的体系,只有这件名人离婚案没有结论,好像一条神龙,见首不见尾,悬在那里,悬得柏杨先生牵肠挂肚。大概该案涉及到权贵人物,故而不敢结论。盖玩玩可怜的应征人,玩玩可怜的观众,没啥了不起。万一碰到权贵,恐怕有卷铺盖的危险。呜呼,这是现世相的又一面,世人不可不欣赏也。

3. 离婚官司

蒋、徐二位终于离了婚,事情刚发生的时候,各报大登特登,后来大官关照下来,忽又闭口不言,以致读者先生们弄不清来龙去脉。有人说这乃是私人的家务,婚姻不幸福,起而离之,虽谈不到是啥家丑,但也谈不到是啥喜事,不应大加嚷嚷。不过一个人如果有相当知名度,他的私生活就很难严格地被隔离在公生活之外。好比说柏杨先生在马路上跌了一跤,跌得鼻血直流,顶多路人围将上来,喝几声倒彩。而英国女王伊丽莎白二世女士如果也露了这么一手,恐怕报上有得登哩。这一点我想当事人总能于心烦气恼之余,寄予谅解也。

从这场离婚官司上,我们得到不少启示,最主要的一点是,把爱情放到第二位的人,绝不是一个好配偶。我说"绝"者,"绝对"之意,比自然科学上的定律还要固若金汤,牢不可破,根本没有例外。男人如果唯权力唯金钱是视,就不会是个好丈夫;女人如果也唯权力唯金钱是视,也就不会是个好妻子。杜鲁门先生的女儿不在她爸爸当总统时嫁人,就是怕该臭男人不是爱她,只不过想接近总统。

这年头穷小子想讨一个太太,简直比登天都难。身无一文,不要说去阳明山碧潭郊游,耳鬓厮磨一番啦,连在三流冰店吃盘刨冰都吃不起,小姐一看他的模样,想起结婚后可能受的奇苦,你就向她磕头如捣蒜都没有用。于是有些小子骂大街曰:"看我得了爱国奖券第一特奖,她不爬着来才怪。"得了第一特奖之后,她是不是真的爬着来,我不知道。但穷小子难以找到理想太太,却是铁案如山。

那么,一个百万富翁要讨一个太太,看起来应该易如反掌了吧,其实他反而更难,至少不比穷小子容易多少。即以穷小子忽然得了第一特奖而论,从前理都不理他的那位如花似玉,果然爬着来啦,而他也雇了花轿,吹吹打打娶了她阁下,能幸福乎哉?她并不是爱你的人,而是爱你的第一特奖,恐怕以后的日子有得折腾的哩。若干年前,看过一部美国电影,片名忘之矣,一个财势双全的男人,娶了一个漂亮得不像话的美女。求婚之时,她曰:"你知道我不爱你。"财势双全曰:"不爱没关系,我就要你这个美丽的胴体。"

结婚之后的日子并不好过,我想他是得了她美丽的胴体。不过用不了多久,他想碰她一下都不行,她早早地就锁住房门,睡了大觉,他阁下是有身份的大亨之辈,总不能大喊大闹,表演强奸。其实即令表演强奸也没有意思,只好苦水往自己肚子里流。这么过了几年,有一天,有一位漂亮小姐自动送上门来,二人约会在旅馆见面,见面也者,不过谈谈,根本没啥,可是她竟搂住他亲了个嘴。他正在发愣,只听得喀嚓一声,拍下了照,他太太站在面前,长叹一口气曰:"我等这个镜头,等了三年。"言毕,如释重负,掉头而去。结果因通奸有据离婚,代价是他家产的一半——将近一千万美金。

女孩子如果尊容奇丑,和男人腰包奇贫一样,要想嫁一个如意郎君,恐怕也困难重重。就是有一个臭男人,一时不慎,娶了她阁下,后果如何,总使人担心。魏晋时代的许允先生,够正人君子了吧,他的妻子阮小姐,三世纪第一才女。可惜的是,她阁下和柏杨夫人犯了同一毛病,就是长相不太高明,不仅不太高明而已,简直还不堪入目。新婚之夜,许允先生抬头一瞧,哎呀不好,不管三七二十一,拔腿就跑,就在客厅铺下被子,睡了下来。家人惶惶,无可奈何。正在这时候,朋友驾到,阮小姐急叫丫头前往探听,回告曰:"来的是桓范先生。"阮小姐安心曰:"用不着担忧矣,桓范先生是有见识的人,必能把许允劝进来。”果然，桓范先生一见许允先生唉声叹气，就知道原因出在什么地方，乃曰：“阮家是有名的世家，既把丑女嫁你，一定有其道理，你应三思。”许允先生想一想，对呀，就转回洞房，可是理智克服不了感情，一看阮小姐的模样，心惊肉跳，扭头就要再度逃亡。这一次阮小姐胸有成竹，知道他这一走，就再不会回来，乃上前一把拉住。

这一拉不打紧，许允先生跳起高来，喊曰：“妇有四德，阁下有几？”四德者，妇德，妇言，妇容，妇功。意思就是说，你阁下长得如此之糟，叫我如何咽得下也。如果换了没见识的女孩子，受此大辱，早把手一松，哭了起来，而一哭准砸。前不已言之乎，阮小姐是第一等才女，当时就反问曰：“我所缺少者，只妇容耳。然士有百行，阁下有几？”许允先生吹曰：“皆备。”于是阮小姐曰：“士有百行，以德为首，你老哥好色不好德，怎敢胡说皆备。”

古书上说，许允先生听后，面有惭色，二人遂互相敬重。不过柏杨先生却一直为二人的恩恩爱爱担心，盖敬和爱是两件东西，有时候固然可以合而为一，但却不能互相冒名顶替。好比说有一位如花似玉一瞧柏杨先生的学问如此之大，道德如此之高，不禁肃然起敬，然而她能因尊敬敝老头之故，而就爱上敝老头乎？又好比柏杨先生最近老境无聊，养了一条小狗，芳名“莉莉”，我爱它爱得要命，前天老妻踩了它一脚，我就立刻暴跳如雷，然而我却不能每天都对它阁下鞠躬也。阮小姐靠她的学识和机智，虽然争取到洞房花烛之喜，以后的日子，总不能指望许允先生整天念念有词“好德不好色”吧。

这个故事有多方面的意义，我们现在说的是，即令是天下第一等才女，因她奇丑，找一个如意丈夫，还受到如此羞辱，而又如此惊险。其他泛泛者流，只好埋怨命苦矣。

4. 安全感

然而,如果奇丑的女孩子手中握有十亿美金,或者她爹是现任皇帝,甚至她本人就是女王,恐怕臭男人一哄而上,发誓她美如天仙,艳若桃李,爱她爱得要命,发誓愿为她跳河。请问明察秋毫的读者老爷,这种婚姻能幸福乎?圣人因而有诗曰:"床头黄金尽,富婆无颜色。"其实等到黄金花光啦,丈夫再把她一脚踢,还算福气冲天。往往是,丈夫心如火焚,根本等不到床头黄金尽,也等不到她寿终正寝,就安排下天罗地网。这种现象是文学戏剧重要的题材,桩桩件件,使人惊悸。美国曾发生这么一件事,一个半身不遂的老处女,年龄大概四十多岁,孤苦了一生,积蓄下来一笔庞大财富。有一天,一个三十岁左右的青年闯到她生活里,伺候她汤药,陪她谈天,照顾得无微不至。她起先还提高警觉,后来仔细观察,该臭男人来路正派,一切都是善意的,也就诚心诚意接受了他的爱,二人遂隆重结婚。结了婚后,该臭男人爱她更爱得入骨,视金钱蔑如也,不但不动用她的积蓄,反而坚持他是一家之长,为妻子看病当然要花丈夫的钱,于是全城都为这个爱情的故事所感动。然后太太提议把她的受益人改成他的名字,他表示反对,但最后仍是听了她的。这样过了若干年,时机终于成熟,情节不必细表啦,反正是他伸出尊手,把他至爱的太太活活扼死。当可怜的太太刚刚辗转断气,三作牌在窗外正好瞧个正着,臭男人吃了一惊不说,而最吃惊的还是三作牌。他问该杀妻汉曰:"你为啥杀她?"真的,他为啥杀她?无怪三作牌不懂,原来该可怜的太太对丈夫的恩情,万分感动,不忍心这样下去拖累他,决心自杀,还他自由。为了怕世人怀疑是她丈夫谋害的,所以特地向警察局写了一信,说明她对他的爱和她的决定。当她丈夫扼死她之时,正是她要服毒之时。三作牌接到该信,一看时间紧迫,立刻飞奔赶往,却万料不到恰恰撞个正着。

这不是说凡是把爱情放到第二位的太太,一定把丈夫杀掉;也不是说凡是把爱情放到第二位的丈夫,一定把太太杀掉。而是说,凡是把爱情放到第二位的配偶,至少不会带来幸福。盖笑容如果是用钱买来的,不必说钱用光后,动刀动枪啦,就是钱用不光,该笑容也没有意思。物质世界都有代替之物,出门没有汽车,三轮车也可;写字没有钢笔,原子笔也可;吃茶没有茶叶,麦芽炒炒也可。只有精神世界没有代替之物,父亲病故,无法再找一个爸爸。没有儿女,用金刚钻塑成一个小孩,都不是那么回事。没有爱情,就是每天有一百个裸体美女包围着你又唱又跳,又点烟又喂酒,心灵仍空虚无主。

夫妻间如果把爱情放到第二位,他的生活顶多是安适的,过一辈子庸庸俗俗的日子。如果对事业对金钱,怀有强烈的欲望,那么不要说幸福啦,简直还后患无穷,有受不完的痛苦。弄到最顶尖时,一不小心,警察局甚至还要破获"闺房大血案"。注意的是,我们说的"痛苦",是双方都有痛苦,除了使人痛苦外,也使自己痛苦。

若干新时代的女孩子,胆大如天,往往公开宣言她就是非钱不嫁。嫁给有钱的,我不反对,也不认为她没灵性,但我怀疑她将来会不会快乐。这不等于说有那么一天,丈夫把她玩腻啦,或把她玩得人老珠黄啦,赶出大门。有一件也是真人真事。在警察局有档案的,美国洛杉矶,一对夫妇焉,丈夫是一位名震天下(其实只是名震美国)的棒球队员劳勃森先生。有一天,他的妻子黛丝女士泣曰:"打铃,你已经半个月没跟我说一句话啦,为啥你不能恢复从前的热情?"该丈夫冷笑曰:"这要问你自己,为啥你不能恢复从前的美貌?"太太不但伤了心,而且受了辱,捞起球棒,照她丈夫阁下的尊头上就是一棒,打得他立刻驾崩。

实际上玩腻啦也没啥了不起,她在本质上是轻视精神生活的,所以到了人老珠黄之后,打打牌,信信教,上上美容院,每天忙碌,也就无暇嫉妒新上任的小妖精。问题就在于,即令在正常情况下,她在物质欲望上，也痛苦非凡。一个人为啥喜欢钱乎哉，大概不外两个原因，一是为了安全，一是为了炫耀。安全者，她阁下的芳心里特别有一条筋，该筋使她精神恍惚，无依无靠，父母兄弟固不可靠，朋友儿女也不可靠，夫妻随时可离，更不可靠。至于爱情，噫，爱情是啥？多少钱一罐？屁还有点臭味，爱情连臭味都没有也。呜呼，耶稣先生的盘石是圣彼得，安全感的盘石是银子。

炫耀者，一种肤浅的虚荣心，项羽先生一当上国王，就想回家教亲戚朋友瞧瞧。女孩子本来穷得惨兮兮，玉头削尖，弄到手纺织公司小老板，既有汽车，又有电冰箱，别的女孩子，别瞧她当初跟我同班，功课还比我好，门门都是一百分，可是她却嫁了一个教书匠，弯腰驼背，面有菜色。一旦二人相遇，左比也比她强，右比也比她强，怎能不舒服万状。

然而，安全感乃一种心理状态，不是科学的焉，盖一座一千层的摩天大楼，工程师可以很快地计算出需要多少包水泥，就可以安全。而一个人的安全，有谁能计算出需要多少银子乎？柏杨先生从前穷极生疯，心里想，只要有一千元的积蓄，就安全啦，万一有个头痛脚痛，不至于马上就闹饥荒。可是最近财星高照，没有半年工夫，就攒了八百余元，眼看就要满千，好不快活。可是今天却又觉得不对劲，倘敝阁下忽然害的不是头痛脚痛，而是急性盲肠炎，不是照样得马上闹饥荒乎？

因为安全感是一种心理状态，所以永无止境。身无一文时，觉得一千元便安全啦；等到有一千元时，便觉得必须有一万元才安全；等到有一万元时，又觉得非十万元不可。钱数永远是安全感的十分之九，钱再多，它可以很接近安全感，但却一辈子都不能满足安全感，狂追下去的结果，永远达不到目的，反而弄得心如刀割。

炫耀的基础是“比较”，没有比较，便没有炫耀。张太太穿着海勃龙大衣，坐着自备三轮车，路上碰见落魄老情人，向他嫣然一笑，心中飘然曰：“幸亏没有嫁给那小子。”可是再往前走，有一辆本年份的小汽车风驰而过，噗嗤一声，溅了她一身泥。抬头一看，汽车里坐的不是王阿三乎？他正向自己也嫣然一笑哩。这一笑不打紧，头轰的一声，可能立刻就表演倒栽节目。俗云："人比人，气死人。"一定要处处向人嫣然一笑，就会终于有一天笑不出来，憋得脖子发粗。

经济学上有欲望无穷律，好像只指物质欲望，事实上精神欲望也是无穷。不过最大的差别是，精神欲望本身就是一种快乐，而物质欲望则是一种痛苦。物质欲望达到目的的那一眨眼工夫，固然欢天喜地，可是一眨过眼，新的欲望兴起，就又陷于如火如荼之中。这不是说人不应该有物质欲望，也不是说物质欲望罪恶，而是说，物质欲望如果超过精神欲望，就等于忽冬一声掉到十八丈深的枯井里，一辈子都别想重见光明。

电台上吴明先生主持的《说说唱唱》节目，是近百年来台湾广播界最好的节目之一，读者老爷不信的话，一听便知。有一次听见他们在高谈阔论"还少一间""还少一件"，连老妻那种呆头鹅都前仰后合。盖男人盖房子，房子再大，房间再多，其结果仍是"还少一间"，大概把纽约帝国大厦给他，他都不够住。而太太小姐买衣服，也有同样毛病，再多的衣服，都是仍少一件，不是少一件出客穿的，就是少一件宴会穿的。晋王朝的何曾先生，每天吃一万元美金，还嫌太过于简单，没有一样好菜，无法下筷子。如今的太太小姐即令衣橱里满坑满谷，门口还有裁缝店老板正在按电铃又送十件新的来啦。她反正还是少一件，天老爷都改不了也。

5. 欲望无穷

正因为物质欲望是无穷的，所以人必须能够自我克制，克制当然痛苦。好比说柏杨先生一直想做一套笔挺的西装，以便遇有机会，穿上亮相，使那些一向瞧不起我的小子大吃一惊。可是做那样一套，据说要二千元之谱,而且还是中等的,上等货简直要五六千元,仅只这个数目就叫我高血压。盘算了一番之后,我就决心自动不做啦,谁要谈到"佛是金装,人是衣装",我就嘿嘿冷笑,以示有学问的人不论穿啥都一样,只有半吊子才乱讲究。有些不明内情的人,看我如此义正词严,还以为我真的超凡入圣,孔丘先生是老二,柏杨先生是老大哩。

克制固然有如此伤心局面,但不克制还要更糟,不仅有如此伤心局面而已。盖物质欲望一旦变成了疯狂的水牛,就终于要闯出祸事。疯浅的祸事小,疯深的祸事大。《电视法庭》上那位女主角,似乎是中等之疯。我们说"疯",有点抽象,学问小的读者可能一时想不通,拐弯抹角想到疯人院。换一下名词就一目了然啦,那就是,一个人一旦不能自我克制,就会利令智昏,不但对特定的事特定的人利令智昏,而且对任何人任何事都利令智昏,自然而然地冒出许多出奇制胜的举动,使人宁死不肯相信。呜呼,不仅听的人不肯相信,纵是亲自目睹的人,都不肯相信。

且举一个例子说明。话说蒋、徐离婚案闹到最高潮时,男主角抱头鼠窜,不敢见面,女主角张牙舞爪,四处缉拿。于是有那么一天,密报男主角正在啥啥大厦开会,机不可失,女主角遂御驾亲征。走到梯口,被工友挡驾,挡驾就挡驾,她就搬了一个小板凳原地坐下,一双凤眼瞪着电梯,我看你怎么逃法也。这一幕十面埋伏,当然轰动了不少群众,人家团团围住,观看山景。也有些胆大如斗的人上前搭讪,女主角一看吾道不孤,芳心大乐,就聊起天来。聊着聊着,天色已晚,工友不忍心该摇摇欲坠的老板娘尊肚挨饿,乃好心肠端来一盘自助餐。

呜呼,读者老爷,请设身处地想想,事情已到那种地步,还有心高谈阔论乎?即令不得不应酬,还能咽得下东西乎?假设我说女主角稀里哗啦把那盘自助餐吃光啦,准有人说我诬蔑诽谤,有伤厚道。写成小说,编辑老爷连肚子都会笑出来一个窟窿。可是,该女主角在众目睽睽之下,硬是吃了个盘底朝天。吃了后拍没拍肚子,打没打嗝,当场没有录音,不能瞎说,但这种奇景真是不忍卒睹。有人批评她阁下十三点,实际上不仅限于十三点,而是利令智昏,盖强烈的物质欲望把智慧烧成灰烬矣。

结婚的目的是为了建立家庭，使男女同居在一起合法化，也使爱情获得保障。有些臭男人娶太太是为了泄欲，有些巧女人嫁丈夫是为了吃饭，虽然庸俗，还总算马马虎虎。但一旦结婚的目的是为了金银财宝，前已言之，那就问题重重。不但配偶要倒霉，连自己也要倒霉。

守财奴当然也有守财奴的天地，有些人全家都饿得骨瘦如柴，肉皮松松下垂，可是把金锭银块搬将出来，逐个以舌舐之，就也等于充饥，立刻精神百倍。这种人多半只不过成为话柄，害处还少。要是万一发展成了以结婚为手段，便不仅这么肉皮松松矣。一个财产万贯的老头，明明是一棵理想的摇钱树，如果当妻子的是一位纯洁的少女，那可能是她爱他，爱他的才，爱他的德。如果当妻子的是一位捞女士，理智之强不但胜过感情，甚至已经升华到利令智昏，那恐怕是她打算谋他的财，害他的命。我佩服男主角的原因，就在这上。一旦发觉毒蛇咬了一口，立刻就抽出大刀，喀嚓一声，把手臂砍掉。有些正人君子摇头叹息，说他阁下的声誉将因这场官司受到损害，小民们实在不懂有啥损害的。砍掉一只胳膊，总比为了"声誉"而闷声不响，被毒火攻心，活活挺尸要好也。

离婚是一种社会公认为"能不就不"的行为，但离婚也是拯救苦命配偶脱离苦海的唯一办法。恶婚姻好像是用头往墙上撞，停止得越早越好。红颜薄命的太太被不解风情的凶暴丈夫糟蹋得不成人样，人人见了都会落泪，如不赞成她们离婚，与禽兽何异乎哉？臭男人亦然，一旦遇到了谋财害命角色，他应有早日落荒而逃的权利。拒绝离婚的一方，好比说，以女主角而言，她就拒绝离婚，其态度的坚决，好像泰山石敢当，其嘴更异常响亮："我爱他呀！"不肯离婚的原因很多，可能是她爱他，可能是她无法独立生活，可能是她人老珠黄，不愿背上弃妇的名字，这些都值得无限同情。但也有另外很多名目，和这些无关。

有些人拒绝离婚是恨对方恨得入骨，你想娶一位如花似玉，好吧，我就是不离，看你有啥神通？你不是想嫁给一个既有钱而又可去美国入美国籍的家伙乎？我也硬是不离，让你急得团团转。女主角的不离，其哲学基础，似乎还要高级，盖既没有爱，也就没有恨，她阁下的目的似乎只有一个，曰“拖”。能把老头拖死，当然是上上之策，届时她就顺理成章，名正言顺地成了他阁下的寡妇，就靠“啥夫人”三个字，走动天下，遍地黄金。真的拖不到他断了尊气，则拖出一笔庞大的离婚费，也妙不可言。呜呼，最后不就是以若干万元巨款散了伙乎？离一次婚就值这么多钱，真叫柏杨夫人羡煞也。

6. 只听一下母亲的声音

“拖”式的拒绝离婚，不是因为爱情太多，而是因为利润太少，一旦出够了心眼里那个价钱，就不提爱情矣。这里有一则小幽默，似乎可用作说明。一个走私的家伙向一个船长行贿，走私的家伙曰：“你只要带一带，我给你一千元。”船长曰：“什么话，我是奉公守法的美国公民，怎能给你带一带？”走私的家伙曰：“二千元，如何？”船长曰：“不行，三千元都不行。”走私的家伙曰：“那么，就算四千元。”船长大怒，拔出手枪，对准走私的家伙胸膛曰：“趁早滚蛋，你快说到我心里想的那个数目啦。”

女主角心里想的那个数目是啥，报上已有登载，在没有到那个数目之前，她满口爱情，谁都插不上嘴。一旦到了那个数目，自然对爱情一笔勾销。她阁下的一生真可以说多彩多姿，中国近三十年来拥有盛名的一文一武，都被她照屁股上踢过。不同的是，武的可能一身毛病，被抓住了小辫子，只好吃哑巴亏，以求超生。而文的仍有读书人气质，宁可闹翻了天，也不屈服，如意算盘才打不下去，只好捞几文算啦。在我们旁观者看，幸亏她改变主意，捞几文算啦，否则的话，等到老头一命归天，她这位尊贵的未亡人，打着金字招牌，钱还要多哩。天不从人愿，使其功败垂成，惜哉，惜哉。

离婚案男主角，年老续弦，似乎有很多人不谅，甚至认为上了年纪，仍想老婆，简直羞也羞也。说这种话的人应打四十大板，以示薄惩。呜呼，别看毛头小伙子瞧见漂亮小姐，那股晕头转向的表情，以为只有年轻人才迫切需要配偶，老头连咳嗽都能咳岔了气，还要太太干啥？凡有如此看法的朋友，脑筋里"性"的观念准占第一位，但问题却固不在"性"上也。盖人越到老年，越是需要伴侣。年轻时海阔天空，除了工作外，剩下的时间，既吹牛又打架，既闹事又恋爱，横冲直闯了一天，晚上往床上一躺，立刻呼呼入睡。到了中年，娶妻生子，上班时候，为了事业，忙得团团乱转，下班之后，搂搂娇妻，抱抱爱子；没有娇妻爱子的，泡泡酒家，找找捞女；再不然赌赌博，跳跳舞，看看电影，逛逛风景名胜，瞻望前途，雄心勃勃，恨不得马上拔剑而起，叫天下人一齐瞪眼。

而老年人便不行啦，纵然想谈恋爱，不但没有理想的对象，也没有那种肉麻的心情。纵然想去跳舞，噫，不要说跳啦，小心翼翼在平地上走路还栽斤斗哩。至于事业，事业已经成为过去，像浮士德先生一样，写了几百本震世名著，有啥用场乎耶？美国迈阿密有个退休了的银行董事长，他天天坐在阳台上远眺吞没了他一生的那座巍峨银行，往往落泪，孙女问他为啥，他曰："那个建筑物太残酷矣。"有孙女问还算高级的。有些老头，儿子大啦，远走高飞，孙女孙子跟着他们父母，谁还理老头哉？就是哭死阳台之上，都无人知也。

老年人最大的威胁是寂寞，最大的恐惧也是寂寞。中国圣人有句最狗屎的话是，对想动一动的朋友，往往破口骂之曰"不甘寂寞"，好像他阁下就颇甘寂寞似的。呜呼，人是一种社会动物，谁都不甘寂寞，寂寞不但是一种痛苦，也是一种可怖的苦刑。监狱里的死囚，老命马上都没有啦，还怕别的乎？一旦他阁下发起神勇，在牢里再杀了人，那才是最麻烦的事，反正他已死了个铁定，多杀一个，还不是白饶一个？监狱对这种朋友的处罚是，把他阁下单独关到一间囚房，除了四壁高墙和小小窗口的青天浮云外，啥都看不见。不要说看不见人啦，连送饭的都看不见，囚饭是被一根棍子从地窗口通进来的也。有些忙碌终日的苦命朋友，一听有此奇景，可能笑得嘴都合不住曰："那地方也不错呀，要是换了我，我天天睡大觉。"这是少不更事的话，睡觉这玩意儿也不简单，缺它的时候，恨不得一睡三年，可是它本身有个极限，睡过了这个极限，就再睡不着矣。否则的话，坐牢的朋友吃了就睡，睡了就吃，岂不是福气冲了天欤？问题就发生在睡不着上，越是想睡，越睡不着，于是寂寞的痛苦遂像毒蛇一样，钻入心窝。君看过《天下一家》乎？作者是一位乔治亚人，他迁到美国后，忽然有一天，自己发了狂，走遍各州去找同乡。他曰："我什么都不要，我只要听别人对我讲一句乔治亚话！"这种寂寞是心灵深处的，和孤室死囚并无二致。

不但老年人，儿童最大的威胁和最大的恐惧也是寂寞。总是记得童年的父母，他们的孩子有福啦，盖做父母的往往忘掉了他阁下尚是孩子时，渴望爱抚的往事。一旦孩子要他抱，要他陪着床上翻斤斗，就火气上升。吼曰："要什么玩具有什么玩具，要吃什么有什么，你为啥不去独自玩？"他已忘了孩子的寂寞矣。柏杨先生有一天去朋友家串门，亲自目睹一幕天伦温情。主人的一位三岁顽童在院子里玩尿泥，正玩得一头一脸，十分有劲，忽然抬头，唤了一声："妈！"主妇在厨房应曰："嗯。"过了一会儿，顽童又抬头，又唤一声曰："妈！"主妇在厨房又应曰："嗯。"接着又玩，一会儿之后，顽童阁下又抬头唤曰："妈！"主妇照例应曰："嗯。"如此这般，他不时地唤，她不时地应，有时还加上点花边新闻，像"乖乖，好好玩。""妈在这里。"肉麻兮兮。

孩子这种无聊而单调的举动，如果冷眼旁观，实在索然无味，没啥意思，而且还会觉得该一老一小，好像有点神经病。噫，无他，孩子不断唤"妈"，不是有什么要求，而是内心感到寂寞，他乱叫的目的，就是要听一声母亲的声音，他只要知道妈妈在他身旁就够啦。

7. 老头的悲哀

人如果有一个寂寞的童年,真是最最堪怜。大人说的话他不懂,大人做的事他也不懂,大人喜怒,他更捉摸不定,像一个猫群中的幼鼠,充满了因寂寞而产生的不安。然而,和老年人的寂寞比较起来,儿童的寂寞似乎根本不值一提,其中原因多啦。第一孩子的注意力固容易分散,却也容易集中,而且容易疲倦,睡觉的时间占他生命中的一半。虽没有大人理他,他可以跟洋娃娃亲切地讲话,也可以蹲到水沟旁入神地看蚯蚓。第二最突出的是,孩子从没有想到"死",小心灵中只知道彷徨无主,却不知道那是悲哀,更不会联想到永远离开这个世界,小脑筋里,还懂不了那么多。

而老年便不行矣。柏杨先生小时候,随母亲去外祖父家小住。每天早上,东方刚刚有一丝泛白,公鸡还没有叫哩,大家尚睡得正甜,外祖父却起来啦,咳嗽声,开门声,通炉子声,洗脸声,闹得天翻地覆。母亲就埋怨他曰:"你为啥不睡呀?"外祖父苦笑曰:"孩子,我睡不着呀!"当时听了,大吃一惊,天下还有睡不着觉的,真是怪事怪事。如果有一天没人硬唤硬拉,我能一睡三天,连头都不抬。呜呼,上帝造人,似乎用了太多的心机,年轻人的瞌睡奇多,不但在教室里能打盹,就是步行走路都能打盹,但偏偏有人左也干涉,右也干涉,不让他睡个痛快。教室里打盹,即令没有挨手板的危险,而猛一抬头,教习的尊眼正瞪着自己炯炯发光,也真扫兴。在家比较自由了吧,却也难得有个清静,便是星期天,还没有睡到十一点,爸爸也叫,妈妈也喊,好像掉了尊魂。一旦入营当兵,那就更糟,天不亮就吹了起床号(所以阿兵哥都一致盼望号兵老爷得急性盲肠炎)。从前德国训练新兵之法,更是混蛋,号音落后还没有起床的,不由分说,一桶冷水当头就浇将下来。北欧天气，冬天有零下二十度，水还没有浇完，已结成冰矣。

现在，柏杨先生上了年纪，才品味出外祖父那句“孩子，我睡不着呀”有多么凄凉，但也轮到下一代年轻人不了解矣。我每天早上起来的时间并不太早，总在六点钟前后，如果换到了乡下，早吃过早饭，下田锄了几筐草啦。起来之后，自不能袖手高坐，便先把炉子生着（柏府仍是用的生煤，抱歉抱歉，最近打算筹一笔巨款，以便改烧煤球），坐上一壶水，再把茶杯洗净，扫扫院中之地，揩揩屋中之桌，于是孙女儿就醒啦。醒啦就跳高，说我“搞得声音吓死人”，使我回想母亲大人向她父亲跳高的局面，往事不堪回首。

年轻人越劳累越疲倦，越容易入睡，无论弹簧床上或煤渣地上，只要头一挨枕，就呼呼呼呼，美梦一个接一个。睡了一觉之后，揉揉眼睛，洗洗脏脸，就好像刚和公主结了婚，精神百倍。老头便恰恰相反，越劳累越疲倦，越不容易入睡。柏杨先生有时候出远门，骑脚踏车骑得腿痛腰酸，又因逆风而行，气喘如牛。回家之后，连吃饭的力气都没有啦，心里想，这一下子能睡到明天中午。谁晓得心有余而力不足，上得床来，怎么睡都睡不着，闭上眼睛数羊也不行，羊数得多啦，使人担心台北没有够大的牧场。想美女也不行，如果模糊地想，根本不管用；如果逼真地想，更是扰乱军心。于是翻来覆去，好像得了绞肠痧。

有些小子以为老头们入睡这么困难，醒来也会照样困难啦，呜呼，可悲的也正在此，别瞧入睡不易，醒来却容易得很哩。不要说鸡叫啦，就是狗打喷嚏，都能把他打醒。柏杨先生家是养有一条狗的（专门咬穷朋友之用），它阁下每天早上，一定跑到门口，把头伸到门底空隙，向街上望野眼，见有可疑之事，若青蛙跳焉，若蚂蚁爬焉，就呜呜唧唧，喉中低吼，我睡得再酣都难逃此厄。

我们可以归纳一下，老年人的特征有三项焉。一曰寂寞孤单，一曰入睡困难，一曰惊醒容易。不要说是老头，纵是年轻朋友，一旦身得这三种毛病，也会发疯。婴儿刚生下来，最初几天，天天大睡，眼都不睁。以后稍大，也是睡的时候多醒的时候少，一天二十四小时简直能睡二十小时、十八小时。大概当孩子时睡得太过了火，上帝据报，勃然大怒，以致进入老年之后，才有还本之举。人一到六十岁，就把婴儿时透支的睡眠逐渐扣除，一天二十四小时，他能睡六个小时，已算有福矣，普通情况之下，连四个小时都难。每天晚上，独自在床上呻吟；每天凌晨，又独自干望天花板，好容易熬到天亮，想找人谈谈心都找不到。年龄相若的，不是翘了辫子，就是天各一方，相聚不易。而年龄轻的小子，一瞧你年高德劭，心里就先紧张，态度会跟着大变，脸上再努力冒出点恭敬，便也趣味索然。

柏杨先生有位朋友，告诉我一件听起来有点好笑，仔细想想却悲哀不止的故事。他阁下早年丧妻，抚养儿女二人成人，且分别在大学堂读书。有时候儿子的同学上门，有时候女儿的同学上门，挤在客厅里焉，或挤在各人的房间里焉，嘻嘻哈哈，有说有笑。该朋友和柏杨先生一样，也颇有少年之心，不过他的少年之心比我的少年之心正派得多啦。他大概看美国电影看得颇有心得，也想和年轻人挤在一起，谈谈说说，相交忘形。可是，别瞧众小子众小妞正前仰后合，他一进门，却好像投进了一颗哑巴弹，大家除了立刻全体肃立，喊他"伯伯"外，便一言不发。他连忙叫："请坐请坐。"请坐就请坐，坐下来就像坐到钉子上，一个个张口结舌。朋友又连忙曰："你们谈你们的，不要理我。"但大家张口结舌如故，僵了良久，不是儿子，就是女儿，把他阁下赶了出去，还训之曰："老爸，你在这里我们别扭。"老头被赶出来后，前途茫茫，简直不知道应不应该去买包巴拉松下肚。

呜呼，小子怎知老年人寂寞之苦哉。

8."暴风要来啦"

小孩被大人隆重赶走，伤心之余，顶多哭一阵，然后发现了新的玩具，马上就又沉入另一个天地。而老头被年轻人赶走，便没有那么容易心平气和矣。小孩子闹着要跟父母去玩，父母被缠不过，只好曰：“我抽屉里有块口香糖。”孩子去把口香糖拿到手中，回头一看，父母已经夺门而逃。或者号两声，或者根本忘了这回事，旁边再有人一抱一哄，等父母回来，老小恩爱如初。可是情况如果反转过来，年迈的老头老太太如果去了纽约，想跟着儿女去逛逛帝国大厦或地下铁道，儿子女儿曰：“请你老人家先睡一觉，养养精力，如何?”一觉醒来，儿子女儿也夺门而逃，陪他们的女朋友男朋友去逛啦，老人家这份伤心，恐怕只有带到坟墓里矣。

农业社会中，老人有崇高的地位，历史上最负盛名的有“商山四皓”：商山，位于陕西；四皓，四个白发老头。刘邦先生当了西汉王朝第一任皇帝之后，一心一意要把太子刘盈先生废掉，让戚夫人所生的刘如意先生当太子，以便继承他的王位，谁劝都不行。最后还是张良先生出了一个妙计，把四位白发老头弄到长安，让刘邦先生瞧瞧。刘邦先生一瞧之下，不得不泄了御气，改变主意。再古时候，皇帝还专门有“三老五更”之设，弄了些老头到政府做官，而且把他们当父兄一样奉养，真是老头的黄金时代。后来老头的地位虽逐渐降低，在政府中没有从前值钱啦，但在地方上却仍坚硬如故，盖年老的意义，有两个焉。

一曰，老头手里往往有钱。我们说“有钱”，似乎太露骨，而且不够学院派，为墓碑式学者所不取，那么不妨改变一下曰“老年人往往掌握经济大权”，或“老年人在政治上往往有较大的影响力”。农业社会的财产差不多都是农田累积的，而农田的所有权无不握在老头之手，而且交通不方便，工商业不发达，换句话说，也就是吃饭的门路太少，仅有的门路也太窄。年轻人想踢腾都踢腾不开，唯一有希望的是做官，而做官却需要长时间的投资——君知道寒窗读十年书，要多少钱乎哉？这钱只有老头可以供应，要想不吃香，不可得也。

一曰，老头有的是宝贵经验，遇事真能露一手。农业上的知识，因没有书本和学堂的传授，唯一的来源是经验，而经验来自父兄的口授和自己的体会,这一切都非年龄莫办。前已言之,柏杨先生小时候不是跟着母亲大人去外祖父家小住乎?有一天,外祖父带我去田里吃瓜,正吃得有劲,老人家抬头一望,大惊曰:“快回快回,雨要来啦。”我当时颇不高兴,盖骄阳当空,哪里来的啥雨?以为他心疼他的瓜哩,但也只好遵命办理。结果慢走一步,竟被淋了个落汤鸡。

抬头望天,就知道要下雨,不过是小小的一个例子,但这正说明老水手在船上所以被尊敬的原因。君看过《镜花缘》乎?本来天朗气清,水平如镜,船行其上,好不舒服。多九公先生忽然发神经曰:“不好啦,暴风要来啦。”男主角唐敖先生跟柏杨先生一样,宁死都不肯相信,等到他相信时,已被吹到三十三天之外,不但迷了途,而且几乎送掉老命。正因为有这种本领,老头才比年轻人值钱。风雨尚且如此,种田治家,以及国家大事,推而及之,“老”是第一要素。

可是农业社会终于下台鞠躬,现在正往工商业社会上走,老头的分量,用一句学院派的行话,那是“不得不作痛苦的再估价”。再估价的结果,虽没有被估到垃圾箱里,却硬是毫不客气地被估到垃圾箱盖上。老头如果稍微自爱一点,提高警觉,还可以在箱盖上坐一会儿喘口气。否则的话,一声哎哟,就得栽进去,被垃圾车拖走。盖经济大权不再操在老人手上矣,即令是不识字的小子,也可去工厂谋一个粗工位置,维持自己生活,用不着非老头不可。而且工商业社会,五花八门,条条大路通钞票,干啥都有前途,画画固可画出名堂,唱歌也可唱出名堂,便是跳跳舞都能跳出家财万贯。一个二十岁的演戏小姑娘,每月收入,能抵八百个老头。而这些玩意儿,在农业社会固只有饿死一途也。

谈到经验,这是老头们的唯一法宝,也逐渐不能独占。在人情世故上,老头固然比年轻人有两套,但在性灵上或知识上,老头便没啥了不起,反而因受年龄的拘限,很容易变成了酱萝卜,对新的发明和新的思潮,接受艰难,终于成为社会进步的一项阻力。即令不成为阻力,那点可怜的经验,也能把年轻人的下巴笑掉。好比说看天下不下雨,刮不刮风,现在只要有一个晴雨计在手就行啦,用不着费十年工夫，去累积经验。老头对赶马车颇有一手，如今这一手你说还有啥用？柏杨先生年轻时以会吹喇叭闻名于世，周围五十里，无不知有我这么一位音乐家，可是如今便英雄无用武之地矣。台湾省立师范大学堂音乐系的学生老爷，还能向我请教耶？这不是说他们轻视喇叭，而是说他们用的乃洋式喇叭，曲曲弯弯，其式样之奇，我连听说过都没有。呜呼，现在老年人唯一可以自傲的，恐怕只有“德行”这一项矣，这一项如果站不住，则只好靠表演“悔改”过日子。有些人作了一辈子恶，到了老头，才“放下屠刀，立地成佛”，以便为年轻人立下榜样，奇哉。

9. 乐园·战场·坟墓

即令是崇高的德行，和必须靠累积才能得来的知识，在高度的工业社会之中，也得小心运用。英国哲学家罗素先生，应该是全世界都闻名的人物矣，他对俄国的认识，明察秋毫，他的反俄理论，简直挖进俄国的心窝，现在自由世界的反俄观念，一部分受他思想的指导。可是，可能是太清楚啦，反而变成太糊涂之故，他忽然发表言论，提倡亡国保种主义。他说与其冒核子弹把英国人全部杀光的危险，不如索性亡了国，让俄国统治算啦。盖根据他阁下的研究，历史上任何暴君也好，暴政也好，都不过是一阵眼前欢，可怜的小民固然苦不堪言，但终必有一天来一个大翻身，仍可以过快快乐乐的日子。而一场核子战下来，小民绝了种，即令第二天暴君暴政垮了台，还有啥用处乎哉？

他这是“留得青山在，不怕没柴烧”的哲学，主张宁为瓦全，不为玉碎。这种想法当然有坚强道理，尤其是俄国人会大喜若狂，鼓掌欢迎。再加上罗素先生的盛誉，简直成了一股投降狂潮，闹得轰轰烈烈，晕头转向。英国政府无可奈何之余，只好向法院告他阁下一状。

这是全世界最瞩目的一场官司，大家都屏声静息，瞧法律能不能斗过哲学。如果换了中国，帽子铺掌柜的飞出一顶帽子，便啥都解决，秦桧先生的一项"莫须有"，就杀了盖世英雄岳飞先生，何况糟老头罗素先生乎？可是英国法庭不能那么瞎搞，它要叫人口服心服，官司的结果是罗素先生输啦，被判罚款，法官的判决书上没有一句刀光血影，但却说了一句更伤心的话。该话引自《圣经》，曰："老年人并不全是对的。"呜呼，法官如果弄顶帽子，小民还有反攻余地，如今直接击中老头要害，等于弄团臭狗屎塞到尊嘴之中，吐又吐不出，咽又咽不下，只有往肚子里流泪之一法也。这位法官的一纸判决，不但判决了罗素先生一个人，也判决了全体老头，哀哉。

正因为连老哲人都不行啦，老年人虽不能说动辄得咎，一无是处，但也因此之故，更加寂寞。俗云："贫居闹市无人问，富住深山有远亲。"工商业社会上年龄一项，逐渐地也进入这种境界："老住闹市无人问，壮住深山有远亲。"工商业社会最大的一项迹象，就是老年人地位没落，和因此项没落而招来的寂寞。在美国，有些老头老太太死在浴缸里三四天，一直等自来水从楼上流下来，才被发现。他有儿女乎？曰有。儿女们都为生活奔忙，不到约定的日子，无暇相见也。

世人都知道美国是儿童的乐园，中年人的战场，老年人的坟墓。其实何止美国如此，任何一个工商业发达到某一种程度的社会，都有这种现象。呜呼，一个社会一旦成为中年人的战场，其结果一定成为老年人的坟墓，坟墓的意义并不是说老年人都战死啦，或是真的把老头老太婆一律活埋，而是指的寂寞。盖年轻人全体上阵打仗，一分一秒都性命交关，怎能有时间膝下承欢乎？不但没有这份心情，也没有这份精力。前些时看报，一个从美国回来的老头，写了一篇文章，说他游新大陆时，恰逢老友某寓公恶盈满贯，被阎王抓走。下葬之日，朋友们纷纷光临，死人有一个儿子，是死人在他三岁时带到美国，因而成了美国公民，当了工程师。按目前的行情，他应该十分感激他爹才对，虽不必匍匐奔丧，但至少也应亲视含殓。想不到该儿子左也不来，右也不来，好容易来啦，向着棺材，行了一鞠躬之礼，然后不断瞧表，尊脸上露出不耐烦之色。结果竟没等到把土埋好，就拔腿先走。该文上说，众老友伫立墓头，呆呆相望，想前想后，禁不住流下老泪。

美国社会上老人的寂寞，使人心碎。去年（1963）10月，旅居各国的华侨，纷纷组团回台湾。一位美国老华侨曾在北投看了一块地皮，想盖一座新村，专门容纳旅美的华侨老头。嗟夫，有人说这是一幕“悲剧”，我想这没啥可悲的，倒是有啥可气的，应称之为“气剧”。一个堂堂的中国人，当年轻有为的时候，闯到洋大人之国，拳打脚踢，把生命中最精华的部分贡献出去，谁要提他是中国人，他就跟谁不共戴天。一旦春尽红颜老，在该夷社会上没人理会——土生土长的美国老头都寂寞不堪，异国异种的老头当然更糟，这时候才想起到底还是中国好，把骨头架子拖了回来，你说叫人生气不生气哉？

其实，也没啥可气的，落叶归根，我们还是无限欢迎。问题却在于，中国的老头，也正在开始往寂寞的路上走，虽没有美国那么激烈，但也够惊人的也。而且既然是往那条路上走啦，终有一天也会走到同样高峰，想起来叫人直冒冷汗。柏杨先生幸亏现在眼也花啦，牙也掉啦，距驾崩之期不远，如果再迟三十年才老，恰好赶上“坟墓”的最高境界，真要伤心死矣。

不过即令如此，现在的老头，也比不上二十年前的老头，更比不上二百年前的老头。我有一位总角之交，当然也是老头啦。有一天气呼呼光临柏府，我以为三作牌修理了他哩，原来他在生他小儿子的气。生的啥气，知道不知道没有关系，需要知道的倒是他阁下两句话，他在我劝了几个小时之后，叹曰：“老哥，我现在才想到‘生不逢辰’的悲哀。从前我们小时，父权高涨，老头值钱。如今我们老啦，却碰到儿童乐园，老头又不值钱啦。”哀哉，斯言。

10. 含饴弄狗时代

中华民族固然是世界上文化最悠久的民族，但时至今天，中华民族也是世界上最没有自尊的民族。我想任何一个民族恐怕都没有中华民族堕落得如此之惨，见了洋大人简直连尿都撒出来。便以柏杨先生而论，道德学问，都绝千古，应该挺得起脊梁了吧，谁都料不到我撒的尿比别人更多也。不说别的，仅就对孩子们的希望上，这份感情就充分表达出来。稍微有点前途的正人君子，无不都在想办法把孩子送到美国学堂念书，其势之猛，连台湾政府却莫法度。前年台北市政府也曾有几位官员折腾了几下子，结果成了狗咬刺猬，尽管汪汪乱叫，却不敢下口。盖有股奇劲在其后隆重埋伏。若干年后这种现象可能使人哑然失笑，但现在却没有几人能笑得出。

读台北的美国学堂的景观，其小如米，在庞大的水泥拌搅器中，一粒米根本不值得一提。我们提的是这种气质，小的时候还读美国学堂，长大成人之后，中国每把椅子上都好像有根大头针，自然更坐不下去啦。如果不去美国，真能活活急死。于是中国人生下来的第一重要使命，就是去美国。父母养孩子的第一重要使命，也是把他们送到美国。世界上竟有这种以专门去美国为目的的地方，也算二十世纪一大奇景。而把中国人弄成这种丢人现眼的巨大人物，更值得我们脱帽致敬也。

于是乎，中国老头遂面临另一种凄凉的场面，乃世界其他各国老头很少有的。就是中国老头一旦大功告成，把儿子女儿全数送到了美国之后，他们的老境会陷入比度日如年更难过的境界。一位过气大官的朋友，手里颇有几文冤枉钱，他有七男五女（老太太年轻时，貌美力壮，有“母鸡下蛋，一努一个”的雅号）。来到台湾第一天，他就洞烛机先，发现美国之妙，妙不可言，开始努力，用种种奇法毒计，往外猛送。一直送到三年前，才算把存货全部出清。出清之后，如释重负，心广体胖，每月都有儿女寄来的美援，真是有福呀有福。至亲好友，包括巷口摆西瓜摊的，无不羡慕得要死要活。老两口也自命不凡，无论走到哪里，三句话如果还没有说到他的儿子女儿在美国，其尊脸就立刻发生变化。柏杨先生是知道他脾气的，故我每次碰见，一定都说上一火车顺耳之言。

可是，一年之前，老头得了瘫痪之症，不久老太太腰上长了一个啥子疮，送到台大医院开刀。老太太派人把保证单送到家请老头签字，老头不能提笔，只好扶着他的尊手，按了一个手印。但老太太仍然隆重寿终，死在手术台上，在太平间放了两个星期，都没人前去收尸。家中虽然请了一位下女，可是叫下女做饭，固没问题，她却不能喂老头吃呀！而拉屎拉尿更严重万分。这当然并不是什么了不起的困难，即令儿女在家，也不见得好多少，可是老头听到老伴死讯后那份寂寞，令人心碎。该老头把儿女的照片并排挂在墙上，从早到晚，呆呆相望，有信来时，就叫下女把我唤去，念了又念。然而，每当我告辞时，孤灯一盏，万籁如死，老头总流下两行眼泪，呜呼。

老年人的寂寞是一个严重趋势，即令仍有事业在手，随时都有掌声雷动，也难免油然而兴日暮途穷的空虚。农业社会里，父母妻子团聚一堂，儿女长大之后，还有孙子孙女可娱晚景，现在不要说孙子孙女根本不在眼前矣，纵令回来看看老头，他讲的英国话焉，日本话焉，匈牙利话焉，祖孙二人恐怕也只有瞪眼的份儿。不要说远去夷狄之邦矣，纵是同在国内，女儿嫁了人，固然远走高飞，有她的丈夫和她的孩子，芳心不能二用。儿子娶妻子，该妻子先决条件往往是不和老头老太太同住，即令没有这种混账条件，老头本身或有职业，或有事业，正在努力奋斗，势也不能跟着儿子女儿乱跑。于是，其局面也一模一样，举目四顾，偌大家庭，三十年来，都是大的吵小的叫，男的吼女的跳，虽然烦得要死，却也热闹哄哄。到了今天，“事如春梦了无痕”，除了桌椅板凳和一大堆照相本外，一切都化为乌有。元曲曰：“谁是谁的夫？谁是谁的妻？谁是谁的儿？谁是谁的女？”有几个老头老太太不回肠寸断乎也。

古之老头老太太含饴弄孙，天天把小家伙搂在怀里，又亲又吻，抓屎抓尿，老脸上全是笑容，还时常作小儿语，呢呢喃喃，眼看就要返老还童。今之老头老太太，没孙玩啦，只好养条尊狗，以填补心灵上的空虚。君不见有些无齿之徒乎？一狗在手，便丑态毕露，给它洗澡打扮不算，还跟它说话哩；说话不算，还希圣希贤地训它。有一天我去看一位朋友，门是开着的，只听老太太在卧房之中，用一种使人异常舒服的柔情蜜意，猛发其嗲。不禁大疑，倾耳细听，只听她曰：“让我给你擦擦背，你不叫擦我就再不跟你亲嘴啦。对啦，好乖乖，小亲亲，我的心肝。噫，不要乱摇呀，摇得我心慌意乱，小心我打断你的脖子。你要再这么不听话，我就不爱你，我去爱别人啦。”

柏杨先生听到耳里，毛骨悚然，心里想，老太太怎么搞的，这么大年纪，竟然铁树开花。而且这种缠绵镜头，出在年轻人身上，还有得可说，出在老太婆身上，实在叫人龇牙。我当时义愤填膺，不声不响就往里闯，这一闯不打紧，闯得我张大了嘴，半天都合不住，原来老太太在为她的尊狗尾巴上扎蝴蝶结哩。这是一个啥时代乎哉？这是一个老年人寂寞时代，也是一个含饴弄狗时代。

11. 少年受贫不算贫

我们说了这么多，目的只有一个，那就是老年人有年轻人所不能了解的痛苦。社会越向工商业发展，老年人的痛苦也越加重。年轻人攻击老年人再娶，无不都是以己之心，度人之腹，以年轻人的混蛋需要，推测老年人也不老实。而且认为人同此心，心同此理，还有错乎？因而嘴巴缺德，认为凡是老而想娶的老头，全是人老心不老，而老头自己对再娶一房妻子,也好像作了亏心之事,觉得脸上颇磨不开。老年人当然不一定就没有性欲,但老年人最难以安排的并不是性欲,而是寂寞。名离婚案发生的时候,就有些隔岸观火、说风凉话的朋友曰:“老先生那么大的年纪啦,还耐不住。”柏杨先生不是该男主角,不知道他到底耐住耐不住,不过他耐不住的不见得是年轻人脑筋里日夜都想的那一套,耐不住的恐怕只是老境孤单。老先生阁下离婚之后,社会上传说他又要跟他的女护士结婚啦,正人君子简直有全体哗然兼全体惋惜的趋势。事情会不会如此发展,我不知道,但我赞成老年人有拒绝被人当做圣人的权利。也就是,老年人有拒绝被人当做木偶的权利。

不知道是哪个古人说的,人一到老非吃肉就不饱。盖年轻时不知珍重,打牌经常一打就是八十圈,跳舞一跳就是两个通宵,一点都不在乎。可是不过像银行的透支户,用红笔在“贷方”暂且记下,一旦进入老境,那些债务就得奉还。常见有些小伙子天不怕地不怕,去北投鸳鸯浴时,一浴就是二十四小时,妓女小姐七八位,围侍在侧,好不快活。我真担心,一旦到了五十岁以后,发喘焉,寒腿焉,瘫痪焉,手抖焉,该怎么过日子哉?这且不表,反正老年人像一盏残油将尽的枯灯,从前银行信用良好,说透支就透支,现在不行啦,不但一文钱都透支不动,而且还要还过去的账,自然更需要补充。肉类是脂肪的主要来源,脂肪又是热量的主要来源,没有这份热量,枯灯恐怕要火。俗云:“少年受贫不算贫,老年受贫贫死人。”盖老头非吃肉不能维持身上的开支也。

其实,对一个老头而言,不仅非肉不饱,而且还非肉不暖,我说这话时可是一脸正经,千万别飞帽子,说我下流。如果飞这种帽子,我只好关闭尊嘴矣。柏杨先生之意,非肉不暖,不是说买两斤肥肉送到被窝里或揣到棉袄里,而是说非有人陪伴,就没有温暖。从前有一个富贵之家,老头丧妻,儿子不但都长大成人,而且也都是绝大之官,但却犯了柏杨先生说的那种少不更事的毛病,以为老头只要天天有肉吃就应该满意啦。

既然有此荒谬的一念，老头的衣食住行，自然照顾得无微不至。那时候没有电毯电褥之类，每天晚上，该老头睡觉时，就靠汤婆子取暖。现在科学发达，汤婆子多半是塑料口袋，灌满滚水就行矣。从前则是铜做的或铁做的焉，灌上滚水后，将盖子旋紧，再用布套子套上，放到脚头。呜呼，人真是一个怪物，两只臭脚丫如果一直冰凉，就不能入睡，必须等把它暖热之后，才有资格呼噜呼噜。如果没有汤婆子，一到严冬，老年人血气不足，两只尊脚两三个小时都难暖得热，于是他阁下只好辗转反侧，瞪着昏花老眼，靠回忆往事，度漫漫长夜矣。

在儿女们想，老头睡觉有个汤婆子就够啦，却不知道老头心里有苦难言，如果换了柏杨先生，早骂起大街来。但该老头乃文明人物，自然不像我沉不住气，只不过心中有戚戚焉。于是有那么一天，媳妇因妈妈有病，要回娘家探望，向公公辞行。老头抓住机会，摇头不准，儿子急啦，询问原因，老头曰："用不着她亲自回去，送个汤婆子回去就行啦。"儿子莫名其妙曰："汤婆子怎么能服侍老人呀？"老头大怒曰："怎么不能服侍？我的汤婆子还不是服侍了我好几年。"儿子这才恍然大悟，原来父亲大人想娶亲哩。以后的事不用说矣，用花轿抬了一个如花似玉回来，老头才心花怒放。

君看过《旧约》乎？犹太人的英主大卫先生，东征西讨，建立了以色列王国，使漂泊无依的一群游民，成为一个正式国家。功劳之大，跟中国的姬轩辕先生差不多。他阁下是一个有福家伙，到了晚年，儿女们跟部下们没有把他当成圣人，也没有把他当成木偶，深知"非肉不暖"的道理，用不着他迁怒汤婆子，就为他隆重解决。你如不信，且请看书，书上曰：

大卫王年纪老迈，虽用被遮盖，仍不觉暖。所以臣仆对他说，不如为我主我王寻找一个处女，使她伺候王，奉养王，睡在王的怀中，好叫我主我王取暖。于是，在以色列全境寻找美貌童女，寻得书念的一个童女亚比煞，就带到王那里。这童女极其美貌，她奉养王，伺候王，王却没有与她亲近。

这段话是《列王纪》第一章第一节至第七节。所以交代得这么清楚,一则为的是堵帽子铺掌柜的嘴,一则是引经据典,以表学问,而壮声势。盖这问题十分要命,不得不如此隆重。书上特别声明该女孩子睡到老头怀里,而老头却没有跟她“亲近”,盖大卫王已进入安全年龄矣,悲夫。不过也正以说明,老头比小伙子更需要异性伴侣。盖老头“虽用被遮盖”,虽用汤婆子,“仍不觉暖”也。睡到大卫王怀里的那位处女小姐,心里可能不太好过,但那属于另外一个问题,目前我们只着重“非肉不暖”。所以我们认为老年人有再娶的权利,无论儿女也好,亲戚也好,社会上下正人君子也好,都不应该瞎起他妈的哄。

12. 大卫王

大卫王有一位如花似玉陪伴睡觉,其福气上冲霄汉。如果是平民小户,到了行将入木的年龄,恐怕很难如法炮制。柏杨先生年轻时,天天盼望柏杨夫人翘辫子,盖她阁下一旦翘了辫子,而我又是俨然不群的英俊小生,用不了三天,就会再娶一位学堂里的女学生。可是到了现在,她稍微有一点咳嗽,我就心跳,盖她万一驾薨,我只有寂寞死矣,有哪个女士肯鬼迷了心,嫁给我乎?呜呼,只有妻子才是老年人的伴侣。

《旧约》上特别声明,大卫先生没有跟那位处女“亲近”,当然是他阁下太老啦。如果他再年轻一点,才五六十岁,恐怕又是一番情况。文学作品上,尤其是廉价小说上,凡是以“老夫少妻”作题裁,写得天花乱坠的,无不有一个公式,那就是少妻一定对老夫不满意或不满足。平常日子,还无可无不可。可是有一天,一个白面书生,或一个年轻力壮出现,少妻一瞧,立刻发紧,结果勾搭成奸。老头子头上的绿帽,一顶一顶又一顶,好不辉煌。老夫少妻一旦遇到廉价小说作家,算是倒了天字第一号大霉。呜呼,老夫少妻的纠纷,并不比少夫少妻的纠纷多,不过少夫少妻出了新闻,人们容易就事论事,而老夫少妻出了新闻,人们立刻就胡思乱想,作恍然大悟状曰:"她丈夫原来那么一大把年纪啦,怪不得,怪不得。"虽是米面油盐的争执,也会牵涉到床上功夫。

抗战胜利那一年,我从汉口到上海,坐在其挤如蛆的轮船上,身旁有个小伙子,长得异常结棍,跳来跳去,每次都把我老骨头碰得奇痛。我问他在何处做事,他直摇头,盖无业游民一个,去上海撞运气者也。正在谈着,他忽然爬到地下,一口气表演了四十八个伏地挺身,气不发喘,面不改色,要不是我一再哀求,看样子他还能再挺四十八个。他曰:"老头,你看我的身体如何?"我赞曰:"既棒且帅。"他曰:"这就是我的本钱。"我曰:"你是拳击家乎?"他曰:"非也,我用不着当拳击家,只要遇到一对老夫少妻,就有一辈子吃的啦。"我大惊曰:"愿闻其详。"他笑曰:"书上说的,凡是老夫少妻,小女人准有七年之痒,一瞧我这个时代青年,自然非爱上不可。届时人财两得,舒服舒服。贵老头如果有需在下之处,尽管找我可也。"一番言论,好像已经有一个美貌少妻坐到他怀里啦,叫我张口结舌,既羡又妒。

凡认为老夫少妻一定要上演绿帽剧的,差不多都是中了廉价小说的毒,把性生活搬到人生第一位,一口咬定任何少妻都一肚子幽怨,见了年轻男人就发疯。我不是说老夫少妻一定幸福,也不是说性生活不重要,因夫老妻小而产生的悲剧,固多如牛毛,因床第之间不满足而乱来的女人,也触目皆是。但在实际比例上,演绿帽剧的固少之又少。只不过老夫少妻比较突出,容易使人眼睛冒火,不要说小伙子眼睛冒火啦,连老头眼睛都冒火。去年(1963)春天,我们巷子搬来一家,该混蛋男人年龄至少六十岁以上,他太太竟不过二十三四岁,漂亮非凡,而且还是一个大学生哩。我本来看他满善良的,自从发现他拥有如花似玉,我就越瞧他越不顺眼。连有一次他跌了一跤,几乎把腿跌断,都难消我心头之恨。盖他竟有如此艳福,而柏杨先生哪一样不比他强，却偏偏没有，仅此一端，他就准不是好东西，该瞎了眼的小女人不偷人，还有天理乎哉？

不但老头如此，其他年轻男女，包括半老徐娘，也照样眼睛冒火。她们感到最大的威胁是该少妻提示了一个榜样，那就是"老头也有人嫁"。一旦自己的丈夫龙心动摇，岂不危险万状？于是她们不久就一致发现她原来是个贱货，遂全体来个不跟她说话。想不到该少妻仍执迷不悟，不肯赶紧红杏出墙，大家失望之余，只好猛造其谣矣。老妻天生长舌，当然加入战团，天天在我耳朵旁说该少妻出身不正，才肯嫁给老头，她如果不跟小子跑掉，老妻就去跳河。盖正正派派的女孩子，谁不找一个年龄相当的乎？有一次说得我心乱如麻，就顶她曰："阿巴桑，你不必自顾形惭啦，我反正爱你就是啦。"结果打了一架。

医生老爷看到了几个害癌症的患者，如认为天下人都害癌症，准有人修理他。而廉价小说的作者，看到了几个老夫少妻的绿帽剧，就认为天下所有的老夫少妻无不演绿帽剧，这种荒唐的论调，不但没有人修理他，反而一个个神魂飘荡。心理上的反应，跟柏杨先生船上遇到的那位伏地挺身朋友，一模一样。嗟夫，老夫少妻和年龄相当的夫妻一样，大都过的是美满日子，尤其是妻子越年轻，日子也越幸福，盖女人们有一种服从权威的天性，只有年长的丈夫有此特点。我说的权威不是动不动就揍她一顿，一揍准砸，而是说知识上智能上的权威，和对事变处理上真知灼见的权威。去年不是有过一次地震乎？该地震一来，邻居几个小子猛地一跳，就跳到街心，随后，妻子们才穿着三角裤，抱着小孩，踉跄而出，就在街心上骂她们的丈夫没有良心。诗曰"夫妻本是同林鸟，大难来时各自飞"，正是为这种人而作。只有那个使人眼睛冒火的老夫一人，是拉着他太太同时逃出来的。噫，当场那些穿三角裤的女人们，就气得发抖。

13. 恩爱得不像话

我们说这些话，不是存心不良，鼓励年轻貌美的小姐专门去嫁老头。有一位未婚的年轻朋友，就找我理论曰："好呀，小姐都爱上老头，你阁下也是老头，大概可分一杯羹啦。"呜呼，有此一念，便属要赖。我的意思是，老夫少妻固然有糟了糕，演了绿帽剧的，但这并不是定律。不能说凡是老夫少妻，就铁定得如此如此，大多数固都是幸福的家庭也。天下事如果都像廉价小说上那么简单明了，全靠原始的生物行动过日子，这世界就太平凡矣。

柏杨先生家乡有句俗话，曰："嫁年轻的丈夫吃拳头，嫁年大的丈夫吃馒头。"盖一直到抗战时候，我们那里还盛行早婚之制，有的丈夫比妻子还小，即令比妻子大，也不过大一岁二岁。年龄既相当，固然性情也可能相当，但同时其脾气也照样相当，一言不合，免不了拳打脚踢，国骂省骂。而一些老家伙们，努力了三十年，才碰到一位好心肠的女士嫁了他，感恩图报，不要说拳打脚踢，国骂省骂啦，真是含到嘴里怕化啦，捧到手上怕飞啦，肝脑涂地都来不及哩。上星期我去看一位朋友，走到青田街，碰见一对大概大学堂一毕业便结了婚的夫妇。小伙子油头粉面，抱着一个西瓜，因那少妇长得奇美，我忍不住多看了她两眼。他们最初还亲亲热热走着，走着走着，吵起嘴来，女的还好，男的大概英明过度，忽然把该西瓜往地上一放，跳高而去。留下女的站在西瓜之旁，哭哭啼啼，只好自己用纤手把它抱起，一面哭一面走，好不可怜。我本来要上前助她一臂之力的，但该年轻人脾气不好，如果来个回马枪，把我揍上一顿，一世英名，岂不付诸东流，故只有恁她委屈万状也。这件事的结果如何，无法得知，该英俊小生气平之后，免不了回到娇妻身边，又下跪又流泪，写下悔过之书，立下滔天之誓。问题是年轻气盛,双方势均力敌,过了两天,还可能有别的镜头上演。如果他阁下的年龄能大十岁二十岁,她把那西瓜砸到他的头上,他恐怕都不会放个屁。柏杨先生要有一天娶得那么一位美人,不要说用西瓜砸我的尊头啦,就是弄点巴拉松到我碗里,我哼都不哼。

老年人娶了年轻太太,往往使他忘了世界上的忧愁,也忘了自己的年龄。有一次和一个有漂亮少妻的老家伙闲聊,他告诉我一段话,听了之后,感慨殊深,不敢自秘,写出以告国人。他曰:“从前每天下班,冬天时候,五点半已夜色苍茫,我坐在交通车上,从窗口望见万家灯火,人群熙攘。想到年华如水,往往泪下。可是自从结婚以后,便再没有这种感觉,而且谁要是问我多大岁数啦,简直一时都回答不出,非故意装蒜也,而是真的回答不出。”他太太比他小二十岁,两人恩爱得不像话。少妻能使老夫返老还童,不知死之将至。

名离婚案男主角蒋梦麟先生终于在台北荣民医院逝世。这一次进医院不是摔断了腿,而是患了肝癌。蒋先生之死,使人哀悼,哀悼之余,也使人不由不想起他的离婚往事。这一点是他了不起之处,否则的话,到了今天,利令智昏顶着未亡人的招牌,到处乱晃,真是死不瞑目矣。同时也使人不由得想起女主角,呜呼,原来丈夫的身体竟如此危如累卵,怪不得她阁下上一次急吼吼而迫不及待,还没有等断了气就先下手为强,万万料不到他又好啦。大概天意如此。假使她有柏杨先生一半聪明,来一个老谋深算,不动声色,等到这一次再凶猛发作,老头恍然大悟已来不及矣。小不忍则乱大谋,此之谓乎?然而,问题也就出在这上,把金钱放到第一位的婚姻,本质上就是能抓就抓,不可能快乐。放长线钓大鱼的干法,小说上甚多,人世上不多也。

我们前些时谈到穷小子和丑女孩,说他们要想结婚,比登天都难,只是想说明财富在婚姻中的重要地位。和一个人如果为钱而结婚,他的痛苦就成了天老爷注定了的,摆都摆不脱。这不是说忽然有那么一天钱没有啦,钱没有啦固然四大皆空,大家有笑话可看的。即令钱一辈子花不完,因物质欲望无穷无尽的缘故,也不会平平安安。

柏杨先生对穷小子没有一点不敬之意,有些穷得脚心冒汗的小子,还不是照样拥有如花美眷乎?不过该小子们,在别的方面一定多少有两把刷子。这就要说一桩故事矣。前天陪一位从高雄来的老朋友逛大街,他要为他的小孙女买一辆电动玩具火车。买了几家都没有买成,我以为他嫌贵,谁知道非也,而是他忽然发了哲学思想,对着街上来来往往的小姐太太,叹曰:"老哥,你看见了乎?"我曰:"看见了啥?"他曰:"你看,凡是小汽车上,出租车上,自用三轮车上坐的太太小姐,没有一个不美艳绝伦,就是年龄稍长的,也无不雍容华贵。"我曰:"你的眼好尖。"他曰:"我在乡下,三年五年都难得看到一个漂亮的,原来漂亮的都被有钱人抓到车上啦。"

该老头虽是乡下人,其见解却使人吃惊。君如有探险精神,不妨仔细观察,坐自用汽车或坐自用三轮车的太太小姐,其容貌,其身段,似乎绝大多数都不同凡品。即令不像该老头说的一个个美艳绝伦,雍容华贵,但至少也都鼻眼端正,中人以上之姿。

14. 一朵鲜花乱插

漂亮的小姐固然难逃有钱人的手心,任凭她跳来跳去,总有一天,被其抓而娶之,但并不是说有钱人就可以把漂亮小姐们一网打尽。有些穷小子发气曰:"没有钱啥都不要谈啦。"实际并不见得,假定该穷小子有两手,虽然清汤寡水,照样也能娶一位千娇百媚。呜呼,天下最穷之人,莫过于教习,盖公务员虽苦,还有红包可拿,即令拿不到红包,熬来熬去,总有升迁的希望,一旦时来运转,当了供给制,便一步登天矣。只有教习可怜兮兮,一天到晚,张口乱喊,喊得唇焦喉渴,两腿发麻,十年下来,肺里至少装三公斤石灰。而一个月却只那么一点钱,想红包想得发癫,偏偏无人肯送,偶然遇到可捞两文的机会,又觉得有悖良心,不敢下手,或不愿下手,情况遂一天不如一天。而教习之中,最苦的是教中学堂的朋友,盖小学堂教习,有恶性补习,可以挹注;大学堂教习,招牌比较值钱,一旦和洋大人搭上了线,弄个啥啥费啥啥金,也颇受用。只有中学堂教习,算是走上了绝路,上不着天,下不着地,苦到极处,连包巴拉松都买不起。

如果依照非钱不可的理论,中学堂教习的婚姻恐怕困难万状。可是,我有一位世侄,在台北某中学堂教书,呆头呆脑,面有菜色,不要说娶妻啦,连女朋友都没希望。谁晓得有一天竟然光临柏府,我以为他要借钱,当下就赶忙叫穷,以堵其嘴。想不到他竟不是来借钱的,而是结婚在即,请我去当主婚人的。他告辞之后,我和老妻研究了半天,谁家好好的女儿肯嫁给他?准是买了一个丑八怪,可怜呀可怜。结婚之日,我高站台上,往下一瞧,新娘子比伊丽莎白·泰勒都美,而且还是刚毕了业的大学生,天下竟有如此糊涂的女孩,叫人生气。

岂止我生气,遇见这种镜头,老妻的气更大。有一天,她阁下在街上看见一个漂亮少妇,拖着木屐,在门口把孩子撒尿,而丈夫则赤脚蹲在那里擦他的脚踏车,不禁叹曰:"一朵鲜花插到牛粪上。"一个人没有钱就成了牛粪,真是奇闻。好在上帝造人时没有使大家的思想统一,否则如花似玉都一面倒,还成什么世界乎哉?该世侄在老妻眼中,显然属于"牛粪",却偏偏有鲜花硬往上插,这里面的学问大矣。盖该牛粪是学音乐的,该鲜花却是一个音乐迷,气味相投,一拍即合,犹如一个百万富翁和一个见钱眼开的女人一拍即合一样。见钱眼开看世侄是牛粪,而新娘子却看百万富翁是牛粪,价值标准不同,牛粪的定义也不同。

不管我们生气也好,跳高也好,开骂也好,反正上天注定,有钱的人,太太差不多都很漂亮,所以才有敝老友眼尖之叹。当然也有不堪入目的,不过总是少数。像诸葛亮先生,据说他的太太就无法恭维,无论啥子场合,她都不去参加,不要说去吴帝国访问啦,就是成都育婴堂开幕典礼,她也是请赵云夫人替她剪彩的。又据说诸葛亮先生正因“看见伤心”之故,视家庭如地狱,日夜都守在丞相府,鞠躬尽瘁,死而后已。如果太太貌如鲜花,他春宵苦短还不及矣。

我想诸葛夫人即令打不到一百分,也不见得会糟到如此地步,这种传说的唯一根据是史书上一句话。他的岳父大人黄承彦先生有一天心血来潮,告诸葛亮先生曰:“家有丑女,可为君妇。”有学问的人一口咬住这个“丑”字,至死不放,连他爹都“自动承认”她丑啦,其丑可知。呜呼,到处夸耀自己女儿漂亮,还是近二十年的事,但一直到现在,仍有自称其儿子为“犬子”的,难道就可解释为“狗崽”乎?如果贵友派其子前来晋见,附书介绍曰:“兹着犬子趋谒。”你能回信曰:“你的狗崽来过啦!”

“丑”乃自谦之词,根据自谦之词而下结论,天下一定大乱。即令诸葛夫人不太高明,必然有她别的原因,像前面介绍过的许允先生的太太一样,有绝高的智慧。许太太有一次着实要得,不但救了丈夫的老命,还留下一句千古名言。那天许允先生正在家吃大蒜炸酱面,忽然皇帝曹睿先生差人把他逮捕,全家哭成一片。她告诫其夫曰:“明主可以理夺。”许允先生切记在心,到了金銮殿上,曹睿先生瞪眼曰:“你为啥专用私人?”他曰:“陛下只应问我用的人公不公,才不才,不应问我用的人私不私。”曹睿先生一想,对呀,调查属实,当庭释放,官复原职。柏杨先生忍不住要插一句,请读者老爷注意“明主可以理夺”,只有明主才能容纳别人的理夺,凡是不可以理夺,一夺就脖子粗的家伙,恐怕“明”不到哪去。不是昏庸,就是凶暴。

然而,有一种人,既穷得叮当乱响,又人人可以欺负,而且说实在的,其长相也多半不太高级,甚至还有白发老头的,竟也娶了一位如花似玉,讲起来也实在怪哉怪哉。这种人往往是艺术家焉,包括作家、诗人、画家、音乐家、舞蹈家等等等等。大概上帝慈悲为怀,看他们整天蓬头垢面,可怜兮兮,才赐给他们这种特权——虽然穷苦,仍可享受艳福的特权,该世侄就是在这种恩典下,娶了新娘的也。

15. 穷是致命伤

穷是男人的致命伤，一个穷小子，想讨一个普普通通的老婆，比上吊都难，至于进一步想讨如花似玉，那更是乱做春梦。但穷艺术家、穷作家，却往往能娶到一位，神恩浩荡，不服气不行也。也就是说，穷并不是不可救药，穷而有两下子，照样有辉煌前程。盖天下女人，在某一个角度上，似乎可以分为三型，一曰见钱眼开型，一曰艺术气质型，一曰不求甚解型。

见钱眼开，固然很多是先天的，但大多数都是后天的培养。一个小女人，活着活着，忽然发现了银子这玩意儿，真是绝妙之物。柏杨先生家乡有句俗话云："钱是活宝，花到哪里，哪里好。"只要有了钱，想汽车就坐汽车，想去美国就美国，想看忠贞嘴脸就有忠贞嘴脸，想听赞扬她德配天地，才色兼俱，就有人赞扬她德配天地，才色兼俱。而最大的舒服还是，只要有钱，就自然而然地产生摇尾系统，追随左右。无论走到哪里，有在前打头站的，有在后押阵脚的，有在眼前屁后赔笑承欢的，真能使她飘飘欲仙。呜呼，嫁给一个穷小子，连电风扇都买不起，而嫁给一个百万富翁，只要把钞票往窗子上一丢，就会冒出一个冷气机。嫁给一个穷小子，天天吃白水炖豆腐，而嫁给一个富翁，照样把钞票往桌上一丢，就也照样冒出一席山珍海味。一旦有此发现。于是乎她就立刻变成了天鹅肉，而穷小子也就立刻变成了癞蛤蟆。

穷小子常常有一种观念，认为凡是百万富翁，都铁定的脑满肠肥，庸俗不堪。过去的土财主和用不尊严手段达到尊严地位的人，固然低级的多，高级的少。但社会逐渐进步，正当的企业家和正当的商人，却往往也有高尚的情操和情趣。君读过《肯尼基传》乎？当时美国和智利之间,情势紧张,眼看就要开战。肯尼基先生劝总统忍耐,总统是谁,已忘记矣。当时就大怒曰:“你阁下是个商人,只知道商业利益,不知道国家尊严?”肯尼基先生曰:“总统先生,那你就错啦,我经营的钢铁工业,一旦开战,只有发财。”工商业越发展,这种富翁也将越多,这种富翁越多,国家也就越富越强。

其实即令所有的百万富翁都十分庸俗不堪,听他三句话都能使人闭气而亡,也没关系。盖一个见钱眼开型,她本身也绝不会雅到哪里去也。幸福的婚姻建筑在两个人的价值标准相同上,价值标准相同,看法和感受才能一致。一个百万富翁献上了女儿而弄了一笔钱,他太太如果是一个艺术气质型,恐怕不会赞成,至少她会瞧他不起。但他太太如果是一个见钱眼开,那就不一样啦,准夸奖他手段高明。嗟夫,见钱眼开型是上帝特别为百万富翁或俗不可耐储备的女人。只有他们配在一起,才能快乐。

艺术气质型则恰恰相反,这不是说这一型的太太小姐都是仙女下凡,对世俗的享受毫不在乎。普天之下,包括孔丘先生以及柏杨先生在内,恐怕没有一个人不是有汽车就不坐公交车,能吃肉就不吃糠的也。但她们对钱的要求却是适可而止,犹如见钱眼开型的太太小姐,对性灵的要求也是适可而止一样。见钱眼开的太太小姐事实上并不一定连毛孔都俗不可耐,不过,她们对性灵的追求和吸收,有一定的极限,一旦性灵和钱摆到眼前要她选择,她就只看见钱矣。所以一百个前途辉煌,才华四溢的画家焉、作家焉、音乐家焉,纵然再加上一千斤沉香没药,也抵不上一个在纽约开茶馆不识之无的大肚子老板。

同样道理,艺术气质较重的太太小姐,她有她的境界,到美国去落户生子,当然求之不得,但该丈夫必须是个学者专家,风流潇洒之类,才能对劲,即便稍微穷一点,也没有太大关系。否则的话,就是嫁给了该茶馆大肚子老板,连茶杯都是用美钞糊的,她也会觉得缺少点什么。小说也好,真实故事也好,凡是看上了穷叮当小子,硬是非爱之,甚至非嫁之不可的,差不多都属于这类型的女孩。柏杨先生那位世侄,就是在这种际遇之下娶了一位如花似玉的,这就得全凭运气了矣。就在结婚喜筵的那一天,隔壁桌上有几位呆头鹅,在那里唉声叹气,其中一位忽然问其邻座曰:“你跟林小姐泡了四五年啦,从她高中毕业一直泡到大学堂,啥时吃你的喜酒?”邻座茫然曰:“不知道。”问话的人曰:“胡说胡说,怎能不知道。”邻座曰:“确实不知道。”原来该邻座是一位音乐硕士——在某学堂任教,在音乐界颇有点名气。他有一次费了两个月工夫谱出一曲,献给他的女友,该女友拿在玉手之中,眺望了半天,他以为她会欢欣若狂,马上拧他一下,以示感谢哩。谁知道她眺望了半天之后,潦潦草草塞到皮包里,就要他陪她逛委托行。呜呼,君知道陪女朋友逛委托行的真实意义是啥?那就是说,她要敲他啦,他必须在口袋中装满了钞票,以便她看中了某一种贵得要命之物时,他就满面含笑地买而送之。他阁下一肚子气,再加上时值月尾,正闹饥荒,不愿跟她去,提议去看电影,她就摇摇屁股,走啦。

虽然两桌之间,有相当距离,而我又不认识该小子,但我一听就知道他们的恋爱要砸锅。不过,话又说回来,结不了婚,该小子固然发疯,还算他祖宗有德,如果一旦结了婚,穷艺术家娶了一位见钱眼开,那比娶了一颗原子弹还要糟。不要说爆炸啦,爆炸啦当然要粉身碎骨,不在话下。即令一直没有爆炸,那种放射线也能把他烤得皮破血流,毛发全脱。

16. 什么人配什么人

见钱眼开型女人天生地要嫁给老板经理,和小开富翁,这种婚姻才是百年好合,盖他只要一天有钱,她就服服帖帖。即令若干年后,他的钱光啦,但她也老啦,要不出新花样。而穷艺术家一旦红鸾星动,结识了见钱眼开,那可是霉运当头。常有些写稿的作家朋友,写起小说也好,散文也好,动不动就冒出来一位美艳绝伦的女士。两人一旦交谈,互通了尊名大姓,该女士一定尖叫曰:“原来你就是谁谁谁呀!我常看你的大作呀,写得好,写得妙,我以认识你为荣呀!”作者照例自己谦虚一番,有的还借机说上一段使读者背皮发紧的话,然后二人就爱上啦,爱得难舍难分。

写这种小说的作家,即令不是头脑简单,也是一厢情愿,认为只要有两篇大作出笼,就会有一打以上的千娇百媚,争着往他怀里跳。呜呼,艺术家固有娶漂亮太太的特权,但这特权要靠上帝的恩典和他自己的真实本领,不是说浮浮飘飘两本小说就能使女孩子心神动摇。不要说别的,只说一点吧,如果遇到的小姐是见钱眼开型,恐怕不要说只写过两本啦,就是写过两箩筐都没有用。唯英雄惜英雄,唯惺惺惜惺惺,唯艺术气质的女孩子,才有爱上艺术家的可能性。

艺术气质,是一种不图近利的气质,而见钱眼开则是一种短视眼。别看她美目盼兮,巧笑倩兮,却是除了钱啥都看不见。而且只看见眼皮底下的钱,连三公尺外的钱都看不见,深信只有钱才是万能。艺术气质型不同的是,认为“才”才是万能,基本观念既然不一样,恋爱也好,婚姻也好,就也不一样。

《聊斋》上有一文,曰《姐妹易嫁》,为这两型的女孩子描绘出两种脸谱。书上曰:毛先生者,山东掖县人,官做到宰相之职。而他小的时候,父亲却是一个放牛的,穷得一清二白。同县有一位张先生,乃当地百万富翁,看他聪明可爱,前途不可限量,就把他收留在家里读书,当做子女一样看待。又把长女许配给他为妻,毛先生的母亲一听,百万富翁的女儿要下嫁给她的儿子,当时就吓了一跳,这一跳我想是难免的,盖贫富相差太远啦。

问题就出在长女身上,她听说把她许配给一个放牛的儿子,禁不住羞愧难当,气冲斗牛。偶尔有人向她提及她的婆家,她就把耳朵一掩,号曰:“我宁死也不嫁那穷光蛋。”等到结婚那天,毛先生兴兴头头,前来迎娶,在客厅里恭候,可是新娘坐在墙角却一味猛哭,连妆都不化,更别说上轿啦。

大小姐越是痛哭流涕,如丧考妣,被"如丧"的两位考妣,越是急得抽筋。执事进来传话,新郎要告辞啦,告辞啦者,就是催新娘快点上轿。老头连忙出来,扯谎曰:"小女正在梳妆,请稍停稍停。"扯罢尊谎,又回来规劝女儿。呜呼,这真是一个伟大场面,写在书上,还没啥热闹,如果搬到电影上,就热闹矣。百万富翁之家,大喜之日,张灯结彩,车马盈门,人声喧腾,穷新郎战战兢兢,枯坐在客厅之中,左等右等,不见新娘上轿。不要说有人向他咬耳朵传情报矣,就是察言观色,也会看出有点不对劲。而新娘身为大学堂毕业生,天天盼望去菲律宾嫁给华侨,如今被老头异想天开,逼着嫁给一个其穷无比的小子,那股委屈之劲,足够使观众落泪矣。该老头自找烦恼,惹火上身,一会儿跑到新郎那里,叫曰:"我女儿正在描眉,马上就好啦。"一会儿跑到新娘那里,叫曰:"乖女儿,那小子目前虽贫,但将来前途无穷,为父的岂能坑你?"跳跃之状,不忍卒睹。

可是无论怎样拖延,新娘不上轿总无法结束这个镜头。老头情急,一迭连声吩咐用人去买麻绳,要吊死在女儿面前。闹成这种样子,就更下不了台。二女儿看不过去,也去劝她姐姐,劝了些啥话,书上没有交代,不外是说姓毛的那小子有出息,为人不可只看"钱"而不看"才"等等。大小姐一听,好呀,你也逼我往井里跳,瞧我的笑话呀,大怒曰:"他既然那么好,你怎么不嫁他?"二小姐曰:"爸爸当初没有把我许配给他,如果把我许配给他,用不着谁劝,我自然会嫁。"老头一听二女儿之言,灵机一动,就跟她商量,结果由她代替姐姐,梳妆上轿。

这个故事最后的结局是八股的,全在意料之中。穷小子后来成了宰相大人,而大小姐嫁了一位百万富翁,后来家破人亡,她阁下只好去尼姑庵里苟延残喘。对于这种结局,我们不以为有其必然性,婚姻不是赌博赛马,找个穷小子押上一注,就一定可押中,盖穷小子不一定将来必富,而百万富翁也不一定将来必穷,即令穷,也不一定穷到尼姑庵也。不过我们要从这故事说明的是,姐妹二人,正是两个极端，大小姐见钱眼开，而二小姐却有艺术气质，在乱七八糟，丢人献宝的浪潮中，毅然挑起重担，仅这一点，普通人就不容易办到。当然，如果二小姐不肯嫁国王时，大小姐准也可挺身而出，“你不嫁我嫁”。但天下不肯嫁穷小子的女人多，不肯嫁国王的女人少也。

17. 择肥而噬

《姐妹易嫁》给我们的另一启示是：世界上逼女儿嫁百万富翁的父母，多如牛毛，盖少女们正值绮丽年华，吃喝玩乐，只要向老头老太太一伸玉手就行啦。就是父母不给钱，也会有臭男人勇猛奉献。想当年柏杨先生的令嫒从开始社交文定，一直到结婚大典，就从没有花过一文。我乃知事明理之人，当然不会不给她钱，每次她有约会，我都塞一点碎银子到她荷包里，以备不时之需。可是她简直花不出去，有若干次她表示表示，请那些前呼后拥吃点宵夜，可是还没等她动手，小子们已跑到柜台上打架啦。

富贵之家的少女们似乎啥都不缺，独缺爱情，一旦到了“女心向外”之年，简直用铁链都锁不住。普通一点的，唯年轻英俊是视，只要该小子长得帅，会跳舞，会唱歌，在大庭广众中惹人肃然起敬就行。高级一点的则只要能写两篇小说，能说两句英文，她就五体投地，认为别瞧他目前固穷，二十年后，准一条好汉，届时名震世界，莎士比亚先生给他提鞋都不配。可是做父母的却难得有这种想法，盖二十年是一个漫长的日子，到时候莎士比亚给他提鞋都不配，当然很好，万一弄砸了锅，成了他给莎士比亚提鞋都不配的局面，该如何是好乎哉？故远的不如现的，期票不如本票，眼里瞧的不如口袋里装的。文化人——尤其是尚未成名的文化人，遂不值一个屁；“有经济基础的人”，才是上等女婿。君看过《梵·高传》乎？梵·高先生向老头求婚,老头整人为快乐之本,曰:“你把你的手指烧掉,我女儿就嫁你。”梵·高先生一听,烧掉就烧掉,当场就烧,烧得皮肉嗤嗤,双目流泪,可是老头仍不答应。不答应固然可以说老头心狠如狼,但普天之下,大多数老头老太太都是见钱眼开的。即以柏杨先生而论,道德学问,真没啥可说,可是我选女婿时,就是只看他的金银财宝。我的小女儿在美国第一次恋爱,对象是个学文史的,也就是现在大专联考乙组那类小子,我连夜打出长途电话,严厉禁止。呜呼,她如果嫁给一个作家,每月怎能给我们二老寄三百元美金乎?现任女婿乃一洋大人,在波城绿意斯镇开五金杂货店,小女儿只要顺手牵一把锅铲寄来,就够我吃一个月矣。

说了这么多,只是说父母往往逼女儿嫁百万富翁,而女儿往往坚持嫁穷小子,这当然不是全体如此。有些千金小姐身上天生地流着见钱眼开的血液,跟老头老太太的意见不谋而合,择肥而噬,不但一团和气,也一帆风顺。不过一旦女儿是艺术气质型,就不得不热闹起来,掀起家庭革命。夫家庭革命者,一句话可说完,那就是,艺术气质型反抗见钱眼开型。这种革命是常见的,只有《姐妹易嫁》这种革命,却是见钱眼开型反抗艺术气质型,乃属绝对少数。老头老太太竟然主张放长线钓大鱼,女儿却认为穷小子不可靠。世界之大,可谓无奇不有。不过这种场面,如凤毛麟角,不是女儿凤毛麟角,而是老头老太太凤毛麟角。

心理学家把人类分为内向型和外向型,曰内向型如何,曰外向型如何,振振有词,好像言之有物,结果发现人类没有绝对的外向,也没有绝对的内向,大多数都是混合物。在某一种场合,外向两下子,在另一种场合,内向两下子。我们把太太小姐哇啦哇啦乱分,也同样结局。芸芸女士,很少是绝对见钱眼开,也很少是彻头彻尾艺术气质的也。绝对的见钱眼开,其庸其俗,其无心肝,没有人可以忍耐。绝对的艺术气质,也照样糟糕,活在一种不切实际的幻想世界,见解和感情,一辈子都不成熟。娶了一位纯粹艺术气质型,等于娶了一个玻璃娃娃,麻烦可大啦。

大多数太太小姐似乎都不求甚解，马马虎虎，混混沌沌。呜呼，婚姻乃终身大事，尤其对一个女孩子，婚姻好像是再次出生，三分之二的生命交付给一个素昧平生的臭男人手里，真是世界最大的一桩冒险，按说应该小心又小心，慎重又慎重才对。事实上却往往是大而化之的多，左挑右挑，看得准，拿得稳的少。我认识一个女孩子，是我侄女的同学，漂亮得不像话，属于见钱眼开型。这一型的最大困难就是无法叫臭男人填具一张资产负债表，只好在他衣食住行的规模上判断，结果嫁了一位半大老头。当初人人都以为他有几文的，结果发现他比柏杨先生还穷，不过场面阔绰罢啦，把她阁下气了个半死。

这困难对艺术气质型小姐也会产生，臭男人的“才”和他的“钱”一样，也往往无法预先确知。有些“小有才，未闻君子之大道”，或“小时了了，大未必佳”的年轻人，二三十岁时候，看起来前途不可限量。噫，说到这里，特地提醒一点，哪一个没有出息的老头，年轻时不是被人认为“前途不可限量”乎哉？即以柏杨先生而论，弱冠之时，面如美玉，意气高昂，着实风靡三秦。父老皆曰：“此子才华盖众，前途不可卜也。”结果何如，阁下已知，敝前途只不过两公尺就完啦。我是过来人，故对后生小子的前途，实在没有把握。君看过一篇小说乎？名曰《乔治的书》，乔治先生是女主角的丈夫，结婚之前，他扬言要写一本全世界都要震动的名著，每个细节都想好啦，只等一结婚就哗啦哗啦动手。女主角听到入神之处，就让他握着她的玉手，然后望着他那前途不可限量的尊脸，玉眼中露着崇拜骄傲的光辉。

结了婚之后，连蜜月都没有度，为的是乔治先生急于要写他的书。女主角怀着兴奋的心情，把笔墨纸砚都准备好，然后把丈夫送到书房。该乔治先生一会儿要咖啡，一会儿抱怨太太打断了他的灵感，一会儿这个，一会儿那个，俨然莎士比亚二世。半个月之后，新娘子数了数稿纸，竟少了三十页，芳心大喜。

18. 芳心大喜

女主角所以芳心大喜，盖依她的判断，那些稿纸一定写得满满的矣，谁晓得事情有点大谬不然。她竟在最底层抽屉里发现了它，不但没有写得满满的，而是连一个字都没有写。原来乔治先生恐怕太太翻他的稿纸，故意弄的玄虚也。这一气非同小可，她就和他大闹，依照常情，该丈夫准满脸通红，无地自容。谁晓得他不但不满脸通红，无地自容，还跳高哩，一面跳高一面吼曰："你一点都不心疼我，日夜不断逼我写，我难道不能休息一下哉？"娇妻哭丧脸答曰："你当然可以休息，但你根本没有写呀。"该丈夫急啦。宣称冬天太冷，手脚都僵，等春天时一定写。春天来啦，百花齐放，使人心身都懒。还是等夏天吧，夏天不写就是王八蛋。可是到了夏天，蚊子又多，天气又热，汗流浃背，挂到绞架上都绞不出灵感，想起来还是冬天好。

这篇文章的结局是一段话，女主角叹曰："到了现在，我们结婚已二十年，他还在天天发誓说，下个月就要写他的书。"

乔治先生当然是经过戏剧化了的人物，不过也正可说明世界上这种臭男人实在太多，多得连小说家都提出了典型。呜呼，青年人最大的毛病是志大而才疏，几个小伙子聚在一起，瞧他们前途光明吧，不一定是瞎吹的，而实在是都怀着强烈的自信。记不得是哪个洋大人写的文章，描写两个穷画家的故事。在房东太太把他们撵走的前夕，两块活宝在房子里大骂该房东太太庸俗恶劣，不知艺术为何物，然后灌了两口黄汤，甲恭维乙是毕加索，乙恭维甲是雷诺阿，甲说他的计划，乙说他的抱负，说到得意之处，好像眼看就要成大名而发大财。这时房东小姐一个人默坐在楼梯上，双手紧握，倾听他们信口雌黄，心跳如捣。一会儿工夫，其中一个走啦，另一个送客归来，女儿撞上去，把他抱住，吻他，说她相信他将来不得了，要他带她远走高飞，她可以为他洗衣做饭，管家务，整理画架，使他无后顾之忧，而安心作画。艺术家本来已自我沉醉，一听有人如此崇拜，就更信以为真，架子马上端了起来，说他不能娶她，因艺术家都是只过爱情生活，而不过婚姻生活的。他需要自由，有自由才能发挥天才。主要的还是她不漂亮，如果漂亮就好啦。一面说一面向楼下的房东太太开骂，骂她是“巫婆”，只知道钱钱钱钱钱钱钱，不知道他是人才。

这故事似乎颇有教育意义。夫“财”“才”均难发现，看着好像是那么回事，等到嫁了过去，生米煮成熟饭，可能竟不是那么回事。

我想，天下最伤心的莫过于见钱眼开型嫁给一个穷措大，而艺术气质型嫁给一头俗猪。

见钱眼开小姐满心以为嫁的是一位部长兼富翁，出门有汽车，家里有冷气，巴西有橡园，美国有房产，想不到蜜月一过，原来他不但啥都不是，而且还啥都没有。汽车是租车行的，房产固然有，早于五年前就卖啦。一场春梦，化为泡影，忽冬一声，跌到万丈深渊。而艺术气质小姐亦然，她本来以为她的丈夫能成为名作家、名画家，或能成为学人专家，至少也能成为一个博士硕士的。更相信他的气质和见解，不同凡品，两人情投意合，即令过粗茶淡饭日子，也都十分开心。想不到嫁了才三天，竟发现他原来是一个下三滥，照样会痛不欲生。

问题是，严重的程度却不一样，见钱眼开型万一瞎了尊眼，嫁了个穷措大，固然倒霉，但一旦时来运转，说不定仍可发上一笔。只有“才”这玩意儿，没有就是没有，一旦把乌鸦当成了凤凰，那才是走入绝路。盖穷措大可能有平地一声雷的一天，而乌鸦却怎么变，都变不成凤凰也。人类的情操都是向上的，守财奴哭他丢了钱，听的人不但不会同情他，恐怕还要大笑一场，以资庆祝。一个如花似玉哭她遇人不淑，恐怕人人都会陪着她落泪，这种错把乌鸦当凤凰的结局，最最惨不忍睹，因其很难挽救，别人也帮不上忙也。

君看过《聊斋》上的《嘉平公子》乎？该公子堂堂皇皇，一表人才。有一位漂亮绝伦的小姐，爱他爱得天昏地暗，他当然也爱她爱得天昏地暗。后来虽然发现她竟然是一个女鬼，但仍爱她如故，盖她奇美，一见她就连心都化了也。他回家后，女鬼也跟着他回家。老爹老娘用尽了方法，除了向警察局报案外，还请高僧老道，念经捉妖，搞了个人仰马翻，结果该女鬼连毫毛都没有动，依然故我。

可是，终于那一天来啦，该公子写了一张字条，放到桌上，该纸条白字连篇，"椒"写成"菽"，"姜"写成"江"，"可恨"写成"可浪"。女鬼看见，在背后批曰："何事可浪，花菽生江，有婿若此，不如为娼。"题罢，化作一阵清风而去。

噫，连高僧老道都木法度，几个白字却能把她轰走，庸俗愚劣之不可耐，稍微有点灵性的人，都受不了也。这是才女们最大的困惑，谢道韫女士的丈夫是王凝之先生，王家是四世纪时中国最最高级的名门，可是王凝之先生却是一个嘉平公子——即令不是嘉平公子，大概差劲得也够瞧啦。谢女士不像那位女鬼，女鬼伤心之余，可以化成一道清风，脱离苦海，谢女士却不得不守着该俗猪一辈子。有一次回娘家，忍不住曰："想不到天地之间，竟有王凝之这种东西？"呜呼。

19. 青春三凤

电视上有一个节目，曰《青春三凤》（最近好像没有啦）。记不得是哪一天，也记不得是啥剧名，但故事却是记得的。三凤中的一凤，跟一个小伙子恋上了爱，二人爱得如火如荼，眼看就要真刀真枪地拜天地入洞房，结果却是垮了台，垮了台当然在意料之中，盖如果不垮，三凤飞了一凤，节目主持人便只好喝西北风矣。

不过垮的经过却值得研究。原来其他二凤听说女主角有了男朋友，紧张万分，就联合提出警告曰："别瞧那家伙在你跟前甜言蜜语，捶胸打跌，发誓爱你，这年头臭男人都不可靠，油腔滑调的多，忠贞不二的少。”女主角一听，芳心大急，二女就又建议曰：“这样好啦，要考察他是不是忠贞不二，最好的办法是试试他。”女主角曰：“如何试法？”二女曰：“简单不过，你叫他明天晚上来找你，届时你躲在幕后，我们之一出来逗他。他如果不受引诱，那是好男子，嫁他准没错。如果一钓就上钩，就证明他不是好货色，趁早拉倒。”女主角一听，有学问有学问，当时就决定由某一位出马，为了叙述方便，这位某小姐，我们称之为鸦小姐。

第二天晚上，埋伏已定，小子西装革履，油头粉面，敲门而入，一瞧女主角不在，泄了尊气，告辞要走。鸦小姐一把拉住，曰：“张先生，你目中无人，好大的架子呀，意中人不在，我还在呀，连坐也不坐。”小子只好坐下，鸦小姐就紧傍着他，为他倒茶拿烟，用她露在旗袍以下的玉腿猛擦他的西裤，游词乱飞，说她爱他爱得要命，女主角不过玩玩他而已，何必那么死心眼。怎么，难道我不漂亮呀？小子最初还非常尴尬，手足无措，后来被她肉弹攻击得魂不守舍，心里一想，女主角原来是假的，鸦小姐竟慧眼识英雄，真心爱上了我，而鸦小姐似乎更要漂亮，晕晕陶陶之余，就也顺手推舟。好吧，吻就吻吧，抱就抱吧。正在自庆走桃花运之际，女主角突然一跳而出，三个女孩子把他团团围住，你一句，我一句，他除了自杀之外，只有抱头鼠窜一途。

这个故事看了叫人过瘾，我想编剧的朋友大概要制造教育意义，使天下臭男人得到教训，自动自发地了解到要恋爱就得如神如圣，爱情不是儿戏，不能三心二意，见一个爱一个。类似这个小子的，都应受到这种严厉惩罚。该剧演出时，柏杨夫人和她那宝贝侄女也都在场，对该小子咬牙切齿，一直等到后来“恶有恶报”，才露出笑容。

这个电视剧写得很好，演员演得也很好，而且有大快人心的功能，所以凡正人君子，卫道之士，无不点头称赞。但也正因为如此，我们才觉得问题重重，即令全世界人看了该坏小子吃瘪，一齐都拍巴掌叫好，但该剧好像仍有点不对劲。我说这话，一定有人指着我的尊鼻，说我又在唱反调啦。不过反调不反调，不在乎声音大嗓门高，而在乎事实真相。

从前的婚姻,全凭父母之命,媒妁之言,两个不相识的男女,只要媒婆跑跑腿,父母肯答应,就被硬拉到洞房,浑浑噩噩过一辈子。如果没有媒婆穿针引线,父母又不答应,小伙子和如花似玉自己看对了眼,而且爱得要死,都没有用。盖只允许父母挑女婿,不允许女儿挑丈夫;只允许父母挑媳妇,不允许儿子挑妻子也。如果有个女孩儿看上了一个小伙,那就糟矣糟矣,不要说父母啦,就是全族同胞,都会认为是一种奇耻大辱。盖大权在父母之手,绝不容其旁落。一旦老头老太太看花了眼,挑来挑去,挑了个女婿其俗如猪,其恶如狼,女儿也只好倒一辈子霉。正人君子和卫道之士,还特别发明了两句歌诀,曰“嫁鸡随鸡,嫁狗随狗”,作为如花似玉含垢忍辱的理论根据。

可是自从清王朝完了蛋,父母之命和媒妁之言逐渐不行,取而代之的是自由恋爱。不仅父母挑女婿,女儿也挑丈夫;不仅父母挑媳妇,儿子也挑妻子。这一变不打紧,把老一辈的人变得双眼昏花。从一十年代皇帝绝种,到三十年代抗战爆发,二十五六年间,可以说是父母和儿女战斗的伟大时代。大大小小,千千万万回合中,有的父母大获全胜,儿女像被捉到手里的白兔,听凭尊命,糊里糊涂地娶,糊里糊涂地嫁,正人君子和卫道之士为了复兴父母媒妁的权威,还作恍然大悟之状,曰:“旧式婚姻有啥不好,先结婚而后恋爱,反而过得幸福。看那些自由恋爱的夫妇,没到三个月就散了伙。”这种伤天害理的话,一时颇为流传。不过幸福不幸福,只有天知道,结婚后到底“恋爱”了没有,也只有天知道。盖旧式婚姻恐怕是先有性爱,再有情爱。利害的成分多,爱情的成分少也。

也有些儿女吉星高照,在血战中把父母打垮了的。举个例子吧,女作家谢冰莹女士便是当时了不起的女孩子之一,她逃婚逃了六次之多,第一次被捉回,第二次又被捉回,直到第六次,大概经过名师指点,逃的技术有了改进,才一去不返。如果她那时抵抗不住妈妈的眼泪,和正人君子卫道之士的理论,恐怕今天还在湖南乡下当管家婆,闻名不了全中国也。

20. 理应多交

中国人真正开始自由恋爱生活,还是三十年代抗战爆发以后的事,那时候天下大乱,青年男女一个个投入时代洪流。三五年后,到了结婚年龄,男的瞧女的妙不可言,女的瞧男的真像一家之主,花前月下,二人热情如火。于是乎,一言为定,说结就结。父母兄长都不在眼前,即令明明跳火坑,别人也只能干着急,而没有资格提出反对。四十年代抗战胜利之后,接着是第二次天下大乱,恋爱就更自由啦。如今大家挤在台湾,当然也有父母干涉儿女恋爱的镜头,报上也不断有这种新闻,其情形和一十年代的情形相同,有的父母大获全胜,有的儿女大获全胜。幸好的是,大多数老头老太太,都是一十年代掀起过家庭革命的人物,当初曾把父母的命革掉,现在痛定思痛,儿女自有儿女福,让他们去自由恋爱吧。

不过,虽然大势如此,但在自由恋爱的界说上,似乎又回转头来跳进宋王朝那些理学家道学家者流的圈子。呜呼,古之女子也,嫁了丈夫就像铁钉钉到铁板上,动都不能动,术语谓之曰"从一而终"。嫁给张三先生,就成了张太太,纵令张三先生头上长疮,脚心流脓——坏到了底,仍不允有三心二意,有三心二意便是淫妇荡娃,一文不值。《鼓儿词》上不云乎:"好马不把双鞍配,好女怎嫁二夫男。"这种理论和这种观念是圣崽坑人之物,用不着评论矣。可是,到了今天,婚姻上虽然把"从一而终"斩首,但"从一而终"的幽灵,却没有被彻底消灭,而且游游荡荡,游荡到自由恋爱领域里去落户矣。

柏杨先生有一个外孙女,年方二十一岁,读某大学堂二年级,漂亮绝伦(按,这是转弯抹角的亲戚,而她个性又甚强,不听我老人家的一套,光棍朋友千万别动歪脑筋来信要我介绍),她的男朋友好像至少一打。有一次在她家遇到一个小子,乃她的同学,非常英俊。见我是长两辈之人,自然十分巴结。过了两天,我去看电影,该孙女又挽着一个别的小子进场,老妻当场就为之大吃一惊。又过了几个月,她过二十一岁满岁生日,去她家吃饭,座上坐的又是一位别的陌生小子啦,饭后他们出去跳舞。她的妈妈,也就是老妻的宝贝侄女,瘫痪在凳子之上,眼泪汪汪,诉苦曰:"我那阿囡怎么得了呀,这么乱呀。"其幼子也攻击曰:"姐姐就是乱,我听她的同学都叫她烂货。"做妈妈的骂曰:"混蛋,小心我撕你的嘴。"但也就更为伤心,呜呜咽咽,哭得像"一枝枯树浇盐水",旁观的人,为了顺她的心,不得不也跟着表示她的女儿确实是太"乱",确实是一个"烂货"。

柏杨先生四十年前,曾在一所男女合校的学堂教过书。班上有一位颇为活跃的女学生,也是男朋友多如牛毛,不要说同学们全体哗然,就是当教习的,看到眼里,酸在心窝,也都是大摇其头。认为她今天一个,明天一个,三天一小换,五天一大换,简直乱七八糟兼莫名其妙。既然上上下下评语一致,同学们就给她起了一个绰号,曰"公共汽车",不管是谁,只要有钱,就可乘而坐之也。这个绰号击中了要害,张先生焉,请她喝汽水,她欣然而往;李先生焉,请她看电影,她也欣然而往,把小伙子们一个个吊得飞醋横流。

呜呼,我想自由恋爱的真义,似乎就是"选择",就是"三心二意",就是"乱",就是"烂货",就是"公共汽车"。一个小姐第一次认识了一个臭男人,和他约会了一次,就好像铁钉钉到铁板上,非从一而终不可,如果把他丢掉,而再去物色,便是乱啦,便是烂货啦,便是三心二意、公共汽车啦。这种自由恋爱是她娘的啥自由恋爱乎哉?有些小子想女朋友想得老眼发昏,忽然有一位如花似玉跟他看一场电影,尤其是看电影时照她屁股上摸了一把,她都没有祭起耳光,不是对他有情是啥?当天晚上就做了三公斤美梦,接吻还是小焉者矣,简直连孩子都生啦。第二天把皮鞋擦得雪亮,再去约她,她说她头痛,当然不能不让她头痛,可是一转眼工夫,她的头不痛矣,竟跟别的小子去跳舞矣。老羞成怒之余,好吧,你玩弄爱情吧,玩情如玩火,请你阁下小心小心。

依小子之意,如花似玉最好和他约会一次就“从一而终”,不要再变,更不要再选择。同样道理,做父母的看女儿总换男朋友,其心理状态虽跟小子有异,但结论却是一样的,也巴不得女儿最好瞎猫撞死老鼠,撞到谁就是谁算啦。再开明的家庭,女儿如果交上三个男朋友,老头老太太便会急得鼻涕一把泪一把,为她的“乱”而担心。我特别声明的是,柏杨先生不赞成年轻人玩火,也不赞成年轻人乱。但选择并非玩火,更不是乱。一个男孩子交上一个女孩子,如果发觉她差劲的话,他有权利甩掉她。一个女孩子亦然,她交上一个臭男人,一旦发现他原来是鸭子屎,她也有权利甩掉他。甩的技术虽然有研究余地,但甩的原则却是正确的也。恋爱和婚姻的不同在此,如果结了婚,成了正式夫妇,甩起来便不简单。《青春三凤》电视剧上那个小伙子,没有“从一而终”的义务,他是恋爱,不是结婚,遇到好的当然可以更换。柏杨夫人以及她宝贝侄女,硬要他从一而终,所以应打三十大板也。

再总结一句,自由恋爱,就是自由选择。恋爱自由,就是选择自由。如果不能选择,和古时候硬碰硬的婚姻何异?不可诬之为“乱”,诬之为“烂货”,或诬之为其他啥子难听的名堂。

21. 有选择的自由

选择的自由有赖于选择的警觉,一面恋爱,一面考察对方。当然啦,情人眼中出西施,其实情人眼中何止出西施,简直啥玩意儿都出,还出英雄,出圣人哩。但也正因为大家都情不自禁,虽然努力伪装,有时候也会露出来一点原形。孙悟空先生可以说是变化专家,变啥像啥,可是千变万变,就是变不了屁股。大破红孩儿时,他摇身一变,变成了红孩儿的娘，变得货真价实。可是红孩儿向她行礼，她一哈腰还礼，马上糟糕，屁股露了出来。猪八戒先生挂在梁上，忍不住呵呵一笑，走了风声，结果一场大战。

曾经有一对恋人，已经订了婚矣，小姐忽然要解除婚约，因为有一天该未婚夫把一只猫放到一只金丝雀笼里，眼看着金丝雀凄惨挣扎，不但无动于衷，反而笑逐颜开。我想把他一脚踢是对的，盖她的判断正确不正确是一回事，但她既有判断，就有权利选择，这种权利，至神至圣。即令是结了婚，她都没有从一而终的义务，何况只是订婚哉？更何况只是交交朋友哉？

人总是往高枝上飞的，遇到识字的恐怕很难守着不识字的，遇到皇帝女王恐怕很难守着挖水沟工人，遇到境界高的恐怕很难守着俗不可耐的，遇到谈得来的恐怕很难守着话不投机半句多的，遇到真爱我的恐怕很难守着玩玩我的，遇到热情如火的恐怕很难守着君子之交淡如水的。但问题也就在这里，女孩儿还没有交上三个小子，就攻击她乱啦，烂货啦，公共汽车啦。同样情形，小子们还没有交上三个女朋友，就也攻击他三心二意啦，好高骛远啦。

不过我们要强调的，选择不是玩玩，不是把张小子的钱花光啦，再花吴小子的，把赵先生利用了个够之后，再去利用李先生。凡是玩玩，几乎都是端着选择的嘴脸。嗟夫，这些年来，以玩玩为宗旨的太太小姐似乎特别的多，据说身上只要有一块钱，就能“吃孙子，喝孙子，最后还要骂孙子”。本领之大，技术之高，使我老人家咋舌。好比说，住在郊区的女士吧，早上起来，梳妆打扮，搽脂抹粉，带上一块钱，出门而去，用该一块钱打一个电话，一会儿工夫，就找到一个心甘情愿的冤大头，开车来把她接走。于是这一天就等于他包啦，又跳舞又看戏，又游泳又吃大菜，至于去了旅馆没有，因太太小姐都坚决否认，大概是没有的矣。如此这般，玩到深夜，出租车把她送回尊府。第二天春梦初醒，再如法炮制，又是一天纸醉金迷生涯。

这种女孩子是真正的玩玩，而不是选择。选择应受到尊重，玩玩便太危险矣。柏杨先生隆重嚷嚷，别把臭男人当做孙子。越是孙子，典故越多,钱岂有白花的,那些白刀子进去,红刀子出来的场面,差不多都是玩玩的结果,年轻女子,似乎是越慎重越好。

我们强调选择自由,所以认为电视剧上那位小子,有权去爱女朋友的女朋友。我们为该小子叫屈的是,他虽然闯下了滔天大祸,把女朋友闯垮啦,而且还受到难以招架的羞辱。恐怕他阁下虽抬不起头,但心里绝对不会服气。因他所遭受的不是事变,而是试探也。呜呼,不要说爱情矣,凡是和感情有关的东西,统统不应该加以试探。盖上帝从不试探人,试探的人,都是魔鬼。

世界上最伟大的试探发生在一千九百年前。《圣经》上说,有一天,耶稣先生被圣灵充满,他就到旷野去禁食四十昼夜,后来饿得发慌,魔鬼先生乃乘虚而入,对他曰:"你如果是上帝的儿子,就请命令石头变成食物。"耶稣先生理都不理。魔鬼先生又把他领到殿顶上,曰:"你如果是上帝的儿子,就请往下跳,经书不云乎:'主要吩咐他的使者,用手托住你,免得你的脚碰到石头上。'"耶稣先生仍理都不理。魔鬼先生又把他领到高山上,指着世上万国曰:"我们是老朋友啦,你要是俯伏拜我,我就把它全送给你。"耶稣先生依旧理都不理。魔鬼先生觉得没趣,只好溜开。

这故事年轻小子和年轻女子都应该读个滚瓜烂熟,更要注意的,耶稣先生拒绝魔鬼先生时,曾说了一句话,曰:"不可试探你的上帝。"我们套而言之曰:"不可试探你最爱的人。"《青春三凤》中的两凤,当然好心好意要帮她们的朋友,该念头可能是聪明的,但也是魔鬼的。而该女主角竟也允许她们去试探自己的爱人,她可能也是聪明的,但她更是魔鬼的。一男一女在相爱阶段中,他崇拜她,她也崇拜他;他是她的上帝,她也是他的上帝。耶稣先生一千九百年前都厉声警告过,不要试探你的上帝,想不到一千九百年之后仍有人自作聪明,非试探不可。而女主角和该剧的作者到底不是耶稣先生,耶稣先生毅然地拒绝了魔鬼先生的诱惑,没有往下跳,而女主角和该剧作者,则往下跳矣,悲夫。

当欧洲中世纪骑士之风最盛行时,有一个堡主和一个骑士,同时追求一位千娇百媚，难解难分，以致该千娇百媚，不知道嫁给谁才好。于是她异想天开，出了一个妙法，把他们带到狮子笼前曰："谁要是能进去把狮子杀死，我就嫁给谁。"骑士老爷一瞧，该狮子凶猛异常，不是好玩的，就甘拜下风。堡主老爷却不在乎，进得笼来，打了个血流成河，狮子先生终于断了尊气。千娇百媚不顾肮脏，抱着堡主老爷吻曰："我本来就是要嫁你的，杀狮子不过看看你到底是不是真的爱我。"该堡主老爷把她推开曰："我的爱情不受试探。"说罢扬长而去。

22. 千万别试探爱情

不试探并不是不考察，不考察岂不成了从一而终的傻瓜了欤？盖没有考察就没有判断，没有判断就没有选择。但试探绝不是考察，考察也绝不是试探。考察是冷眼旁观，而试探是诱人入罪，冷眼旁观他对酒的反应，就可知道他是不是酗酒。如果一时聪明过度，弄了五加仑白干，灌到他尊肚里，然后大骂他不但酒后无德，还酒后无智，便不对劲矣。王船山先生曾有一句话责备这种干法，曰："饮之狂药而责之狂，可乎？"

《唐吉诃德》是一部震动世界文坛的巨著，毛姆先生曾把它列为世界十大名著之一，乃一本绝世的好书也，世人不可不读，其中有一段故事，专门描写"试探"。因为这故事是原作者塞万提斯先生硬加进去的，似乎成了累赘，没有它反而使全书更为简洁完整，所以凡是节本，都把它删掉，而我们现在却恰恰研究这硬加进去的一段。

话说意大利佛罗伦萨地方，有一对最最要好的朋友，一位是安瑟摩尔先生，一位是罗德里奥先生，为了容易记忆，我们简称之为安先生和罗先生。安先生娶卡米拉女士为妻，一切使人神魂颠倒的奇事，就发生在他们三位身上。原来安先生爱他的妻子爱得要命，卡米拉女士爱她的丈夫也爱得要命。书上说,卡米拉女士仅她的美貌就可以征服大队武装骑兵,而且还贞节,规矩,冷漠,视丈夫以外的男人如粪土。是一个典型,甚至是一个超标准的圣洁女孩子,再细的针尖都挑不出毛病。可是安先生仍不满足,他仍要试探她,他的理论根据洋洋洒洒,堂堂皇皇。文载原书,可以复按。

他曰:

我想要知道我的妻子卡米拉究竟是不是如我所意料的那么好,那么完全。关于这,除非像黄金经火炼一般,有了确确实实的证据,证明她的美德完整无缺,我是不能够彻底满意的。因为,朋友,我以为一个女子如果没有人向她奉承求爱,就显不出她的贞节。唯有经过不厌其烦的情人们,用诺言、赠物、眼泪,或是继续追求的力量去打动她,而终不为所动,那才算是真正的贞节。因为倘使不曾有人去诱她失节,她的节操有啥可感激呢?倘使她不曾有机会走入迷途,并且知道自己有丈夫,一经抓到她的错处,就要收拾她的生命,那么即使是矜持谨慎,又有什么了不起呢?所以凡是因有所畏惧或因没有机会而保持贞节的那种女人,我对她的敬意,绝不能和那种经过哀恳纠缠,而终不为所动的女人一般程度。

安先生既然有这么多的真知灼见,他阁下就精神百倍地要求他的好友罗先生干一件事。那就是,他要罗先生向卡米拉求爱,他所以选择罗先生担任该项伟大的任务,也有一大堆哲学基础。

安先生曰:

为了上面这些理由,还有我用以维持我的意见的其他许多理由,我希望我妻子卡米拉也能经过这种试探,也能在求爱和哀求的火里经过锻炼。主要的是,前去试探她的人,必须是和她的身份相配的,如果她在这样的磨炼之中,能够胜利而归——我相信一定能够,那我就要赞美我的无比幸福了。

罗先生一听安先生要他去追求他的妻子,以便判断她贞与不贞,立刻就严加拒绝。盖这种把娇妻当做试验品的干法,简直见所未见,闻所未闻。他当然不肯,双方就展开一番争执,争执内容不必介绍啦。我们的主题不在争执的内容,而在争执的结果,结果是,罗先生勉强答应下来该份美差。第二天安先生就开始制造机会使其跟自己的爱妻接近,但罗先生是一个正人君子,怎肯顺水推舟,真的下手?所以他每天跟卡米拉女士面面相对,然后向他的朋友扯谎,说他已经向她求爱,她果然拒绝啦;又说甜言蜜语已经说啦,米汤也已经灌啦,她仍然不理;说得安先生心花怒放。

安先生心花怒放之余,仍不肯悬崖勒马,大概魔鬼在他阁下心里颇下了点功夫,以致他不得不聪明绝顶,非要试探个水落石出,千真万确不可。于是他曰:“卡米拉对求爱的言语挑逗已能拒抗,第二步我们就得看看她能不能拒抗求爱的剧烈行动了。”

于是乎他付了罗先生两千金元;于是乎到了最后;于是乎罗先生敌不过卡米拉女士的美丽绝伦;于是乎假戏真做了起来;于是乎卡米拉女士也敌不过罗先生的热情。于是乎防线全部崩溃。于是乎当二人双双携手,登上了象牙之床,要颠鸾倒凤的时候,作者塞万提斯先生叹曰:“她投降了,是呀,虽以卡米拉那样的操守,也终于投降了。但罗先生的朋友情谊之不能维持到底,又何足怪呢?”又曰:“这是一个明白的证明,证明我们对恋爱热情这种仇敌,绝不可冒昧去试探,因为该力量虽是属于人类的,却须有神力的应援,才可把它降伏。”

23. 奇妙的结局

最妙的是,罗先生和卡米拉女士弄假成真了之后,罗先生并没有告诉她他之所以这么胆大包天,原是她丈夫钦派的。盖一则恐怕卡米拉女士自卑,一则也怕卡米拉女士把他热情看轻。于是世界上第一等混蛋丈夫安先生,乃被隆重地蒙在鼓里,他阁下光荣归来后,第一件事便是前往拜访罗先生,一见面就问他试探的结果如何。呜呼,就是换了你阁下,事情既然到了这种稀烂地步,恐怕都不会供出实话。罗先生当然不能例外,且看他如何回答吧,他曰:

"啊,安瑟摩尔朋友,我给你的消息是,你的夫人确实是一切好女人的模范和冠冕,我对她说的话都像说给风一般,我的殷勤被蔑视,我的赠品也被拒绝,而当我对她洒下假泪的时候,她竟不受感动,反而拿它来嘲笑。总而言之,卡米拉是一切美的总和,更是贞节、娴静和操守的化身,凡是一个好女人应值得赞美的一切美德,都堆积到她身上。所以,朋友,把你的钱拿回去吧,我没有机会用它,因为卡米拉的节操,并不是像金钱礼物和甜言蜜语这种卑鄙的东西,可以动摇的。"

这一段鬼话连篇,安先生一听,立刻喜欢得摇头晃脑。但最叫座的节目还在后头。有一天,安先生藏在衣橱之中,想亲自目睹试探的成绩,谁知道他们也正要借他的眼睛塞他的嘴。于是罗先生来啦,卡米拉女士手执短剑,在地上划了一条线,然后用一种不容误解的腔调,厉声曰:"你注意听我的话,罗德里奥,你看见这一条线吗?你如果敢跨过它,或者敢跨上它,我就立刻把我手中的剑插进我的胸口。可是这一句话且不要回答,我还另外有几句话要对你说,你可以随你的意思回答我。第一,你要告诉我,你到底是否知道我的丈夫安瑟摩尔,并且给他怎样的估价?第二,你要告诉我,你到底是否知道?又给我怎样的估价?你回答呀,用不着顾忌,也用不着考虑,因为我给你的这个问题都不难呀。"

为了效果,卡米拉女士还向罗先生扑了去,这一扑迅速而猛烈,好像真要一剑插到他尊肚里。罗先生急忙一躲,卡米拉女士技高胆大,演得极为逼真,她惨叫曰:"命运既不许我正当的心愿完全满足,它却不见得能阻挡我将这种满足破坏。"说时迟,那时快,短剑已插进了自己的酥胸,当然是酥胸上不要紧的所在,但却顿时血流如注,她阁下也就立刻昏了过去。盖她不得不立刻昏了过去,如果不立刻昏了过去,岂不是得再插第二刀乎?这一切表演,如果摄成电影,至少得颁给她一个金像奖。不过也正因为她可以得金像奖,她的丈夫果然大过其瘾,他已如愿以偿地得到了他的最高幸福,所以他还要亲自写点诗来赞美歌颂一番。

安瑟摩尔先生这一场绿帽剧非常罗曼蒂克,但结局却不罗曼蒂克,盖闹到最后,做贼心虚,精神恍惚,事情终于败露。罗先生在本乡不能立足,逃到外国。卡米拉女士走投无路,只好当了尼姑。而可怜的安瑟摩尔先生大梦初醒,发现原来竟不是那么回事,既悔又痛之余,就买了一块钱的巴拉松,吃而服之,一命归天。霎时间一对恩爱夫妇,一个幸福家庭,风消云散。

安先生在临死时,曾写下他的绝命书,书曰:

一种愚蠢而鲁莽的冲动,使我丧失生命,我希望我死的消息传到卡米拉的耳朵里,使她知道我是宽恕她的,因为她没有必须创造奇迹的义务,我也没有要求她创造奇迹的权利,而今我正是造成我自己耻辱的主人。

这段话十分沉痛,安先生还是有他的伟大之处,他知道自己的过失,所以他不但宽恕他的妻子卡米拉,也宽恕他的朋友罗德里奥,这种气质可保障他的灵魂进入天国。如果换了一个瘪三,好比说,那位电视剧的女主角和鸦小姐吧,准破口大骂,一骂罗德里奥忘恩负义,人面兽心,衣冠禽兽,不够朋友。二骂卡米拉淫妇贱货,不要脸的下三滥,婊子养的臭私娼。安先生在栽了斤斗后检讨自己,而《青春三凤》不但没有检讨自己,却在那里举杯高歌,认为"幸亏发现得早"哩。

爱情是一种复杂的化合物,包括的东西很多,其中之一是性行为,关于这,我们说得多啦,不再说啦。其中之二是,爱情就是互信,一旦互信不生,爱情便等于裂了缝的电灯泡,不但不会再发热发光,而且迟早要稀里哗啦。而"信"这玩意儿是纯主观的,纯感情的,不能分析,更不能试探。基督教要求他的徒众只要"信",假使有一个聪明绝顶的家伙说,等我的尊眼亲自看见上帝我才信,那就不叫信。

而必须看不见还是照信，那才是信。非等到证实了才信，乃科学家的干法，不是宗教徒的干法；乃侦探的干法，不是爱情的干法也。爱情的狂热有时超过宗教，只能有信，不能有试探——也就是说，不能用科学的手段去求证。呜呼，科学家证实了水是氢二氧一，它五千年都是氢二氧一，而爱情则不然矣，纵令在一次的严厉试探中证明她是贞节的，但不能保证她永远是贞节的。同样，纵令证明她某一次拆了烂污，也不能保证她一辈子都会拆烂污。爱情是感情的一种，是不稳定的，君不见有些小姐爱臭男人乎？有时爱得发紧，他天天揍她她都舒舒服服，可是一旦感情破裂，对他厌恶起来，他天天叫她揍他都不干，试探怎能可靠耶哉？

24. 混　蛋

记不得在哪本书上看过的矣，说有一位呆头鹅，看《精忠岳传》，看到岳飞先生在风波亭被害惨死，勃然变色，拍桌子大骂秦桧先生，把桌子腿都拍断啦。其妻忍不住劝他不要再拍啦，那都是钱买的，他大怒曰："你怎敢吃里扒外，袒护秦桧，莫非与他私通？"从此得下疑心之病，就决心加以试探。于是乎，一天晚上，他在门后埋伏，趁其妻经过，跳出来拥而吻之，这一跳不打紧，太太吓得一愣，免不了把他痛骂一顿，他不但不恼，反而喜曰："可贺可贺，我家有贞妇矣。"

任何人看了这故事都会失笑，但当事人不但不会失笑，反而认真得很也。我想，在感情领域中，似乎以不试探为妙，一定要试探的话，不妨去试探忠贞，也不妨去试探友谊，但千万不要去试探爱情。"家有贞妇"不见得真有贞妇，一时两时的魂不守舍，更不能肯定一个人的品格和终身幸福。塞万提斯先生有两段话，众小子和众女子不可不读。

一曰:女人如果是玻璃,为什么要试她会不会碎呢?这试验是最大的冒险,因为她或许真的碎了。一个有见识的人,怎能让这种脆东西凭空掉到地上?万一它碎了,就再没法复原了。

一曰:人本不是一种十全的动物,所以我们不应该把绊脚石放到她当路上,叫她失足,叫她摔跤。反而应该替她拿开绊脚石,把她的道路清出来,使她可以毫无阻碍地前进到十全之境,她才能十全。

这些是指卡米拉女士而言,但事实上男人比女人更糟,女人虽是玻璃,却是本来完整的玻璃。而男人的玻璃,则是早已经碎了不过用糨糊粘起来的玻璃,更不能把它摔到地上试它碎不碎,它盖先天的就碎啦。安先生请人追求卡米拉女士,是荒唐的试探。呆头鹅亲自突袭他的太太,是愚鲁的试探。《青春三凤》中勾引男朋友,是自杀的试探。呜呼,说句泄气的话,世界上经得住试探的人,恐怕没有。噫,阁下千万息怒,你既道貌岸然,而马上又要跳高,以示与众不同,当然非常例外,啥试探都经得住。不过据我所知,柏杨先生就属于试不得的人物,常有些人,以为柏杨先生道德学问,都没话可说,而且年龄老迈,又快要到安全期,俨然俨然,准没问题。呜呼,殊不知问题反而更大,不信的话,你敢跟我赌一块钱乎?用不着如花似玉抱我一下吻我一下,说我英俊潇洒爱上我啦,只要向我发三声嗲,我马上就自动上钩,叫我翻斤斗我就翻斤斗,叫我竖蜻蜓我就竖蜻蜓。假如仍有太太小姐不肯服气,硬认为我绝对可靠,则不妨放马过来。届时你阁下全军覆没,勿谓我言之不预也。

前些时看了一篇小说,也是鬼打架式,作者是一个臭男人,该臭男人把他的妻子赞美得像一朵鲜花。但也犯了安瑟摩尔先生一样的毛病,为了进一步证明他的妻子道德高超,就决定加以试探。于是乎有一天,他愁眉苦脸告诉他的妻子说,生意危险啦。过了两天,又痛哭流涕告诉他的妻子说,生意已整个完了蛋。于是乎不得不从大房子搬到小房子,不得不把自用车卖掉,不得不鹑衣百结。他阁下一面垮台,一面察言观色,他的妻子不但没有大发雌威,不但没有打扮得花枝招展去向外发展,反而对他更温柔百倍,虽挨他的穷打,受他的穷气,照样笑容满面。到了最后,他宣布他的垮台竟然是假的,大家一场欢喜,圆满收场,从此他就爱他太太更厉害矣。

这篇鬼打架比安瑟摩尔先生还要离谱,不过离谱不离谱不在我们讨论之列,我们只是讨论这种鬼打架的想法,可谓一厢情愿到了极点。天下有这种由富变穷而仍和颜悦色的女人乎?再贤慧的太太小姐,都不能不流泪满面,唉声叹气。这和道德无关,便是孔丘先生,一旦一屁股坐到火炉上,都得号声震天,何况凡夫俗子?但这也不是我们讨论的中心,讨论的中心是,该臭男人比安先生走运多啦,安先生的玻璃一摔就碎,而该臭男人的玻璃却不但没有碎,摔到地上,反而弹起来,把摔的人头上打了一个包,真是既坚又硬,称心快意。

不过,万一稀里哗啦,也摔了个粉碎,该娇妻平常还颇贤慧,就是耐不了饥寒——耐不了饥寒不是罪恶,因而红杏出了墙,或者大吵大闹,分居焉,离婚焉,一个本来可以幸福一辈子的家庭,岂不忽然间七零八落乎哉?

上星期,柏杨先生和几位朋友在一块聊天,有一个老头从他皮包里摸出一把裁纸刀,上面有一凹沟,我奇怪曰:"这种刀特别特别,少见少见。"该老头曰:"用这种刀自杀最好,只要一插进胸口,鲜血顺着凹沟流出,一会儿就死。"我曰:"胡说八道,我不相信。"该老头曰:"你孤陋寡闻,懂得啥?"我曰:"信口开河没有用,你往自己胸口插一下试试,如果死啦,我输一块钱。"大家一听我的提议,全体赞成,经过民主表决,当然一致通过,但该老头却怎么说都不肯一试。呜呼,他当然不肯一试,盖输赢都惨不忍睹。

然而若鸦小姐焉,若安先生焉,若该臭男人焉,却硬是要试,真是不可解矣。嗟夫,互爱基于互信,没有互信,乱生歪主意去试探,爱就成了屁话。

25. 千千万万

“红颜薄命”四个字不知道是谁发明的，跟不知道是谁发明缠小脚的一样，反正已经流行得很广矣。我们不是考据家，不必去钻牛角尖，但“红颜薄命”这句话似乎比女人缠小脚正派得多。女人缠小脚缠了一千年，如今彻底崩溃，纵令是疯子，都没有人再欣赏三寸金莲。可是纵令不是疯子，大家仍都欣赏“红颜薄命”，君不见电影明星林黛女士自杀之事乎？大家除了叹“红颜薄命”外，简直没有别的可叹的。三十年前，上海也有一幕悲剧，比林黛女士还要倾国倾城的一位电影明星阮玲玉女士，也是自杀身死，大家也是除了叹“红颜薄命”之外，没有别的可叹的。玛丽莲·梦露女士一嫁再嫁三嫁，一离二离三离，最后服毒自尽，一死了之，美国社会在私下谈话中是怎么个叹法，我不知道，但却是知道中国人的叹法，仍是老话一句，曰“红颜薄命”。

电影明星似乎太极端啦，用作例证，使人一时不能从震撼中清醒过来。其实即令普普通通，平平凡凡，“红颜薄命”四字也同样乱往外冒。我外孙女有一个同学，毕业于台北师范大学堂音乐系，到了美国就跟一位打狗脱结婚如仪，正当大家函电交加，又贺又羡时，忽然间该打狗脱不知道出了啥毛病，竟在洋大人医院里翘了辫子，消息传来，听到的几乎也是“红颜薄命”的叹息。柏杨先生巷子里就住着一位小寡妇，她丈夫生前和她恩爱得不得了，丈夫死已四年，而她迄今不嫁，膝下有一个五岁的孩子，每次从柏府门口走过，老妻就叹曰：“真是红颜薄命呀！”有一次叹得我实在忍不住，插嘴曰：“阿巴桑，你今天丈夫仍在，儿女又都成人，命倒很厚，大概你一直是黄脸婆，从没有过红颜的缘故。”这句话伤了她的自尊心，老羞成怒，几乎把油瓶都摔破(按,那一次她阁下正去小铺买花生油)。不特此也,五年之前,曾有过这么一回事,一位大学女生,生得花容月貌,却偏偏爱上一个该死的中年男子,该中年男人面如毛驴,牙如墓碑,穷得叮叮当当,实在看不出有啥前途。父母当然反对她嫁他,不但父母反对她嫁他,便是柏杨先生暨夫人,天生的势利眼,也反对她嫁他。可是她却硬是跟他私奔啦,有一次看见他们一块看电影,衣服破旧,皮鞋上全是尘土,虽容光依旧,但窘态毕露,真是一朵鲜花插到牛粪上,预卜其将来一定要受活罪。老妻就不禁叹啦,叹的仍是"红颜薄命",一则怜之,一则惜之,一则觉得自己幸而不是红颜而沾沾自喜焉。

这种红颜薄命的场面,历史上千千万万,现社会上也千千万万,使人怵目惊心。

"红颜薄命"是相对性的,也是预言性的,它不单独地说明一种现象,而且肯定了凡是美丽的太太小姐,将来准没有好下场。君还记得老牌明星杨耐梅女士之死乎?她阁下跟柏杨先生年龄差不多,当她风靡中国,把臭男人整批整批修理的时候,我还没有进京师大学堂哩。她可以说是时代女性,除了漂亮非凡,不在话下外,还有种种天摇地动的杰作。她是中国第一位有自用汽车的女人,也是中国第一位在永安公司当众伸其玉腿提袜子的女人。嫁了一个丈夫,有钱得要命。可是三十年风水轮流转,五年前吧,有人发现她那位有钱得要命的丈夫,在香港街头敲石子,消息传开,她的女儿把她接到台湾,总算老有所养,寿终内寝。她的丈夫被人在香港安置一个小差事,大概糟蹋过度,竟卧病不起,新闻记者往访,他曰:"美丽的女人都是有毒的!"说罢这句至理名言,才断了尊气。

其实他的这句至理名言仍是老生常谈,谓之"女人是祸水",中国人仿佛是推卸责任能手,只要出了乱子,第一件事便是想办法把责任推到别人身上。圣人不云乎:妲己亡商,褒姒亡周,西施亡吴,杨玉环女士则把唐王朝搅得七零八落。好像那些皇帝之类一点责任都没有。天下怪事虽多,都怪不过此也。杨耐梅女士的丈夫,从有钱得要命,沦落到路边敲石子,有它的原因。大如时局变化,小如身无一技之长，而又好吃懒做，并不简单，但在他看起来，一切罪过，却全是因他妻子太美丽的缘故。混账到如此程度，上帝叫他有石子可敲，还是恩待他哩。

然而不管怎么吧，在男人是“女人祸水”，在女人则是“红颜薄命”。“美丽”这玩意儿，好像一张香喷喷的夹心饼。如果一面烙得既焦又黑，另一面还没有烙熟，仍是生的。这是烙的毛病，而不是夹心饼的毛病，更不是香喷喷的毛病。偏偏到了今天，圣人提倡于上，圣崽传诵于下，烙的没有毛病，而毛病反而出在夹心饼、香喷喷上，怎能使人心服口服乎耶？呜呼！天下薄命的人多矣，女人薄命固然遍地皆是，而男人薄命也同样的遍地皆是。即以柏杨先生而论，简直跟历史书上描写的那些大人物同一个模子浇出来的。柏杨先生之初生也，室有红光，门有雀叫。之后，少有大志，异于群儿，七岁时曾用一张世界地图擦屁股，叹曰：“大丈夫当如斯也。”一个冬烘老学究，据说还闻而异之曰：“五十年后，有圣人出，拯救苍生，岂此子乎。”又之后，更是才高八斗，学富五车。依历史书上的情形，至少也应是一国的国王才对。想不到如今行将就木，连个科员都没爬上，每对镜掀须，不禁唏嘘，此非“心比天高，命比纸薄”者欤？悲哉。

26. 男人薄命

有时候想一想，当一个男人真没意思，辛辛苦苦，像牛马一样上学堂，念诗书，有些家伙已过了四十大关，还在读打狗脱。好容易熬出一点眉目，却半路里杀出一位女程咬金，看准目标，用不了三斧头，就把他砍下马来，抓而掳之。那也就是说，她跟他结了婚啦。这一结婚不当紧，他阁下流血流汗的成果，遂跟她阁下共有共享，她阁下打打麻将，生生孩子，饱食终日，坐享成果之余，还怪该男人没有出息。

记得有一幅连环漫画，画的是“男人一生”。该男人小的时候，壮志如雷，简直一脚能把地球踢个窟窿，等到入了小学，脑筋里想的已经比较实际，不打算踢地球矣，不过却是相信当皇帝，总没啥问题。等到上了中学，不再想当皇帝矣，但部长焉、大使焉、经理焉、董事长焉，却多少有几分把握。再等到上了大学，大事就不好啦，脑袋上只画了一个饭碗。

上面说的是第一阶段，虽然只剩下来饭碗，却总算敢想点东西。到了第二阶段，则连想都不敢想，臭男人像驴子一样，拉着一辆破车，最初车上空无一物，他还兴兴头头，拉得起劲。过了一会儿，有一位如花似玉上车啦，即半路里杀出的那个女程咬金是也。又过了一会儿，一个孩子也上车啦，当然是她生的。又过了一会儿，第二个孩子也上车啦。这还算正常的，至于不正常的，不但太太儿女上车，自己的父母兄弟姐妹，或是太太的父母兄弟姐妹，也都上车啦。车子上嘻嘻哈哈，眉开眼笑，好不快活；只有该臭男人拉着拉着，越拉越重，气喘如牛，口吐白沫。遇见路当中埋伏的石头，绊了一个斤斗，栽得门牙掉了两个，但仍不能休息，爬起来还得照旧猛拉，一直拉到筋疲力尽，倒毙街头。

在人生竞赛中，当然也有妙不可言的。当皇帝的当皇帝，当官崽的当官崽，他们根本用不着自己拉车，而是自己坐到车上。不过大多数臭男人都属于薄命之徒，幻想固然砸得粉碎，就是本本分分的理想，也大半“不如意事常八九”，心有余而力不足。最后不得不低头屈膝，老死窗牖。杜甫先生诗曰：“此翁白头真可怜，伊昔红颜美少年。”呜呼，谁还记得他红颜美少年时代乎？我想读者老爷中读此诗句，恐怕垂泪的多，不垂泪的少也。

比较起来，男人比女人更要薄命。但这还不算惨，最惨的是，当女人薄命时，她的朋友会越多；而当男人薄命时，他的朋友不但不会越多，反而会越少。一旦薄命到极端，简直一个朋友都没有矣。君不见漂亮的小寡妇乎？丈夫虽然翘了辫子，手中又无一文，连送极乐殡仪馆的钱都没有，瞧那些正人君子兼古道热肠之士拍胸脯吧，张先生拍得咚咚响,李先生拍得哎哟哎哟响,王先生甚至把肋骨都能拍断。不要说送殡仪馆啦,连洋房都会为她买下一栋,可是一个臭男人一旦薄起命来,好比说,吃了官司吧,被押进天牢。或者失业三年零八个月吧,饿得口吐苦水。恐怕很难有谁上门,呜呼,痛哉!

问题也就发生在这里,男人薄命,好像天经地义,没啥可说。而女人薄命就不然,仿佛她们天生的要坐享男人成果,一旦享不成就惊天动地,纷纷叹气。一位女士焉,想当年是大学堂校花,有六个男人曾为了被她一脚踢而表演过自杀,二十年之后,该女士却住在破屋,专为她入了狱的丈夫补破袜子,你瞧人叹她薄命吧。可是一个一直考第一,又当过学生会主席的小子,二十年后,天天骑着随时都要崩溃的单车上班,却没人叹他薄命也。

即令在女人圈里,薄命似乎也不仅限于红颜。在这里,我们得先了解,“红颜”本来的意义是指“年轻”,包括年轻的小子和年轻的女子,前面不是引用过杜甫先生的诗句乎,“伊昔红颜美少年”,男人年轻时也是红颜也。不过因为文人乱用的结果,有些名词逐渐改变了它的内涵,“红颜”遂成了女人的专用品,但也不是全体女人的专用品,而只是漂亮太太小姐的专用品,丑八怪黄脸婆女人不与焉。柏杨夫人这两天看我写红颜薄命,大概有感身世,自怨自艾,就着实照了几番镜子,一会儿描描尊眉,使其长一点焉;一会儿拉拉皱纹,使其平一点焉;我看不顺眼,忍不住笑曰:“别再描再拉啦,阁下即令命薄如纸,也不能保证你是红颜。”然而她还是描拉如故,盖心不死也。

我说这话不是专门触谁的霉头,而是我想说明一点,那就是,即令在女人圈中,也并不是只如花似玉的太太小姐才薄命;不敢恭维的太太小姐,恐怕反而薄命得更厉害更普遍。如果说赤脚挑菜去市场做生意是薄命的话,则如花似玉赤脚挑菜的多乎,抑不敢恭维赤脚挑菜的多乎?如果说被丈夫不满意是薄命的话,则如花似玉被丈夫不满意的多乎,抑不敢恭维被丈夫不满意的多乎?如果说挨打挨骂是薄命的话,则如花似玉挨打挨骂的多乎,抑不敢恭维挨打挨骂的多乎?如果说穷叮当是薄命的话,则如花似玉穷叮当的多乎,抑不敢恭维穷叮当的多乎？如果说呻吟病榻是薄命的话，则如花似玉呻吟病榻的多乎，抑不敢恭维呻吟病榻的多乎？如果说遭丈夫遗弃是薄命的话，则如花似玉遭丈夫遗弃的多乎，抑不敢恭维遭丈夫遗弃的多乎？如果说年纪轻轻就寿终内寝是薄命的话，则如花似玉早死的多乎，抑不敢恭维早死的多乎？

写到这里，一个朋友曰："有一个薄命地方，却是如花似玉多，而不敢恭维少。"我大惊曰："且说说是啥地方。"他曰："妓女院里，你以为如何？"其实，即令在妓女院里，也是如花似玉的少，而不敢恭维的多，君不能只看陶公馆那种上流社会，必须看到整个的妓女群，此所以名妓少，而流莺多也。同时，即令都是妓女，台北万华公园，春风一度只十块钱，不过一包纸烟。而你去陶公馆，恐怕没有三五百元就出不来。便是当了妓女，如花似玉仍是好福气，不堪恭维仍是命苦。

27. 闺房幽怨

和"薄命"对垒的是"好命"，也叫"有福气"。关于好命，我们也可以比较比较。如果住高楼大厦花园洋房是好命的话，则如花似玉住高楼大厦花园洋房的多乎，抑不敢恭维住高楼大厦花园洋房的多乎？如果出门坐汽车嘟嘟嘟嘟是好命的话，则如花似玉出门坐汽车嘟嘟嘟嘟的多乎，抑不敢恭维出门坐汽车嘟嘟嘟嘟的多乎？如果嫁给皇帝焉国王焉是好命的话，则如花似玉嫁给皇帝焉国王焉的多乎，抑不敢恭维嫁给皇帝焉国王焉的多乎？如果被丈夫爱得天昏地暗是好命的话，则如花似玉被丈夫爱得天昏地暗的多乎，抑不敢恭维被丈夫爱得天昏地暗的多乎？最后，我们再回到妓女院，如果说妓女小姐"老大嫁作商人妇"，终于有了个归宿是好命，则如花似玉嫁作商人妇的多乎，抑不敢恭维嫁作商人妇的多乎？

柏杨先生说这些,并不是肯定漂亮的太太小姐一定都福气冲天,而不漂亮的太太小姐铁定的就倒了霉,连当妓女都是第三流的,谁要是有此误解,谁屁股上就得长一个奇大的疔疮。我只是说,如果是男人跟女人比,恐怕男人薄命的数目和程度,要比女人多。如果是红颜跟非红颜比,恐怕非红颜薄命的数目和程度,要比红颜多。不过,问题也就是出在这里,一直到今天,仍没有叹臭男人薄命的,也没有叹丑八怪薄命的,好像上天已经注定他们非薄命不可,有啥可叹的哉。而漂亮太太小姐则上天注定的要大享其福,一瞧有一个没享到福,或虽然享到,却只不过少享了一点,就一齐猛叹,仅只猛叹不要紧,进而又造成人们一种印象,认为凡是红颜,一定薄命,真不知从何说起。

然而,红颜薄命这句话既然流传下来,而且谁都反对不掉,我想其原因大概有这样一些。

美和慧几乎是相连的。漂亮的太太小姐,可能在事业上没有什么大成就,但她们的智慧却不可轻视,这种智慧使她们在爱情上或婚姻上往往有过高的要求,一旦这种要求不能满足,忧郁便应运而生。懦弱的自怨自艾,自恨自悔,生上一场大病,花容憔悴,或吐上几口鲜血,送掉玉命。刚强的自觉委屈过度,怒不可遏,轻焉者红杏出墙,重焉者离婚而去,再厉害一点的则是索性买一块钱的巴拉松放到丈夫的碗里。前面已经介绍过谢道韫女士矣,她对那位窝囊丈夫,大概伤透了心,才忍不住抱怨曰:“天壤之间,乃有王郎?”这句话经过文人文言化,不能传神,惜哉。如果用白话记下来,一定更能表达她的感情,然而就这两句文言吧,闺房幽怨,也使人为她叹息。

智慧越高,要求也越高,有些环境,普通女人看来,已经满意得不得了啦,而才女看起来却仍嫌不够。像红拂女士吧,能够当超级二抓牌杨素先生的小老婆,不要说换了别人,就是换了现代有些大学堂毕业的女学生,都会踌躇满志,高兴得连屁都放出来。可是她到底是非常之人,竟然爱上了当时不过一名穷小子李靖先生,而且抛弃了汽车洋房,和“应美国国务院邀请”等等盖世良机,冒着被抓回来就坐牢砍头的危险,跟他携款潜逃。这件事不要说千载之上,就是千载之下,恐怕任何聪明绝顶的太太小姐,都不肯干也。

和红拂女士同样“私奔”,同样“不安分”的,还有卓文君女士。她阁下新死了丈夫,按照当时的风俗习惯,名门闺秀,死了丈夫就等于塌了天,除了终身守寡外,恐怕别无其他妙法。可是她却看上了一个穷文化人司马相如先生(别瞧文化人穷得连袜子都没得穿,却硬是有如花似玉要嫁他,能把纨绔朋友气得捶胸打跌),当时还不知道他会写文章哩,而只知道他弹得一手好钢琴,由手指而推及全身,她就爱他爱得发紧。以致古井生波,芳心大动。私奔了不算,还在父亲大人门前卖馄饨面,把老头气得半死。如果换了个混蛋老头,早找一些甲级流氓把司马相如先生痛揍一顿,然后把女儿送到美国。幸而卓老头还有点灵性和爱心,补送了一份嫁妆,让他们也有得过的。

红拂女士和卓文君女士,她们的惊天动地杰作,成为千古佳话。呜呼,正人君子每每宣传“私奔”和“不安分”的下场一定要糟,恐怕得请她们二位出面打其嘴巴。这当然不是说“私奔”和“不安分”一定有好下场,谁要是硬往这上抬杠,谁就照样也得挨嘴巴。盖别的女士们却没有二位这种运气,君知道步非烟女士乎?和红拂女士一样,也是二抓牌——武公业先生的小老婆。好好洪福不享,却爱上了邻居穷小子赵象先生。二人最初不过你看我,我看你,看得久啦,进一步题诗唱和,你送我一首诗,我送你一首诗,唱和得久啦,遂找一个地方,幽而会之。可惜的是,他们没有勇气逃走,而最后被武公业先生发觉,把她吊起来,用皮鞭痛打,叫她供出“奸夫”是谁,她被打得遍身流血,奄奄一息,却只闭口无言。武公业先生打了半天,筋疲力尽,回去小憩,临走时悻悻然告侍女曰:“好好看住她,我回来还要再打。”他走后,步女士知道不免,叫侍女把她早准备好的毒药拿来,一口饮下,叹曰:“今生已矣,结缘来生。”

28. 绝世美人

步非烟女士的结局使我们垂泪,只怪她恶恶而不能去,善善而不能用,既然厌恶她的丈夫,仍跟他假敷衍,明明爱着赵象先生,却不敢跟他一走了之(也可能是赵象先生胆小如鼠不敢走,惜哉)。看起来潘金莲女士要激烈得多矣,潘女士采取的是一刀两断黑心肠的干法,明目张胆把丈夫老爷害得七窍流血。步非烟女士,只不过通奸而已,有挨揍之罪,无受死之罪,但她却死在丈夫手里。潘金莲女士则是结结实实害死了亲夫,所以她阁下的死也轰轰烈烈,她的小叔子武松先生把她抓到灵堂之前,活活扒出芳心。如花似玉到了这种结局,"薄命"两个字似乎还不够分量。岂止是薄命而已,简直是惨不忍睹的苦命。

我想王凝之先生娶了谢道韫女士,真是祖坟上的风水好。她如果是步非烟,恐怕早给他弄一顶奇妙的绿帽;她如果是潘金莲,恐怕也免不了来一包巴拉松。但我们不能希望每一个漂亮非凡的太太小姐都是谢道韫,都能逆来顺受。一旦有一位女士化悲愤为力量,事情就大发了矣。盖当丈夫的好容易娶了一位绝世佳人,而她竟然把丈夫当成一堆牛粪,不肯插啦,恐怕很难有廉价小说上那种雅量,为了她的幸福而牺牲自己。于是,一个不放,一个去心如箭,其结果遂有四式。一曰"谢道韫式",这式的特征是有宣传而无实践,发发牢骚,骂骂天下的男人一般坏,叹息叹息爱情不过是个屁,也就算啦。二曰"红拂式",这式的特征是私奔。背夫私奔也好,背父母私奔也好,反正是为理想而奋斗,闭着尊眼,往黑暗里一跳,是福是祸,连天老爷都不知道。三曰"步非烟式",像步非烟女士一样,苦闷难堪之余,另外找个知心知意的情人,弥补弥补空虚的心灵和空虚的人生。四曰

“潘金莲式”，这一式最彻底也最可怕。因之我顺便建议凡是牛粪型的丈夫，千万小心，一旦发现罩不住，不如早日撒手，否则真是危险万状也。

红拂女士有绝高的见识，卓文君女士有绝高的音乐造诣，谢道韫女士有绝高的性灵境界，而步非烟女士是一个诗人，潘金莲女士是一个美女，她们如果都是丑八怪，而又其蠢如猪，抱定嫁汉嫁汉，穿衣吃饭的宗旨，混混沌沌，满足现状，恐怕演不出“薄命”节目。武公业先生是个什么样的人，我们不知道，看他那种残暴的手段，大概高级不到哪里去，有夫若此，真不如为娼。而武大郎先生的模样，大家已经熟知，用不着介绍矣，北方关于“武大郎如何如何”——好比“武大郎攀杠子，上不着天，下不着地”之类歇后语，能有一百多句，可能他阁下长得实在有点抱歉。假定潘金莲女士不是一朵鲜花，而是一颗“狗屎苔”，她既不会有委屈之感，自也没有过高的要求，恐怕想薄命都薄命不起来。

红颜所以薄命的第二个原因是，漂亮的太太小姐，往往容易使臭男子起歪念头。她越是漂亮得不像话，起歪念头的臭男人，便越多越强烈。于是乎有人说啦，那还是该太太小姐不好，只要她阁下读圣人之书，明礼知耻，起歪念头的男人再多再强烈，有啥关系哉？这话说了等于没说，盖太太小姐也是人，人有人的感情，不可能铁石心肠，不解风情。不过即令读了圣人之书，变成呆头鹅都没有用，盖人类自从有历史记载以来，就是以臭男人为中心的社会，大权和大钱都抓在臭男人手里。一个有权和有钱的家伙，如果再有点无所不为兼不要脸气质，一旦看上了一个如花似玉，恐怕很难有啥奇妙办法逃出他的手心。

历史上最有名的一位美女妫女士，乃公元前七世纪春秋时息国的王后，书上形容她的美曰：“目如秋水，脸似桃花，修短适中，举动生态。”有一次，楚国国王芈熊赀先生驾临息国作为期三天的官式访问。妫女士当然亲自招待国宾，当敬酒时，她的玉手简直跟玉杯没有分别，这下子芈熊赀先生发了晕，决心霸而占之。大概一夜都没有睡好。第二天设宴答礼，息国国君不知道事情要糟，还殷勤劝酒哩，被芈熊赀先生大喝一声，活活捉住。妫女士得到消息，就要跳井，侍臣拉住曰："夫人不欲全息侯之命乎？何为夫妇俱死？"她为了救丈夫，只好被芈熊赀先生收归私有。古书上说她一直到死，始终不说一句话。她是不是真的一直不说一句话，我们无法考证。我就怀疑，她和该混世魔王在闺房之内，颠鸾倒凤之时，也咬定牙关，不出一声乎？即令有此节目，后来她一连生了两个孩子，难道连亲子之情都没有乎？不过我倒宁愿相信她不说话是真的，以便诗意盎然。有人咏曰："自古艰难唯一死，伤心岂独息夫人。"讥笑她不该不死。我想动不动就责人不死的人，其心恐怕比程颐先生和朱熹先生还要恶毒。不过在薄命问题上，她不死固是薄命，即令死啦，也同样是薄命。

女人美貌是无罪的，但因其能招惹臭男人起歪念头的缘故，美貌遂成了祸根。中国还算文明古国，所以芈熊赀先生乱搞了一阵后，仍慈悲为怀，封息国国君一个可怜的小城，使其头顶绿帽，忿郁而死，小民们固无扰也。而发生在洋大人之国的这种夺美壮举，就不得了啦。君看过《木马屠城记》乎？为了一个跟妫女士一模一样地位，一模一样美貌的王后海伦女士，竟掀起了两个国家间十一年血战，死伤千万，最后攻破了特洛伊城，全城男女老少都被杀光，叫人忍不住膝盖发抖。当希腊联军誓师之日，其誓言曰："谁夺取倾城绝世的海伦，我们就消灭他。"当战争进行到第十年时，海伦女士登城劳军（不是劳她祖国的希腊联军，而是劳她情夫的土耳其联军），士兵们一个个目瞪口呆曰："为这样一位美丽女子，再打十年也是值得的。"

29. 勾人魂魄

如花似玉如果招来国王之类人物的歪念头，就是神仙都没法度，其实用不着国王,即令是普普通通的二抓牌,一旦动了歪念头,也够承受的也。历史上最有名的绿珠女士,其遭遇便使人坠泪。她是被大权在握的孙秀先生看上了的,看上了之后就向石崇先生索取,因她长得太美啦,石崇先生硬不肯放,告来人曰:“我家姬妾甚多,要谁都可以,只绿珠不行。”孙秀先生一听,不行,好吧,我把你阁下全家都杀光该行了吧。于是圣旨颁下,石崇先生全家处斩,当警察老爷临门时,石崇先生埋怨绿珠曰:“弄到这步田地,都是为了你。”绿珠女士一时想不开,竟从楼上跳下,活活摔死。呜呼,她的相貌如果不敢恭维,何至有如此悲惨的结局耶?

爱读词的朋友都知道南唐后主李煜先生,他的前后任妻子是一对姐妹花,姐姐大周后,妹妹小周后。大周后死后,小周后成了正式王后,她不但貌如天仙,而且知情知意,温柔入骨,李煜先生国亡被俘,到了宋王朝的京城,免不了全家要去朝廷拜见。宋王朝第二任皇帝赵光义先生,是一个北方土佬,一见小周后这位江南佳人,马上淌出口水,但他却比芈熊赀先生文明得多,并没有当场就把李煜先生拿下。而是过了几天,说皇太后要瞧瞧小周后,召她入宫,入宫之后,搞了些啥名堂,局外人不得而知,不便瞎说,不过她就再也出不来矣。有一天李煜先生下得朝来,小周后向他垂泪呼救,曰:“你难道不能庇一妇人?”她阁下就是吃了美如天仙的亏,其相貌如果也不敢恭维,谁动她的坏脑筋乎?

这种故事,多如牛毛,如果介绍起来,至少可写十大本书。现在再推荐两个近代的例子。其一是中国的张宗昌先生,其二是埃及的法鲁克先生。张宗昌先生是有名的“狗肉将军”,以三多闻名于世,一曰枪多,二曰兵多,三曰姨太太多。他阁下行同禽兽,见了漂亮的太太小姐,管她是谁,先下了手再说。最精彩的一幕是他阁下驻军北京时,有一天,突然派兵把西单市场团团围住,说要捉拿革命党。捉拿革命党的结果是,把所有年轻的太太小姐,包括良家妇女、电影明星、女学生、女艺人,有的正在街上经过,有的正下学回家,有的正在店里买东西,反正不管你干啥,捉过来后,加以挑选,不敢恭维的,一人发一块钱的压惊费打发；如花似玉的就一一霸王硬上弓。当时北京还是首都，那些太太小姐中，有大官的女儿，也有权贵的太太，可是毫无办法，第二天放了出来，一个个都变了样儿。

法鲁克先生总算受了点教育，没有像张宗昌先生那么胡搞，但他的末代王后却也同样是霸王硬上弓得来的。该末代王后本来有她的未婚夫，结婚前夕，她兴高采烈地上街采购嫁妆，却被法鲁克先生碰上。一瞧之下，龙心大动，那时候他阁下还没有垮台，不由分说，就下令他们解除婚约，然后自己娶之。如果她长得像猪八戒，法鲁克先生何至于生出这种奇怪念头乎？不要说像猪八戒啦，就是仅只七八分姿色，恐怕都不能使一国之王如此发泼。

写到这里，想起来张君瑞先生跳花墙，忍不住要再加介绍。我想无论男人女人，对张君瑞先生，恐怕印象都颇佳颇佳，但他固是一个见色就迷的小子。第一眼瞧见了崔莺莺女士，就立刻失魂落魄，丑态毕露。后来遇到红娘，报名报姓，把三代履历都报出来，除了说他大学堂毕业，留过外洋之外，还特别声明曰："小生年方二十三岁，并未娶妻。"猴急之状，在戏台上固然有其韵味，观众大笑之余，不会觉得他有啥问题。但闭上尊眼一想，如果现社会上竟也有如此色情狂，恐怕有揍好挨的矣。好比一位如花似玉正在公园赏花，柏杨先生一个箭步，跳将上去，哈啰曰："在下姓柏名杨，老妻刚死，尚未续弦。"好吧，如果该如花似玉是你阁下，你该怎么办哉？是马上就接受了我的爱，抱住亲个嘴乎？抑吆喝一声，招来一大群好事之徒，众拳齐下乎？

把张君瑞先生换了柏杨先生，崔莺莺女士当然不要。同样的，把崔莺莺女士换了不敢恭维型，张君瑞先生对她毫无印象，即令有印象，该印象也是摇头不止，恐怕就是用棍子把他打上了墙，他也不会往下跳。不过他终于跳啦，不但跳啦，还有一个土匪头孙飞虎先生，也是动歪念头者之一，竟发动人马，包围普救寺，也要把崔小姐收归私有，结果被白马将军砍下尊头。噫，美之劲，大矣哉。且看《西厢记》上对该股劲的描写：

"蓦然见五百年风流业冤，颠不剌的见了万千，这般可喜娘罕曾见,我眼花缭乱口难言,魂灵儿飞去半天。尽人调戏,蝉着香肩,只将花笑拈。是兜率宫,是离恨天,我,谁想这里遇神仙。宜嗔宜喜春风面,偏宜贴花钿。宫样眉儿新月偃,侵入鬓云边。未语人前先腼腆,樱桃红破,玉粳白露,半晌,恰方言。似啊啊莺声花外啭。行一步,可人怜,解舞腰肢娇又软。千般袅娜,万般旖旎,似垂柳在晚风前。你看衬残红,芳径软。步香尘,底印儿浅。休题眼角留情处,只这脚踪儿将心事传。慢俄延投至到树门前面,只有那一步远,分明打个照面,风魔了张解元。神仙归洞天,空余杨柳烟,只闻鸟雀喧。门掩了梨花深院,粉墙儿高似青天,恨天不与人方便,难消遣,怎流连,有几个意马心猿。兰麝香仍在,佩环声渐远,东风摇曳垂杨线,游丝牵惹桃花片,珠帘掩映芙蓉面。这边是河中开府相公家,那边是南海水月观音院,望将穿,涎空咽。我明白透骨髓相思病缠,怎当她临去秋波那一转,我便铁石人,也意惹情牵。"

30. 爱慕之情

所谓"歪念头""坏主意"乃臭男人自谦之词,也可以用文意儿腔说成"爱慕之情"。于是有人说啦,太太小姐貌如天仙,人见人爱,凡得到她的都是有两下子的家伙。若皇帝焉,若国王焉,若大商大亨焉,若才子文化人焉。丑八怪自动上门,人家还不要哩,应该是洪福齐天才对,怎能说薄命乎哉?好像被法鲁克先生收归私有的那位女士吧,如果她长得平平凡凡,恐怕到现在仍是一位默默无闻的小职员太太,整天抓屎抓尿抱孩子,怎能当上王后,八面威风耶?

这话当然有道理,所以我们反对凡是红颜一定薄命的学说,多数红颜都是快快乐乐,舒舒服服过日子。可是,她和臭男人之间的关系,是单纯地建筑在她的美色上,则忽然间别的地方又冒出一个更美的，或忽然间她人老珠黄，渐渐尊脸上不再有红有白啦，胴体也不再苗条啦，她就面临着“薄命”的边缘。当初刘秀先生还没有当皇帝时，目光如豆，说了两句“大志”的话，曰：“为官当为执金吾，娶妻当娶阴丽华”，执金吾是皇帝侍卫之类的小官，每逢出巡，狐假虎威，好不神气。而阴丽华女士则正是他村子里最漂亮的女孩子。后来他阁下果然娶了阴女士为妻，小民们依常情推测，他应该翻斤斗了吧，料不到等他阁下当了皇帝，却不肯立她为后，盖他眼眶已经大开，她的美算不了啥矣。

懂得这种“薄命边缘”理论的，历史上似乎只有一人，那就是西汉王朝第七任皇帝刘彻先生妻子之一的李夫人。她病重将死，刘彻先生御驾亲临，如果换了一个没脑筋的女人，早一把鼻涕一把泪，又哭又号，又诉又说矣。可是她却很有计较，一听说皇上来啦，立刻就用被子蒙着头。刘彻先生要看她最后一眼，作临终一诀，她都不肯，逼得紧啦，她就嘤嘤而啼，刘彻先生颇不高兴，问她有何遗言，她就以她的哥哥李延年先生相托，刘彻先生悻悻而去。众嫔妃看她如此顶撞老帝崽，无不大惊，埋怨她曰：“糟啦糟啦，皇帝这玩意儿厉害得很，怎能惹他，看你一下都不行，还想他提拔你哥哥呀？”李夫人曰：“各位错矣，夫以色事人者，色衰则爱弛，我现在病成这个样子，面目枯瘦，不成人形，叫他看啦，虽然当时洒两滴尊泪，却也从此一笔勾销，前功尽弃。如今他虽然掉头而走，但在他印象中，我仍然是当年的美貌，会念念一生，更加爱护我的哥哥。”果然，她死了之后，刘彻先生想念不已。就在甘泉宫画下她的肖像，又请了一位走江湖的道士来“招魂”，该道士念咒作法已毕，灯光之下，隔着帷帐，果然看见一个苗条人影，在晃来晃去。刘彻先生叹曰：“是耶？非耶？何姗姗来迟？”

智哉，李夫人绝代才华，看穿了天下臭男人的肠肚。

红颜薄命的第三个原因是，漂亮的太太小姐，不但容易招惹臭男人对她起歪念头，就是她自己对自己，都容易起歪念头。有一则小幽默可帮助我们了解这种现象，一位贵夫人一天向她的女伴垂泪曰：

“悲哉,我走到街上连清道夫都不看我啦。”我想男人们永远不会了解她说这话时的伤心程度。盖一个臭男人,无论走到哪里,恐怕都无人瞅他一眼,万一有人瞅他一眼,其意义也跟瞅如花似玉一眼不同。说不定三作牌正在捉拿小偷,一看你很面熟呀,好像在档案室见过,你就糟矣。而一个漂亮的太太小姐,从她们当小女孩那一天起,就开始被别人乱瞧。三岁娃儿,只要头上盘了个蝴蝶结,走到街上,都有人伫目而观,赞曰:“好漂亮的妹妹呀!”等到年龄渐长,亭亭玉立,别人虽不能那么赞啦,但仍是要瞧了个够。有些瞧君子动作文明,先看脚,后看脸,再低头看腰,擦肩而过,心里又羡又爱,但也如此而已。有些瞧君子却好像刚从白虎洞跑出来的,见了如花似玉,眼珠都能爆出来,已经擦肩而过啦,他还勾转身子猛瞧,于是砰的一声,哎哟哎哟,撞到电线杆上,撞得头破血流。

所以,漂亮的太太小姐都习惯于被人乱瞧,而且也以被乱瞧为一种快乐(噫,对女人最大的惩罚,就是不瞧她)。这种长年累月的乱瞧,引起了她心中的一种自觉,也成为她生命中的一部分。她知道她身上有一种“美丽的力量”,可以征服任何困难。

这是一个强力的冲动。有一次我陪外孙女去看电影(我本来不要去的,是她刚和男朋友吵了架,一定拉我陪她散心),到了电影院门口,黑压压一片,早已排上几条长龙,不禁泄气曰:“今天恐怕是看不成啦,到不了一半,票都会卖光。”外孙女曰:“阿公,你放心,去人行道上歇歇脚,瞧我的。”我想她一定要买黄牛票啦,而三作牌正在严密巡逻,恐怕也木法度。正怀疑间,只见她袅袅婷婷,走到排头一个混蛋那里,面露娇笑,哈着玉腰,颤巍巍地不知道说了些啥,一会儿工夫,笑嘻嘻回来,一手执票,一手执钱。原来该混蛋被外孙女嗲了两声,嗲得不但代其买票,而且钱也不收,非请她和她家老头看一场不可。这并不是说每逢遇到这种场合,臭男人一定要请客,但漂亮的太太小姐,用此妙法,请谁代买两张票,包管无往而不利也。

如花似玉对自己美貌的力量,往往有强烈的认识,而且经常把握时机,百发百中。

31. 人生三大目标之一

台北去年上演过一部美国电影，片名忘之矣，演的是一个广告员乱制噱头的故事。法庭开审的那一天，有一奇妙的镜头，被告是一位跟该广告员串通的美丽小姐，她知道官司下来，非坐牢不可，就特地穿了一件低胸口的上衣出庭。辩论到紧要关头，眼看要招架不住之时，她拿出了杀手锏，开始介绍起她的项链来啦。该项链是她母亲送给她的，项链顶端悬着一个鸡心，母亲大人的照片，就嵌在其中，她每次看到母亲大人的照片，就自我警惕，要作一个堂堂正正的人。最后她做天真状，嗲曰："各位如果不信我母亲照片有这么大的力量，就请你也看看。"说罢，打开鸡心，轻移莲步，走到陪审员座位之前，弯下纤腰，把鸡心举到他们的尊眼上。她为啥弯腰乎哉？盖项链太短，总不能叫陪审员站起来瞧吧。于是一切学问就出在弯腰上，各位陪审员趁着参观鸡心之便，也顺便参观了一下她那因弯腰而敞开了的酥胸，仅只参观酥胸还不打紧，而该酥胸上还有两个要命的乳房，陪审员就受不了啦，官司遂转败为胜。

电影上当然没有演出她的乳房，不但没有演出乳房，连酥胸也没有演出，但从陪审员脸上的神奇变化和短促的呼吸，可以看出那股劲真不能抵挡。有些人批评她未免下流，下流不下流不在我们讨论之列，我们只说该女士对自己的美丽胸脯以及自己的美丽力量，有准确的评估，真了不起得很也。所以有时候一个美貌佳人的微笑，抵得住十个臭男人一年的努力。想当年明末清初，天下大乱，卖国贼吴三桂先生迎接清军进关，李自成先生打不过，只好退出北京，向西落荒而逃。他可能仍想逃回陕西老家，养精蓄锐，准备过些时卷土重来。可是吴三桂先生却紧追不舍，陈圆圆女士知道原因何在，就曰："吴三桂所以拼上老命，不过为的是我，恐怕永远不会放弃。为陛下计，不如把我留下。"陈女士美到什么程度，那时没有照相馆，无法摄下玉容，真是可惜，我想她一定漂亮得不像话，才能使她产生这种观察和这种自信。果然不错，吴三桂先生得到她后，大喜若狂，立刻顿兵不进。

这种自觉和臭男人的歪念头有关，但美的力量并不完全建筑在歪念头上，而和人类爱美的天性不可分。人类追求的目标真善美，美为三大目标之一，是一种外在的东西。"内在美"者，只是善，只是真，而美却是非亮相不可。对美的欣赏有时是一种纯洁的情操，有人在希腊女神裸像前徘徊不去，他就根本没有性的念头。正因为如此，太太小姐对自己的美产生自信，固未可厚非也。

在理论上，中庸之道是件很容易的事，有学问的人说起来能说三天三夜，说得风雨不漏。遇到圣崽，还能长篇大论写一本书，书上这个人曰，那个人曰，天花乱坠，美不胜收。但在实践上，中庸这玩意儿可不简单，不是"不及"，就是"过之"，很少能恰到好处。太太小姐对自己美貌的估价，自不能例外。我想上帝当初造人，竟使其不能看见自己的嘴脸，真是一大失策。一个人如果能看见自己的嘴脸，世界上恐怕要太平得多啦。若官崽焉，若奴崽焉，若三作牌，若二抓牌焉，一双眼睛生长在鼻头之顶——上帝如果再聪明一点，鼻头上再生一架，把眼睛放在该架上，那就瞧得更为仔细矣。瞧得更为仔细之后，发现自己竟然如此尊容，因而稍稍迁善，岂不有助于世界和平乎哉？

正因为自己看不见自己的脸，所以不得不可怜兮兮，求助于镜子，镜子遂成为唯一自己欣赏自己之物。柏杨先生有一族姐，不知道怎么搞的，五岁的时候，生了一场天花，满脸麻子，深而且黑，因为家里奇富的缘故，当然还是嫁了出去（她的嫁妆之一是三百亩上等稻田和一百两黄金），夫妇总算和睦。可是她家就从没有镜子，她见了镜子就摔，有时偷偷地弄个小镜子照照，以冀发现一点可取之处，还是照摔不误。不过她大体上是快乐的，我想她至少应比她的丈夫快乐，因她的丈夫无时无刻不在看她的尊脸，而她自己却看不见，日子一久，恐怕还以为自己妙不可言哩。

也正因为自己看不见自己的脸，太太小姐对自己的美貌，往往有过高的估计。君不见有些面色如土，力大如牛的女士，竟以林黛玉自居，觉得可以风靡天下乎？而这种估计，其根据往往不是镜子，而是臭男人的脸。马克·吐温先生有一天和他的朋友在马路上散步，前面有一位女士焉，顺着方向而走，马克·吐温先生曰："她一定漂亮得不得了，我们追上去欣赏欣赏。"朋友骇曰："你没有看见她的脸，怎能确定她漂亮得不得了。"马克·吐温先生曰："我何必看她的脸，只要看迎面而来的那些男人的脸就够啦。"呜呼，女人的美貌乃是写在男人脸上的。男人脸上的变化越大，太太小姐对自己越产生信心，也越有奇特的评估。于是，美丽遂成为她的通行证，认为只要美如天仙，就无往不利矣。道德学问，算个屁哉？此念一起，遂为薄命的张本。

32. 她·夏绿蒂

前面不是介绍过一位贵夫人之例乎？偶尔清道夫没有看她，她就悲哀起来。臭男人恐怕一辈子都想不通没人看有啥悲哀的。可是这种"没人看"对一个有美的自觉和自信的太太小姐，不啻是一声丧钟，告诉她已走下坡路啦。

若干年前，看了一篇小说，是一位女作家写的，写的是"她"的故事（"她"当然是第三人称，而不是女作家本人，请莫误会），她原来是某大学堂的校花，长得沉鱼落雁。男同学当然努力猛追，若大张，若老王，若阿李，若小赵，等等众生，简直可组成一支敢死队。她那时高高在上，眼比天高，视诸小子蔑如也，实际上诸小子也真的蔑如也，叫他们打滚，他们就不敢爬；叫他们爬，他们就不敢打滚；其服帖之状，若警犬训练班的优秀毕业生然，于是她遂发现她的力量是伟大而永恒的矣。

后来她跟她的丈夫结了婚，住在花莲，转眼十年，有一天心血来潮，决定到台北散散心，重温一番故梦。到了台北，先找大张，大张正在家抱孩子，抓屎抓尿，没时间招待她。后来又找到老王，老王正在继续恋爱，要去赴约会，对半老徐娘早忘掉啦。再找阿李，阿李正在开业务会报，工友禀报了很久才出来，他还以为她找差事哩，等到晓得她只是瞎聊，脸色稍霁，可是请示的属下川流不息，他连约一下再见面都没有。她坐在三轮车上，正在自思自叹，忽然看见小赵，大喜过望，连忙喊曰："停车，停车，小赵，小赵。"小赵是当年最最忠贞分子，她以为这一回准无问题，他一定会请她看电影兼吃小馆，诉诉离情，谈谈往事，恢复恢复往年生活，想不到寒暄两句之后，小赵曰："对不起，我得赶紧回家，太太叫我买面包，迟了要挨骂。你住在哪里，有时间我去看你。"她听了之后，几乎软瘫，这比清道夫不瞧贵夫人还要严重。

君看过《少年维特的烦恼》乎？女主角夏绿蒂女士，在她年老时，曾带着她的儿子去拜见被她一脚踢而几乎自杀的男主角歌德。歌德先生那时已是国务总理，她找他是为她的儿子谋一个小事，两位三十年前的爱人，面面相对，而情势却倒转了过来。局外人真不知他们心里是酸是甜，但在夏绿蒂女士以后出版的回忆录里，可以看出，她已没有自信，一切寄托在歌德先生能有伟大的胸襟上。

小说上的"她"和夏绿蒂女士，都是正常的。正常的美女，一旦失去美色，还悲痛不已。等而下之者流，除了美之外别的啥都没有，则色衰爱弛，通行证过期作废，自信心遂不得不全部崩溃。而自信和自尊是相连的，没有了自信，也就没有了自尊，其下场不可问矣。

第四，红颜薄命，大概和"美妻伤夫"有关，也有人说我写得不对，而应是"美妻丧夫"，由"伤"而"丧"，事情就更复杂。我们提出这一点，千万请不要作正人君子状，斥责太"黄"，这种事情连道学老祖宗朱熹先生都滔滔不绝说了一大套。他阁下曰："闺房之乐，本非邪淫，夫妇之欢，亦无伤碍。然而乐不可极，欲不可纵。纵欲成患，乐极生悲，古人已言之矣。人之精力有限，而淫欲无穷，以有限之精力，供无穷之色欲，无怪乎年方少而遽夭，大未老而先衰也。况人之一身，上承父母，下抚妻子，大有功名富贵之期，小有产业家室之授，关系非浅。乃皆付之不问，贪一时之晏乐，忘日后之忧危，何丧心病狂至于此极也。”

权贵分子的话等于一泡臭狗屎，所以引用它，在于把该臭狗屎塞到帽子铺掌柜的尊口里使他不能飞帽。夫天下无论何事，必须帽子铺掌柜的尊口塞满臭狗屎，无法再端嘴脸下毒手，然后才能深入讨论。呜呼，朱熹先生是一个典型的大男人沙文主义者，别看他说了半天，义正词严，只不过站在男人立场发言。美妻伤夫，不但小民们认为不得了啦，就是圣崽之祖也认为不得了啦。一个道貌岸然，每天面端嘴脸，心念《论语》之余，忽然注意到男女闺房中猫打架之事，其转变真是有趣得很也。

美妻伤夫，不是说漂亮的太太一定存心不良，要把丈夫害死，然而色字头上一把刀，该刀虽不握在她的手上，却是悬在她的脸上。结果明明是爱他，却不得不害他。纪昀先生《阅微草堂笔记》上有这么一则故事。一个富家小子，忘记他是几代单传啦，反正宝贝得不得了，结婚之后，爱他太太爱得要命，男女之间，一旦爱得要命，啥事都做得出，更何况名正言顺的夫妻哉，于是乎他阁下得了色痨之症。

色痨在当年是一种不治之症，长辈也好，医生也好，都主张他们小夫妻应分床而居，可是同在暗室之中，分床根本没有用。当他阁下咽气之前，家人围在床前哭哭啼啼，他神智却十分清醒，挥手把他们撵走，说跟妻子有私话要讲。亲生父母也不能不让临死的儿子跟媳妇讲私话，可是等大家退出后，他就要求再来一次床上功夫，已经到了这种地步，做妻子的怎能不答应。好啦，春风还没有度完，他就翻了白眼。

儿子翻了白眼，家人对该美貌媳妇大不谅解，说她是个狐狸精，逼得媳妇只好自杀。

33. 三大不幸

有些人说,分床睡不行,为啥不分房睡乎?在洋大人国,就有很多夫妻是分房睡的,老爷睡在楼下,夫人睡在楼上,一旦有那么一天,老爷拾级而上,或夫人拾级而下,一个轻轻叩门,一个柔情蜜意,曰:“进来吧。”经过这番手续,便安全多啦。不过即令在洋大人之国,分房睡的也并不多,多的仍是同房睡。其实,即令分房睡,而又再加上一把锁都没有用。性欲的冲动力可以移山倒海,区区一个房门一把锁算啥,遇到情况紧急,不肯柔情蜜意曰“进来吧”,可能演出铁公鸡。

呜呼,如果妻貌如花,该幸运的丈夫要想克制自己,三月授受不亲,恐怕很难。柏杨先生之所以能达如此高寿,而且童颜黑发,望之如六十许人,和柏杨夫人的尊容有关,她如果也美不可言,恐怕我早就翘了辫子。芸芸众生,还能在今天仍恭聆我英明的训示哉?所以娶了三心牌太太的同志,大可欢欣鼓舞,盖天将降大寿于斯人也,必有其貌不扬之妻。

隋王朝第二任皇帝杨广先生,就是一个典型。他阁下拳打脚踢,终于把隋王朝弄亡,就在弄亡之前,逛到扬州,盖起迷楼,每天啥事都不干,除了玩女人就是玩女人,好不快活。可是精力不继,慢慢不行啦,御头晕矣,御眼花矣,御耳鸣矣,御腰酸矣。医生劝他分房。并且警告说,他如不分房,就要报销。杨广先生听啦,心胆俱碎,就别住一个院落,可是住了三天,忍耐不住,再进迷宫一瞧,美女如云,一个个硬往怀里送,不禁叹曰:“人生几番寒暑,不及时取乐,何苦来哉?”

君看过《笑录》乎?有一位百万富翁,娶了一位千娇百媚的太太,旦旦而伐之,终于卧病在床。医生前来把脉,讽刺他曰:“阁下骨髓已尽,只剩下脑髓矣。”老头一听,大喜曰:“老哥,请问我的脑髓还够战几回?”这本书既名《笑录》,收集的当然全是笑话,不至于真有其事。但这种黄色文学,竟然能提炼出一个典型而流传千古,可知美妻伤夫的严重性。故古人关于婚姻大事,有特别规定,新婚之后,新娘定要回娘家住一个月,曰“住满月”,我想它的原意就是要隔离隔离,让新郎如火如荼的性欲稍微歇一歇。而今大家行的是西洋之法,结婚那一天就去度蜜月啦,度回来后建立了小家庭,上无父母,下无弟妹,白天都可以睡大觉。于是不到三个月,就犯了杨广先生的毛病,万一再隆重住进太平间,便不得不丢下年轻的小寡妇,让天下人齐叹她红颜薄命矣。

古人谓人生有三大不幸,曰少年丧父,中年丧妻,老年丧子。不过这只是男人的三大不幸,而女人不与焉。女人的三大不幸应该是:少年丧母,中年丧夫,老年丧子。盖少年丧夫没有关系,再嫁一个就是。但到了徐娘年龄,丈夫驾崩,那才真是天塌地陷,美妻伤夫,至此极矣。谚语曰“色不迷人人自迷”,漂亮的太太小姐当然人人都爱,但爱得气喘而死,绝非她的本意,可是也固无可奈何者也。

柏杨先生年轻时,曾遇到这么一回事。有位姨兄,毕业于天津小站武备学堂,后来在胜营当管带(营长)之职,驻防杨柳青。呜呼,君知道杨柳青乎?如果不知道的话,还是以不知道为宜,知道了准心跳如捣。盖杨柳青盛产美女,到了杨柳青就好像到了中国小姐选拔会,三天不吃饭都不觉饿。姨兄那时身着戎装,下跨骏马,年轻英俊,威风凛凛,竟娶了当地高等学堂一位校花为妻。结婚不到一年,生了一子,可是他已委顿在床,去衙门时只好坐轿,已骑不动马矣。

我那一年衔姨母之令,前去看他,眼前赫然一位杨广,他床头摆着各式各样奇怪之药,令人心惊。我劝他保重身体,又劝他把太太送到天津去住,他都不同意。姨嫂前来献茶,果然美如天仙,我这个人从小就正人君子,非礼勿视的,可是见了她嗓子就发起了干。她退出屋子后,姨兄吟诗曰:“牡丹花下死,做鬼也风流。”我怅然告辞,大概上天鉴及他的诚意,没有半年,就叫他做鬼风流去矣。

姨兄固然风流到底，但姨嫂何辜，竟被别人的风流所误。罪不在己，而己受其祸。一些人只想到臭男人要病要死，好像美色就是大祸，却没有想到大祸发生在闯的人身上，病的病，死的死，固罪有应得，但并没有闯什么的漂亮小寡妇，她将如何是好耶？

任何事情，过分了总有毛病，这大概是上帝赋给人类的一种均衡作用，免得走极端而钻牛角尖。吃饭固然是人体所必需的，但吃得太多，就准吃出胃下垂兼胃溃疡。夫妇间的关系也是如此，如果不能适可而止，就不可收拾。而问题也就在这上，有美貌妻子的丈夫，往往不能适可而止。

造成男人悲剧和女人薄命的主要原因，似乎上帝也得负责。女人们如果过度纵欲，影响不大，至少影响不太大，再无法无天的纵欲，都没有死亡的危险。而男人则不然矣，纵欲的结果多半伤身，甚至丧生。再美丽的太太如果有两个丈夫接连死在她手里，她就是不负杀人的法律责任，但她的薄命，恐怕是成了定局。

34. 不是科学定律

写红颜薄命写了十几天，似乎应该有一个结论才对。我们综合言之曰：人类是天生的一种“薄命动物”，福禄寿三者兼具的不多。偶尔冒出来个兼具的，便立刻成了顶尖人物，历史书上都会留下一笔。而绝大多数都辛辛苦苦，庸庸碌碌，老死窗牖。所以严格说起来，男人薄命的比女人多，女人中丑八怪薄命的比红颜多。就是在红颜群里，不薄命的也比薄命的多也。

不过臭男人有臭男人的薄命法，丑八怪有丑八怪的薄命法，红颜有红颜的薄命法。关于臭男人之所以薄命，用不着提，提起来别人也没有兴趣听，而且容易被人误认为乱发牢骚。丑八怪之所以薄命，更用不着提，从柏杨夫人只能嫁给柏杨先生，而不能嫁给当时的醇亲王奕譞先生，就可看出苗头，否则她早成了王妃，早去美利坚出卖回忆录吃喝不尽矣，何至天天弯腰驼背燃煤球乎？至于红颜之所以薄命，上面已谈得多啦，更是八仙过海，各显神通，各有各的特种陷阱，各有各的受苦之道。

然而，柏杨先生薄命，别人理都不理。街头小木屋里一个老头死了三天，蛆都出来啦，拉去埋掉，好像埋掉一根草，也没人特别注意。可是一个漂亮的少妇只不过被她的丈夫揍了一拳，就全体大哗，是何道理乎哉？我想这和薄命无关，只和红颜有关，盖如花似玉太惹人注目了也。我隔壁住着一家鱼贩，太太每天赤脚挑鱼，其尊腰和柏府吃饭时用的方桌一样粗，一身鱼腥兼满口金牙。夫妻俩天天打架，每次打时，丈夫都用木屐猛击其头，神哭鬼号，四邻不安，但一直到现在我还没有听谁叹她薄命的。嗟夫，如果换了一个千娇百媚，不要说用木屐猛击其头啦，丈夫偶尔气冲斗牛，急不择言骂了她一句“混蛋”，好吧，看她薄命吧。

唐人有咏西施女士诗曰：“贱时岂殊众，贵来方悟稀。”我们可套之曰：“薄命岂殊众，红颜才算稀。”总而言之，言而总之，一言以蔽之，翻来覆去一句话，薄命不是漂亮太太小姐的专利，也不是自然科学上的定律，完全是诗人的说法，信以为真而到处乱叹，坑人不浅，坑人不浅。

电影明星林黛女士自杀身死，出殡那一天，香港成了狂人城，善男信女，挤得人山人海。于是有人就根据此项人山人海，说她很是伟大，我想人山人海和伟大当然有关系，但也并不那么一定。任何电影明星，只要是女的，一旦吃了一块钱的巴拉松，不管她香消玉殒不香消玉殒，都会轰动一时。说实在的，我就看不出林黛女士长相有啥可取之处，她的五官似乎太过于集中，两只大眼睛如果再向两边移移就好啦。而她的演技，似乎也只有那一套——一转头，一跺脚。至于她一连得了好几届亚洲影后，那不算稀奇，看了在台北办的“亚洲影展”，所谓影后者，实在叫人发麻。

但林黛女士之死，使人想起阮玲玉女士之死，也使人想起玛丽莲·梦露女士之死，真是为活着的人留下千万启示。当然她们并不是为了要启示活着的人才自杀的，但她们如果发现她们的死，能对活着的人有如此重大的贡献，真应该含笑九泉。

当初阮玲玉女士自杀消息传出来时，所有的人都大惑不解曰："我如果有她那么漂亮，有她那么多钱，我绝不死。"玛丽莲·梦露女士自杀消息传出来时，听到的同样也是异口同声的大惑不解，也是曰："我如果有她那么漂亮，有她那么多钱，我绝不死。"而如今林黛女士自杀，大家大惑不解如故，叹的内容也如故。而尤以太太小姐们不解得厉害，叹得也厉害。老妻更是泄气，眼泪汪汪曰："我只要有她十分之一漂亮，只要有她十分之一的钱，我说啥都不死。"

男人们似乎也无一不感慨系之。有一个朋友曰："我如果有那么一位漂亮非凡，那么名满天下的太太，她就是叫我吃大便我都吃。"又有一个家伙曰："我怎能跟她吵架呀，她骂死我都不还口，不但不还口，还要和颜悦色问她是不是闪了舌头？"男人也者——包括柏杨先生在内，有妻如此，乃天降奇福，岂止挨骂不还口，连挨打也都不还手，她打我的左脸，我就把右脸送上，她一抓鞭子，我就把屁股蹶起。万一打得不痛，还要赶紧为她买肝精维他命等等补品。盖打而不痛，是力弱之故，不赶紧吃点保养的，于心忍乎？

35. 买一个太太

太太小姐们曰："我如果是她，就如何如何。"男人们曰："我如果娶了她，也如何如何。"说此话时，毫无疑问，都是真心的话和肺腑的话，用测谎器去测，都测不出一分假来。就是请上帝开一张"真心证明书"，他老人家也只好老老实实，照开不误。但这都是一念之爱，非长久之爱，婚姻生活不能建筑在一念之爱上，也不能动不动就抖出上帝开的真心证明书，举到对方脸上。如果真的把真心证明书举到对方脸上，那不但不能塞对方的嘴，恐怕闹得还要更厉害。

记不得是哪一个有名气的洋大人啦（这件事流传得很广，留心一查便知），有一次去巴黎度假，参观凡尔赛宫时，被那种庄严豪华的气氛慑住，徘徊瞻仰，不肯离开。他的朋友就问他是不是发了神经病，想偷一块砖回去，他曰："非也，我想起了拿破仑，我要是他，住着如此气派而又如此舒服的宫殿，我啥地方都不去，不要说去野地打仗啦，我连大门都不出。"这则故事被后人用各种不同的角度去解释，有人说他悲天悯人，有人说他小家子气。我想他之所以说这话，主要的是因为他根本没有机会住进去的缘故，假如他真的有一天像拿破仑先生那样，平地一声雷，前呼后拥，住进了凡尔赛，恐怕没人敢肯定他不到处乱跑。呜呼，人对始终得不到，而又自信一旦得到了就可以幸福的东西，无论是物质，是金钱，是权势，是美色，都会有过高的估价。等一旦得到，他会逐渐发现，仅只"得到"并不就是幸福，除了"得到"，还得有点别的玩意儿才行。

凡是太太们泪流满面跑回娘家，向她妈妈（有时候向她朋友）哭诉的，都是老一套，曰："他变啦，结婚前他对我百依百随，结婚后他不再稀罕我啦，动不动就发脾气，我的命好苦呀。呜呜呜。"呜呜呜者，哭得人仰马翻之声也，用之以示伤心到了绝顶。臭男人们当然也会有此同样感觉，也会发现她变啦，结婚前温柔得像只小猫，善体人意，又柔又俏，而如今她算吃定了他，说话大声一点她就像母老虎一样，眼如铜铃，撒起大泼。

问题是，太太们的诉苦因有"呜呜呜"之声的缘故，弄得天下皆知。而臭男人顶多叹两口气，接着还得去她跟前低三下四的赔情，其委屈就只好咽到肚子里，无人知道。

斯屈特里先生曰："男人应在婚前张大眼睛，婚后半闭。"呜呼，天下有很多警句隽语，看起来像是至理名言，实际上只符合某一种特定情况，很少有其普遍性。所以这两句流传很广的话，柏杨先生觉得颇有商量余地,至少在目前我们这个社会,一个男人如果婚前张大眼睛,恐怕他一辈子都讨不到老婆,而如果他在婚后又来一个“半闭”,那就更有点不妙。不要说家庭幸福啦,连家庭安定都有问题。太太是一个千娇百媚,天天去跳舞看电影,丈夫半闭的结果是啥,恐怕用不着找卦摊。而太太是一个赌博大王,天天蹲到牌桌上不下来,同样的也用不着找卦摊,其家庭准一团乱麻。

当一个男人,有时候也要“婚前半闭眼睛,婚后张大”。前曾言之,现时代的社会情形是,男人多,女人少。受过适当教育的男人多,受过适当教育的女人少。而且多少之间,相差太巨。我想不一定中国如此,任何新兴的国家,像马来西亚,像菲律宾,恐怕都会如此。于是,天老爷注定,若干男人之中,一定有几个倒霉的家伙独身到底,在选择伴侣过程,能撞上一个肯下嫁的就不错啦,还敢张大眼睛,乱挑乱拣乎哉?有些光棍朋友,情急生疯,扬言娶妻的条件有三:一曰,人;二曰,女人;三曰,活女人。迫切到这种地步,连闭眼都来不及,更不敢张开来仔细瞧矣。

我有一位忘年之交,今年五十二岁,过去之阔,不必细表。只身来到台湾后,一直想娶一房妻子,可是努力奋斗了十几年,始终没有成功。盖他的眼睛张得太大,女方必须是个大学生,其貌必须过得去(“过得去”者,乃文艺腔,实际的意义是“漂亮非凡”),年龄必须不能太大(这也是文艺腔,“不能太大”者,指的是二十五岁左右妙龄)。好啦,具有此三项条件的如花似玉,除非是瞎了眼,否则怎能嫁给他阁下乎哉?一连串失败之后,他忽然明白过来,就索性掏出巨款,买了一个。

我说买了一个,读者老爷千万不要作圣人状,认为已经是登陆月球时代啦,还有买太太的?我当初也是作圣人状之一,但作圣人状的结果,却不得不承认竟真有买太太的。而且,老实告诉你,我那位朋友就是在我英明领导之下买了一个的,你说怪不怪哉。我想买太太也是解决光棍困扰的一大妙法,世人不可不知。依目前行情,一位不会说普通话的小姐,大概要一万元至二万元。一位国民学堂毕业的小姐,大概要三万元,一位在初中肄过业的小姐,大概要四万元,如要再长得漂亮一点,则随着漂亮的程度,要加一万二万三万不等。

36. 买之奇法

这种买太太之法,如果被外界知道,似乎脸上不太光彩,但只要稍微用点脑筋,也有奇计可塞那些好管闲事、寻根问底分子们的尊嘴。该朋友当初决定要买时,便对此颇为顾虑。我就教他一着,等人货两交之后,不要先急吼吼地马上就洞房花烛。有一位朋友在某公司担任董事长(必须是个主管才行),该朋友就把买到手的未婚妻送到该公司,由该公司委派她当一个临时雇员。临时雇员不是要薪水乎?如果能动用公款更好,如果动用公款有坐牢的危险,则以不动用公款为宜,而由该买主每月交给该主管七八百元,再由该董事长作发薪状,每月转发给该未婚妻,如此经过三月五月,再隆重迎娶。

盖有些人天生长舌,一听说老光棍结婚啦,除了打听新娘姓啥叫啥,长相如何之外,一定会问:"新娘过去在哪里做事的呀?"当然不好意思说她待在家里标价出售。又一定会问:"你们怎么认识的呀?"同样不能说是花了三万元五万元买的,那不但煞风景,而且还容易被人误认为你自卑感太重而赌气哩。经过柏杨先生这么一设计,该朋友就理直气壮,你不是问她过去在哪里做事乎?她过去在啥公司任职。你不是又问我们怎么认识的乎?我们是王董事长介绍的。真是天衣无缝,绝妙之法。

该朋友结婚之前,还有非常精彩的一段。媒婆同时介绍的还有另一位小姐,该小姐有沉鱼落雁之貌,可是她却大腹便便,要生产啦,父母急得跳高。谈判的结果是,该朋友以孩子父亲名义,送该小姐住医院,等满月出来,再举行结婚典礼,价钱——也就是聘金,是四万元。还没有挨一下哩,就头顶绿帽,本来已经窝囊万分,想不到四万元下去之后,该小姐竟抱起娃儿走啦,真是更加窝囊。办这种事似乎得以小人之心,度君子之腹,紧防钱没啦人也没啦,报上这种消息层出不穷,小心小心。

于是有人指着我的尊鼻曰:"你如此努力宣传,引诱良家父老,岂不是开倒车,赞成买卖婚姻哉。"谁要说我赞成买卖婚姻谁就不凭良心,我的意思只是说,因为我们的社会有点不同于西洋那种教育普及的社会,尤其不同于斯屈特里先生那时的社会,与其全军覆没,不如退而求其次。臭男人在结婚之前不妨醉眼矇眬,她纵是跟人生了孩子,也没啥了不起。不过特别声明的是,我并不反对选择,但也正因为如此,也不能不让对方选择,既然允许对方选择,臭男人的眼睛就不能睁得太大,睁得太大,到处都是毛病,恐怕寸步难行。尊眼应该留到婚后去睁,婚前她陪男朋友跳舞生孩子没关系,婚后则不能照旧陪男朋友跳舞生孩子啦。

即令男人们应该"婚前张大眼睛,婚后半闭",则太太小姐们更应该"婚前张大眼睛,婚后半闭"。盖男人一旦霉运当头,挑错了妻子,固然惨不忍睹。而小姐们一旦也霉运当头,挑错了丈夫,惨不忍睹还要严重。如果不把眼睛睁得大如核桃,只顾眼前欢而嫁之,万一嫁错了人,那才真是"一失足成千古恨,再回首已百年身"矣。不过既然是嫁啦,就应该进入"半闭"之境,这不是说嫁了王八蛋,也要忍气一辈子,被糟蹋一辈子。柏杨先生向来反对嫁鸡随鸡,嫁狗随狗。如果他是鸡是狗是畜牲的话,长痛不如短痛,最好一刀两断。但"鸡""狗""畜牲"的定义都不是确定的,除了臭男人表演得太精彩之外,大多数丈夫都距"鸡""狗""畜牲"有大大一段,当太太的如果半闭一下眼睛,就过去啦,如果一定要拼命睁大,那就过不去,幸福不幸福,似乎只在一念之间。

也是一位世侄的事,他奉太太之命,烟已戒了三年,后来老瘾复发,经常趁他太太不备,偷吸两口。一听到太太的高跟鞋声,就连忙踩熄,还拼命把脸前的余烟吹散,而且面色苍白,好像刚挨了三作牌的修理。可是,虽然如此戒备,久在河边站,怎能不湿脚?终于有一天太太在他口袋里搜出来一支纸烟,好啦,这一下不得了啦,除了大闹一顿,把丈夫的尊脸抓伤之外,还找我哭诉曰:“他欺骗了我呀,他背着我吸烟呀。”我被她哭得发气,厉声曰:“贤侄媳,他背着你吸烟有啥不好?难道叫他当着你的面,明目张胆吸烟乎。”她还算有前途的,经我这么当头一棒,立刻恍然大悟,回家后向她丈夫甜甜一笑,不再追究,实行半闭政策,随他去吸,该丈夫吸得乏味,也就自动停止。

我说他自动停止,是事实如此,当然也有不停止的,但太太仍以半闭为宜,不能动不动就抖出“真心证明书”叫他逐条实践。写到这里,对门一对夫妇正打得热闹,该夫妇是新搬来的,大概结婚没有好久。原来他们看电影回来,坐在公共汽车上,该丈夫向别的漂亮小姐多瞧了两眼,太太就受不了啦,一路上都在争吵。呜呼,丈夫也者,乃天生的专门瞧别的漂亮女人的动物。上帝似乎特别赋给男人一种乱瞧的本领,打是打改不了的也。有一则小故事可使太太小姐们轻松一下,有一对老夫妇,养了一条狗,该狗顽皮万状,见了漂亮女人从门前经过,一定奔出去叫个不停。老头烦曰:“不要叫啦,不要叫啦,吵死人啦。”老太婆曰:“用不着干涉它,它现在正年轻哩,等它老啦,自然就不叫啦。”老头讶曰:“你怎的得知?”老太婆曰:“你就是这样的呀。”噫,瞧是瞧不掉爱情的,斤斤计较,灾必逮身。

37. 一去二十年

也是一个可以使太太小姐轻松一下的故事。该故事发生在美利坚(“美利坚”三字不知道是谁译的,既美矣,还又利又坚),有一位年轻小姐,一天得意非常地戴着订婚戒指上班。一位老女侍看了该戒指,哇啦哇啦说了一大套祝福的话,最后言归正传,诫之曰:“让我给你一个忠告,臭男人都是天生坏胚,稍微大意,就会出毛病,千万不要太顺从他们的心意,一定要明察秋毫,把定自己的立场。我结婚的那一天起,就坚持我的丈夫要戒烟戒酒,不准乱看别的女人,不准跟别的女人说话,身上不能装钱,下班后一定马上回家。"年轻小姐一听,佩服得五体投地,忙请教曰:"他照做了乎?"老女侍想了很久,答曰:"不知道,我足有二十年没有看见他啦。"

为什么没有看见他啦,书上没有交代,大概她的丈夫受不了她的明察秋毫,脚底抹油了矣。据说林黛女士在死前曾对人叹过这么一句话,曰:"我嫁错了人。"因之有人用作把柄,说她的丈夫龙绳五先生不是东西。我想这句话并不一定如此严重,恐怕凡是明察秋毫的太太,都有过这种伤心断肠的局面,不过有的没人注意,有的没有叹过之后自杀身死而已。呜呼,丈夫也者,结婚时年龄至少都在二十以上,有的还三十以上,四十以上,性格习惯,都已成了定型,不要说太太的力量改变不了他,就是上帝的力量,也只能毁灭他,而无法改变他。这关系可用父母子女作例证,孩子们都是在父母怀里长大的,性格习惯,也多半是父母遗传养成的,双方互爱得入骨,可是一旦到了成年,如果仍左管右管,前管后管,"儿大不由爷"的节目照样出笼,何况立在平等地位的夫妻乎哉?

电影明星的婚姻生活,本身便是一个悲剧。妻子的收入如果比丈夫的收入多千倍万倍,她恐怕很难尊重他在家庭中的地位,林黛女士经常骂龙绳五先生没出息,二人怎能不经常打架?她不但很难尊重丈夫在家庭中的地位,而且因为敬的消失,久而久之,恐怕爱也会跟着褪色,很难不走上分居离婚的一途。同样道理,丈夫在银幕上一言一笑,女孩子们都为之手抖心跳,至少有一千个以上如花似玉愿"为他做任何事情",则该丈夫对他的黄脸婆恐怕也很难迁就。有一部影片上演过这么一幕家庭纠纷。夫妻吵架,太太一怒而走,丈夫一见她走啦,高兴万状。可是只不过到了第二天,太太悄然回来,而该丈夫的高兴早已过去,正借酒浇愁。二人拥抱而泣,太太嗒然若丧曰:"杰西,我实在是没地方可去呀!"丈夫也嗒然若丧曰:"打铃,我比你更寂寞。”

这是正常的婚姻，如果换了电影明星，她恐怕可去的地方多啦，而他又怎能寂寞乎哉？

女电影明星一个个当然都美貌绝伦，男电影明星一个个也当然都很帅（不过也并不是没有例外，从前有两位演电影的女士，也曾颇为出名的顾兰君和慕容婉儿，就实在差劲），但他们除了帅之外，似乎很难再有点别的啦。就是在好莱坞，大学堂毕业的电影明星，似乎也只一二人而已，有高中学堂毕业的焉，有初中学堂毕业的焉，有戏剧学堂毕业的焉，有的则仅只能写通情书。

我们说大学小学，并不是指毕业证书，而是指他的水平。有些固从未进过学堂而学识异常丰富，有些则虽然大学堂毕了业，又去过巴黎专门研究过面部表情，其气质仍免不了俗劣不堪。我们不过用“学堂”“毕业”作为一种标准，来形容他们的学识程度和灵性程度。最主要的，银幕上最受崇拜的电影明星，无论说话行动，都充满了仁慈、机警、智慧、勇敢，一个个都有其伟大的风范，使影迷众生，如痴如狂。问题是，那些话都是作家写的，那些行动都是导演教的，情形遂严重矣。

电影明星下了台，便恢复了自我，而崇拜者仁兄，如果仍用台上的眼光相期许，恐怕非伤心落泪，失望到底不可。很多人多少都有这么一个感觉，有些明星看着千娇百媚，她只要笑一笑，叫臭男人死都甘愿，可是却谈不得也。一谈之下，立刻觉得她阁下言语乏味，其学识和其美貌不成比例。男明星也是如此，这没啥可稀奇的，好像开店做生意，每天进多少，出多少；在剧本上得到多少，在水银灯下卖出多少。平常日子，不是应酬，就是享乐，肚子里根本没有存货，其表现怎能不肤浅，怎能不可憎欤？

七年之前，有一位以自杀轰动一时的男明星，从日本回到台北，有一次不知道怎么搞的，柏杨先生竟跟他在一桌上吃了一次饭。我是久震于银幕上那些嘉言懿行，就毕恭毕敬问曰：“老哥刚从日本观光回国，对日本有啥印象？”他以筷子夹蛋，傲然曰：“日本的楼房呀，真高,真高。"说罢一蛋入口,呼噜呼噜作声,全桌为之失色。这种现象发生在女明星身上,尤其突出,只用眼瞧,一个个长得又白又嫩,非常过瘾,可是一旦进入实际生活,好比说,跟她结了婚啦,盛气凌人加一肚子草包,那就无往而不泄气。

因此之故,电影明星结婚的对象最好仍是电影明星,或者往职业打手群里找,头脑简单配四肢发达,才是天生的一对。若玛丽莲·梦露女士嫁给名作家米勒先生,她怎能领略他的那一套?

38. 丑的定义

男人靠着他的权和钱,骑到女人头上,把女人不当人,玩之辱之,其混蛋天下皆知。而女人靠着她的财和色,骑到男人头上,把男人不当人,玩之辱之,其混蛋固是同样的也。不过大家对臭男人起反感的多,对漂亮太太起反感的少,不但没有反感,恐怕还会杜撰出很多理由,赞她一番。

人的感情是可以升华的,只有两种人例外。一种人其俗如猪,全无心肝,只要有吃有喝,有玩有乐,就认为人生不过如此,心满意足,根本没有灵性,有灵性的话,其灵性也少得可怜;另一种人因为后天的工具太弱,想升华而无法升华。乡村里的小寡妇老太太们,不可能再嫁,独守孤灯,只有做做针线,一做就做到鼓打四更。有人说她们殷勤治家,我们当然同意,但也实在是,她们别无他法可以遣情。

电影明星当然不会死心塌地地去做针线,而她们也不能在科学上、文学上,以及其他艺术上发展。除了在剧作家和导演的摆布下演演电影外,幸而她是第一种人,自得其乐,尚无话可讲。否则她便会十分空虚,这空虚发展到极致,则骑到男人头上似乎成了唯一的补救。但这并不能解决问题,该男人如果甘心被骑,等于被她包下的小白脸,她的权威不能遇到对手,日久会产生厌倦。该男人如果不甘心被骑,便不得不无休止地打打闹闹。这种打打闹闹,如果是喜剧收场,世人称之为"欢喜冤家",如果是悲剧收场,世人就说她红颜薄命。盖没有结婚之前,她骑到他头上没有关系,不但没有关系,臭男人一瞧,那么多追求的仁兄,她不骑到别人头上,而独骑到我头上,真是八辈子荣耀,连祖坟上的石碑都向他欢呼,从此甘心为她粉身碎骨。前不已言之乎,该忠贞之情,连上帝都得为他出"真心证明书"。可是在结婚之后,如果再继续地骑,恐怕他终有一天要尥蹶子,把她阁下撂下马鞍。这不是变心不变心问题,如果叫他为她粉身碎骨,他照样去干,但他却不甘心一直被骑,盖粉身碎骨时他可以保持自尊,而被骑的滋味却是一种长期的屈辱。

有些太太小姐以经常当众掴丈夫耳光而他不敢还手为荣,有些太太小姐以经常把丈夫骂得垂头丧气而他不敢还口为荣。我想这距"荣"的程度还远哩,而且这不但不是荣,恰恰相反,这是一幕正在进行的悲剧。如果该丈夫忍受到底,他准没啥出息,乃妻子之耻。如果该丈夫不过权宜之计,则她就好像在叮叮当当敲定时炸弹,其后患就更无穷。夫妻间只有相敬相爱才能幸福,还没有听说骑到头上能幸福的也。

前曾言之,一个女孩子如果生得丑陋不堪,她的婚姻前途势将布满了地雷。这个"丑"字的定义,似乎应该有个说明,除了五官不全,或五官虽全却受到严重的伤害而外,天下女孩子在原则上没有一个丑的。五官中的一官——那就是耳朵,即令被小偷割掉,仍挡不住她貌如天仙,盖只要在发式上注意注意,切忌一意孤行梳马尾巴。请理发师稍加修饰,有谁能看得出她是无耳之人乎?

这不是柏杨先生故意瞪眼说谎,安慰那些其貌不扬的太太小姐。非也非也,她们既不能弄点巴拉松放到我碗里,而我又不打算向她们借钱买米,安慰她们干啥。而是说,有两种东西,只有她自己努力,就可化丑为美,或益增其美,有鬼出神没之功。

一曰,外在美是一种美,而内在美也是一种美,二者看起来是两回事，实际上相辅相成，异其曲而同其工，是构成女性魅力的两大要素。一个一肚子草包的美女，她的前途恐怕难测得很，不要说一肚子草包啦，就是言语乏味，其面目自然而然地会走到可憎的一途。漂亮女孩子如果在学识、性格、做人、人格、仪态谈吐上，有深度的修养，那将使她的美更光彩万丈。而一个不敢恭维的女孩子，如果学识丰富，谈康德就谈康德，谈莎士比亚就谈莎士比亚，弹钢琴能弹钢琴，写篇国际局势的论文，她同样能下笔千言，倚马可待。而性格温柔，深知做人三昧，对亲戚朋友同学邻居，都诚恳真挚，一团和气，既不做作，也不忸怩。至于其人格顶天立地，更不在话下。有女如此，即令她长相差劲，也同样使臭男人爱她。天下最可怕的事是"丑人多作怪"，有些太太小姐，其貌平平，如果稍微在内在美上下点功夫，马上就可颠倒众生。可是她偏偏不走这条路，而走了"作怪"路，以致天怒人怨，臭男人见了她就赶紧往屁股上绑马达，溜得飞快，而臭男人越溜得飞快，她阁下也就越是作怪。相激相荡，她的精神和感情遂在这个世界上完全孤立。因"作怪"之故，其嘴当然是硬的，但其芳心恐怕难堪得很。

内在美完全靠自己修炼，而修炼则靠读书和反省。柏杨先生绝不说内在美可以代替外貌，如果这么说，那就是存心骗人，空言安慰。但相由心生，心地慈祥的人，外貌往往也慈祥；而心地烂污凶恶的人，外貌也差不多满脸横肉。电影观众一眼就可看出"好人""坏人"，乃是基于"心""相"可以互相影响的原理。呜呼，内在美至少可以在玉面上增加秀丽的光泽和自信的尊严。而这正是臭男人所倾慕的也。

39. 面貌并不严重

二曰，太太小姐除了培养内在美外，同时应该培养外在的优美线条和优美举止，所谓“美”也者，面貌占的百分比并没有想像中那么严重。一个曲线玲珑，体态婀娜的女孩子，就是面貌差劲一点，也同样有火热的魅力，而且还可以使差劲一点的面貌转为妩媚。

肥胖是太太小姐们第一大敌。有些人为了日渐发福而叫苦连天，但叫苦连天虽叫苦连天，一旦遇到八宝饭冰激凌，却照样狼吞虎咽。天作孽，犹可逭，自作孽，不可活，她自己要惩罚她自己，别人有啥办法哉。市面上也有卖减肥药的，我亲眼看到过肥婆同志，一面猛吃八宝饭冰激凌，一面猛吃该药，其聪明才智，使人脱帽。呜呼，减肥的唯一方法，迄今为止，恐怕仍只有一个，那就是节食。药物的功用只不过把肥婆同志口袋里的银子勾走而已，不能为之解决问题也，如果每天都要下肚五公斤油腻，而其腰竟纤不盈把，那还有天理乎哉？

美是可以培养出来的，任何一种体型，除非得了肥胖病，都可以借锻炼而得。日本花嫁学堂里，一半以上的功课都在训练女孩子如何走焉，如何坐焉，如何站焉，以及如何洒扫应对进退。“雍容华贵”和“小家碧玉”似乎在此可看出分别。柏杨先生这辈子最害怕之物，就是小家碧玉，即令她受过相当教育，如果不特别下点苦工，也难以掩饰那种奇劲。好比吧，她跟你说话时，不像是跟你说话，而像是向你表演节目，不是乱摇其腰，就是乱踢其腿，再不然乱伸舌头舐嘴唇，哼哼唧唧，扭扭捏捏。你曰：“你真漂亮呀。”她不会大大方方说一声：“谢谢你。”反而急曰：“哪里哪里，开啥玩笑。”你曰：“你在什么地方读书呀？”她不会大大方方说一声：“某某学堂。”反而眼睛瞪地曰：“你问这干啥？”有的则索性摇头摆尾，以手掩嘴，笑得嘻嘻嘻嘻，却一言不发，甚至用棒子都打不出一个屁。教人受不了也，受不了也。

从前孔丘先生有过这么一段。他阁下正在廊檐下站着，他的儿子孔鲤先生大概刚从酒家回来，歪歪斜斜走过，老头就叫他快去读《礼记》，并训之曰：“不学礼，无以立。”那就是说，如果不经过锻炼，连站都不会站。圣人到底有一套，不服气不行，小家碧玉就恐怕很少会站的。别看她小事伶俐，一旦遇到正式一点的场合，不但脚没地方放，手没地方放，简直连头都没地方放。于是脚就拼命画地，偶尔还会来一个缩腿式的金鸡独立。两只玉手更是发毛,一会儿摸摸头发,看被谁剃光了没有,一会儿绞绞手帕,看能不能绞出一块钱,一会儿插到口袋里乱掏,好像要掏出一包巴拉松。而其尊头更仿佛是随时都有掉下来的危险,以致她不得不随时调整。

内在美可以改变面貌,刻苦锻炼可以改变身材。不要以为电影明星的美丽胴体都是天生的,为了保持那个美丽胴体,一生似乎都活在半饥饿状态之中,有的每喝一口牛奶都要跑到磅秤上称一称,有的索性除了橘子汁之外,啥都不敢吃。我们介绍这些,不是鼓励太太小姐一年四季饿得昏昏欲睡,而只是说明,美是可以争取得到的也。

一十年代,上海有一个女子学堂,校名偶忘之矣,对学生走路都有训练,那就是头上都要顶一本书,姗姗而行时,以该书不掉下来为原则。那时风气未开,消息传出,全国哗然,尤其是正人君子,马上就认为世风日下,末日将至。可是哗然虽哗然,世风日下虽世风日下,而他们对该学堂的女学生,固心中奇痒。我有一位朋友,不知道怎么搞的,竟娶了一位该学堂高材生,全体朋友,无不羡妒交加。而该家伙不但不肯表示罪该万死,以安众心,反而曰:"想娶好太太,一定要祖宗有德,我能跟淑兰结婚,并不简单,盖我们刘家三代为官,绝不贪赃一文。"把众小子说得一愣一愣。

到了现在,头顶书本走路,已经最平常的啦,当然也有些人不耐受苦的,呜呼,"吃得苦中苦,方为人上人",天生丽质的固然有,但为数不太多也。而且即令真正的天生丽质,没啥可挑剔的,如果内在的再充实,外在的再锻炼,岂不更顶尖了乎哉也。

有好几位读者老爷来信问我"上空装"问题,我想关于这玩意儿,似乎不必太过于认真,我敢跟你赌一块钱,它绝对流行不起来。这不是我顽固成性,因盼望它流行不起来,念念有词之余,就硬认为它流行不起来。而是它绝不会为绝大多数的太太小姐所接受。当然不是因为她们的道德高不可攀,盖露出不露出乳房,跟道德不道德十万八千里。太平洋若干群岛上的女人就是一年四季都露出乳房的,看惯了有啥稀奇?记得中日战争爆发的前两年,我在北方做事,全国运动会在上海举行，有一位同事在代表队中当了一名职员，前去观光。大会闭幕后，他随队回来，神色跟从前大异，问他发生了啥事，他紧张曰："不像话，不像话。"问他为啥不像话，他曰："上海的女人都是不穿袜子的。"话没有说完，大家已经笑得声震屋瓦，造谣也不是这种造法，天下哪有女人不穿袜子的。但他赌咒曰："真的不穿袜子，谁说谎谁就是王八蛋。不但不穿袜子，还把十个脚趾甲抹得红红的哩。"

40. 鸡头肉·大小腿

这都是五十年前的往事矣，当时认为女人不穿袜子都是大逆不道，现在不要说袜子啦，有些太太小姐穿着短得要命的鲜红四角裤，满街乱跑，又白又嫩的大腿，肉肉的焉，凸凸的焉，颤颤的焉，简直存心叫臭男人当场发疯。然而，又有谁叹道德沦丧，世风日下乎？后之视今，犹今之视昔。现在之看上空装，犹昔之看女人不穿袜；而将来之看上空装，也犹现在之看女人不穿袜也。稀松平常，用不着大惊小怪。有人说，把两个大乳房露出来，未免不像话。然则，把两只光脚丫，把两条臂膀露出来，难道就像话了乎哉？

我所以说上空装流行不起来，是它在基本上，不能适合人类爱美的要求。在我来说，我不但不反对上空装，反而拥护得厉害，巴不得联合国马上通过一条法律，规定全世界的女人一律上空，我就可张目四顾，左也乳房，右也乳房，好不快活。问题是，如果乳房是鼓鼓的焉，圆圆的焉，挺挺的焉，鸡头肉翘翘的焉，我当然好不快活。但如果该乳房是瘪瘪的焉，皱皱的焉，黑黑而兼疤疤的焉，鸡头肉像烂了的桑葚要掉下来的焉，我就宁可戴个墨镜。

太太小姐也同样面临到这些问题，不要说上空啦，在戴乳罩上，都有过争执。有些资本雄厚的太太小姐傲然曰:“戴乳罩干啥?我们向不伪装骗人。”小本钱的太太小姐牙齿痒痒之余,只好在道德上反击,曰:“天下竟有不戴乳罩的女人,下流下流。”仅只乳罩,尚有这么大的分歧,何况上空装也耶?有些太太小姐,别看她胸脯突突,好不惹眼,一旦换上上空装,就糟糕啦,在她的酥胸上下盘棋都没碍事的,试想她能不誓死反对该装乎?上月初旬,柏杨先生暨夫人去西门町闲逛。拍卖行里就有一件上空装,观众人山人海,别看柏杨夫人身材古色古香,脑筋却甚为新派,她悄悄告诉我她也要买一件穿之。最初我还以为她最近灵性大开,露一手幽默感哩,谁知道她真的要买,说着说着走进去就问价钱。我拼命把她抓住,挣扎了半天,最后我只好掏出白手帕举到头上,盖我受不了啦,投降啦。呜呼,这当然不是道德问题,她如果是玛丽莲·梦露女士,不要说穿上空装,还有个挂带,就是穿全空装,连挂带都没有,我也同意。可是,她阁下竟是现在这副模样,如果穿了上空装,扭扭过市,那真是全国同胞一大灾祸,说不定一拥而上,拳脚交加,届时又要使我老人家花医药费,我怎么冒这个险乎?

反对上空装的,主要的还是女人,盖真枪实弹的太太小姐少,虚张声势的太太小姐多也。所以,恐怕只能乱嚷一阵,用不了好久,包管风消云散。女人们的任何新装都应使她看起来比她本来更美丽和更有魅力,如果不能达到这个目的,只有少数人才可以穿,那就变成了奇装异服,连三作牌都要干涉矣。君知道有些太太小姐游泳衣上都缝着乳罩乎?(在海滩上看三围的臭男人要注意啦,谨防看走了眼),而一旦要她真的端出来,她怎肯干耶?

现代女人服装,有一种“两头缩”趋向,那就是:上衣往下缩,裤子裙子往上缩。上衣缩到上空装,可说到了极点,再缩便成了全空装啦。而裤子往上缩,缩到三角裤也到了极点,再缩就没有裤子啦,没有裤子当然不行。好莱坞电影明星拉娜·特纳女士曾就此发表过意见曰:“缩是不能再缩,将来势必在质料上用点功夫,可能是透明什么的。”呜呼,裤而透明,天下男人有福矣。果然,现在透明的三角裤已大批出笼。问题是迄今为止,仍没有谁穿透明四角裤的,真是遗憾。盖三角裤透明,欣赏的人太少,而必须四角裤透明,才能普度众生。柏杨先生老矣,此生恐怕赶不上欣赏矣,伤哉。

四角裤是一种猛露大腿之裤,不知道发明这玩意儿的是谁,对动摇民心的罪过,要比发明上空装严重万倍。从前太太小姐的大腿,密密深藏,不要说看一下啦,就是打听一下,都会挨揍。如今弄出了四角裤,简直硬把太太小姐的大腿往臭男人的眼里塞,想故作君子状,来一个"非礼勿视"都不行。其实不要说大腿,古之时也,妇女们裙长掩地,连足踝都不准瞧,我们的老祖宗恐怕再也想不到会有今天这种往眼里硬塞的盛况,真是人类进化史上最隆重的一页。

不过凭良心说,大腿并没啥了不起,千篇一律,看惯啦反而有点腻的感觉。真正使臭男人神魂颠倒的,还是小腿。一个女人如果有一双修长而丰满的小腿,她就已有五分人才,如果再加上一把纤腰和一副漂亮的面庞,那就更不得了啦,叫男人跳河他就不敢上吊,叫男人吃巴拉松他就不敢吃安眠药。呜呼,小腿以修长为第一,小腿如果能在比例上占身长的五分之二,该小腿就臻于十全十美之境。短而粗的小腿破坏整个气氛,如果上面再有几个光荣的疤,那就更为抱歉。前些时看到一本画册,上面有电影明星某女士沐浴的镜头,她阁下躺在浴池里,粗而短的腿高高伸起,使人掩卷。噫,她唯一可惜的就是她的小腿,如果换了我,给我一块钱我都不会伸出我的红豆棒冰,岂智者千虑,必有一失乎?

高跟鞋的功用很多,其中最大的功用仿佛是使太太小姐的玉腿修长,尤其是从正面望之,脚面的斜坡,正好增加它的高度。高跟鞋是西方人发明的,但真正得实惠的却是东方太太小姐,不知道当初上帝造人时存的什么心,西洋女人的小腿似乎较东洋女人的小腿要普遍的长。日本女人不要说啦,不但短而粗,因为在榻榻米上总是以腿代椅的缘故,往往成为罗圈腿,又因为穿木屐的缘故,也往往成为内八字。现在当然要好一点,但改变一个民族的身材,固不是短期间可收效的也。而中国女人的小腿,还算东方人中最最突出的。君不见有两位当选中国小姐的女士乎？其尊脸实在没啥，望之如阿巴桑，她的当选，就完全靠她两条小腿。这在我们古书上有一句术语，曰亭亭玉立，必须有两条修长的小腿，才算玉立，红豆棒冰立不能叫“玉立”，只能叫“肿立”也。

有些人攻击高跟鞋，说它跟缠脚有啥分别？柏杨先生似乎已猛辩过矣。缠脚的结果除了伤害身体外，它能使太太小姐的玉腿修长乎？它固不能使其长起来，而只能使其走路时拧起来也。中国绣花平底鞋，是世界上最美的一种妙物，小腿修长适度，而玉足又纤纤端正，穿了上去，其状瘦不盈握，能使臭男人油然而兴捧而吻之念头。不过它在基本上也跟上空装具有同样毛病，不是任何一个女人都可以穿之的。盖美者穿之，益增其美；丑者穿之，不但掩饰不了丑，反而益增其丑。呜呼，空平底鞋必须有两条亭亭的玉腿，和两只端正的玉足。如果玉腿肿立，而玉足又是鲇鱼型的，还是少穿为妙，穿起来活像《法门寺》里的刘媒婆，就实在不好意思矣。

四角裤兴起后，到处都是女人大腿，使人瞧不胜瞧，但要是打算再往高阶层观察，就得到某一种特定的场所，好比说脱衣舞场之类。大街之上，便没有那种镜头啦，即令有那种镜头，我们既都道貌岸然，岂能猛瞧猛看乎？然而太太小姐们对她们小腿，似乎没有那么视为奇货，从小到老，一直裸露在外，随君恣意欣赏。三年之前，柏杨先生曾介绍过“露膝头的自由”，美国有个女子学堂，学生们坚持“两头缩”政策，要把裙子缩到膝盖之上，闹得天翻地覆，连美联社都发出新闻。转瞬三年——其实还没有到三年，去年夏天，浪潮袭到台北，已经开始缩啦。有些太太小姐还趁火打劫，从头到尾，完全换了新装，把当爸爸的和当丈夫的换得气喘如牛。到了今年，就露得更不像话，走起路来，膝头固然在外，往下一坐，大腿也都在外了矣。

有一种现象真是可惜，那就是大势所趋，三轮车终会有一天被淘汰。我想三轮车好像专门为了太太小姐亮相她们的玉腿而设。君不见乎，三轮车风驰而过，第一个撞进眼帘的，赫然是两条美丽而性感的玉腿。如果遇到该太太小姐穿的是天杀的旗袍，那就更不得了啦，开衩处左右分裂，凝脂欲滴，直抵玉臀，任何正常的男人看了，都得神魂飘荡，发思古之幽情。我想取消三轮车是一种悲哀，世界上似乎只有三轮车，才能充分显示玉腿之美，不能不三呼万岁者也。

鬼话连篇集

提要

《鬼话连篇集》自黄帝而溥仪，历数各朝各国“祖”、“宗”辈人物的传奇事迹，名之为“鬼话”，乃讥学院派所谓二十六“正史”皆飞象过河兼鬼话连篇之作。

本集一开始即引拿破仑语：“一个人不是一生下来就伟大的，而是在成了功之后，左思右想，才发现自己伟大的”，来反观中国史书，则中国历代开国祖无不自出生便显出种种奇相以预示其日后成王的命运，就连国祚只有十余年、偏安一方的小国亦然。据此，柏杨更列举史书所用各类公式，从出生原因的虫子虫孙型、乱做春梦型，出生景况的怪光冲天型、硬是不生型，体态异常的胡乱生毛型、双手过膝型，以及验之于第三者的种种征兆，如祖坟冒烟式、神仙露脸式、有诗为证式、抬头见气式，嘲讽中国史学家之没有原则，没有是非，也没有逻辑；只要大人物权势在握，自有保镖护卫型文人为其杜撰异禀异祥以明“天意”，以愚百姓。

序

吾友梁启超先生评中国“正史”,有一段非常痛心的话,曰:“言以蔽之,自为奴隶根性所束缚,而复以煽后人之奴隶根性而已。”柏杨先生读史之余,也不禁兴起这种喟然之叹,而套之曰:“一言以蔽之,自为酱缸所酱,而复把后人拖进去酱而已。”呜呼,我真想不通,中国立国五千年之久,正人君子动不动还猛拍胸脯,讥笑别的民族是后生小子,可是中国自己却硬是没有一部清清楚楚、正正派派的史书。一般人所谓的“正史”,也就是目前流行的所谓学院派的二十六史,不过一大堆鬼话连篇兼飞象过河的史料,叫人心口发胀。

最混账的是,“正史”把任何有权势的人物,都说得人不像人,虫不像虫,神不像神,鬼不像鬼;一切都是“天纵英明”“乃属天授”“非人力也”,写史书的朋友,除了歌颂权势外,别无他念。只要当上了头目,就是放了个屁,瞎了只眼,甚至对小民来一场可怕的屠杀,也都是玉皇大帝、耶稣基督、释迦牟尼三位先生联席会议决定的。于是国民上进心和民族灵性,以及是非的标准和判断,全被酱住。这块塞在肚子里的毒素,如果不早一点挖出来,中华民族不要说恢复活力啦,恐怕仍要继续地奄奄一息,终有一天,像印加帝国一样翘了辫子,在地球上消失,徒供后生小子和洋大人,唏嘘凭吊而已。

本集所收集各篇,都在台北《公论报》上发表,目的在通通奴性、戳戳酱缸、挖挖狗屎。至于能不能把奴性通掉,把酱缸戳破,把狗屎挖出来,全看读者老爷矣。

是为序。

乙巳年正月于台北市柏府

1. 玉皇大帝高坐云端

西洋有这么一则小故事。一个旅客云游四方,游到了一个村落,山明水秀,气象非凡,不禁肃然起敬,向路旁一位糟老头问曰:"你们这里出生过啥大人物呀?"该糟老头想了又想,赧然曰:"非常抱歉,我们这里从没有出生过大人物,出生的都是小孩。"我想这则洋幽默应该大量印刷,送给中国一些所谓的"大人物"和一些写历史书读历史书的朋友。盖中国人似乎跟洋大人恰恰相反,有些家伙一生下来就是"太祖",有些家伙一生下来就是"高帝"。

拿破仑先生曰:"一个人不是一生下来就伟大的,而是在成了功之后,左思右想,才发现自己伟大的。"唯中国不然,看中国史书,尤其看所谓"正史",都会发现一点,所有的大人物,全是生下来就伟大不堪。当他娘在产床上辗转反侧,呼天号地,汗流如浆,血迸如注之际,小子呱呱诞生。别瞧该小子一身都是羊尿液,却像耶稣基督亲自下凡,不是红光满室,就是天上打雷;不过应验预言,就是一生下来,就有并吞万国、统一世界的大志;花样百出兼丑态毕露,从没有一个例外。这种"上天注定"的学说,是中国传统文化中最可怖的一部分。二十六史里飞象过河兼鬼话连篇,仅只造造产床上的谣,骗骗天下类似乎你我这种可怜兮兮的小民,不过小焉者已。

呜呼,话说玉皇大帝高坐云端,偶尔往下界一瞧,只见天下大乱,杀声震天,不禁大怒曰:"俺刚跟王母娘娘亲了个嘴,正要动手动脚,却被打断,气死我也,紫微星何在?"紫微星正在太白金星家推牌九,闻声呼唤,急急上殿。玉皇大帝曰:"下界闹得不太像话,派你前往去当一名头目,努力二抓可也。"紫微星领了玉旨,走到南天门,然后托塔李天王照他屁股就是一脚,把他踢下凡尘。他就趁着下跌之势,撞到一个大腹便便的孕妇肚子里，然后噼里啪啦，隆重降生，成了“太祖”“高帝”。

该“太祖”“高帝”既有如此尾大的来历，当然得有点异禀异样，才能对得起托塔李天王南天门上那一脚。于是，你阁下在史书上瞧吧，每个有头脸的家伙，都一定有其使人紧张的节目。有些人可能真的有点奇特之处，那当然更锦上添花，加油加醋。有些人却偏偏如猪如狗，如虎如狼，啥奇特之处都没有。但只要一朝权在手，能够发号施令，自然也会有保镖护院型文人，英勇地为他杜撰。

异禀异样的学说在中国横行猖獗，凡三千年，迄今不衰。正史不像正史，而像鬼话，头目们所以有那种地位，不但金多如土，还可以随时修理别人，不是纯靠人力，人力有屁用乎？而是完全靠玉皇大帝的旨意。你阁下如果想从卑微的地位往上挣扎，那就是桀骜不驯，不安本分的莠民。盖你既没有经过玉皇大帝亲自召见，唯一的出路就是只有被人骑到头上，想歪歪脖子，松动松动，便是罪大恶极，更不要说自己直直脊梁矣。

我们说中国的二十六史，即所谓“正史”，简直飞象过河兼鬼话连篇，顺调分子听啦，一定义愤填膺，痛不欲生。其实说它是鬼话还算客气的，真乃是一大缸酱也。中国人也真怪，一旦略露头脸，就非冒出一点异禀和冒出一点异样不可。这种干法，洋大人不太了解。你听谁说过华盛顿先生是一条爬虫——龙乎？又听谁说过林肯先生降生时满屋红光，红光满屋乎？只有中国政坛上的头目，不管他是大一统天下的祖字辈也好，或是可怜兮兮小局面的崽字辈也好；百年以上长命王朝也好，三载五载短命活剧也好，千篇一律，全都不同凡品。权势越大，异样也越精彩。我们现在就按照着“正史”的顺序，逐个王朝研究研究他们的开山老祖——包括原始头目和第一任头目。特别声明的是，我们毫无不敬之意，谁要说我们不敬，谁就是王八蛋。柏杨先生的目的只是请读者先生开开眼界，瞧瞧奇景，盖这也是人生的一乐也。

于是，我们开始——

中国第一位头目,就是中华民族的始祖,公元前二十七世纪黄帝王朝第一任帝姬轩辕先生,史书(《史记·五帝本纪》)上说,他一生下来时,不但漂亮英俊,而且只不过七十天,就会说话啦。按普通情形,小孩子因在母胎里住了十个月,皮肤既皱又丑,犹如九十岁的臭老头,至少要六个月之后,才能开始舒展。而成为"人形",总在一岁半左右。但姬轩辕先生却一生下来就仿佛群英会里的周瑜,俨然英俊小生。而且最叫座的是,他还没有满七十天,就会哇啦哇啦。史书上曰:"生而神灵,弱而能言。"弱,不满七十天。可惜没有进一步记载他说些啥,只会喊爸爸妈妈乎?抑连忧国忧民的一套都出了笼乎?但姬轩辕先生露的一手固不特此也,史书上还说他十五岁时,就聪明得不像话,大概非如此乱盖,便不足以吸引观众而广招徕。其实不仅姬轩辕先生自己如此,连他的子孙也不肯谦让。曾孙帝喾姬夋先生比他曾祖父还要厉害,曾祖父姬轩辕先生只不过生下来就会说话而已,而姬夋先生生下来不但会说话,而且还会喊自己的名字。

商王朝的原始头目子契先生,来历也十分非凡。史书(《史记·殷本纪》)上说,他娘简狄女士(芳名看起来好像江洋大盗),有一天和两个女伴到河里洗澡,忽然看见一只黑色大鸟正在那里孵蛋。简女士就把它赶走,低头一瞧,好大一个蛋呀。两个女伴还有点畏怯,不敢去动,只简女士胆大包天,管他三七二十一,吃了再说。好啦,这一吃不打紧,肚子膨胀,怀了孕矣,十月期满,生下子契先生。呜呼,黑鸟之蛋如果真能使人怀孕,天下男人都可死光。

2. 爬虫之子

商王朝的原始头目子契先生如此如此,周王朝的原始头目姬弃先生,自然当仁不让,也照露一手。你子契先生的娘不是吃了黑鸟蛋肚子大了乎？俺姬弃先生的娘啥蛋都没吃，只不过踩了一下男人的脚印，也同样的肚子会大。史书（《史记·周本纪》）上说，姬弃先生的娘姜原女士，有一天去郊外闲逛，看见一个男人的巨大脚印，不由春心大动，竟然爱上啦（柏杨先生曰：有一双大脚的臭男人有福矣），仅只站在旁边爱一下还没有关系，她还到该脚印上乱踩，聊以满足片面相思。谁晓得这一踩出了问题，她的玉足刚一挨那个脚印，玉体就立刻大震，等到弄清楚怎么回事之后，已怀了孕矣。想当年圣马利亚女士就是因感圣灵而生下耶稣先生，成为天下救主的；姜原女士这一踩，大概也是圣灵捣鬼，因而生下姬弃先生，成为周王朝八百年政权的原始头目。呜呼，对于耶稣先生，属于神学范围，他本身就是神，当然处处神迹。但就一个人来说，何苦为了以示不凡，而硬把自己的娘，搞得如此歪歪邪邪乎。

姬弃先生的花样，不仅此也。史书上说，因为他阁下的来路不明，他爹疑心姜原女士去田里和野男人幽会，回来编上一套脚印之类的鬼话。老头不甘心头戴绿帽，于是，一等分娩，就把他扔到黑巷子里。怪就怪在这上，别看他那时不过一点点大娃儿，却有天上各种神灵，诸如六丁六甲，谒者功曹，纷纷出动保护。无论是马是牛，经过该黑巷子时，都绕道而去，没有一个畜牲踏他一脚。老头大怒不息，再把他扔到山林里，偏偏山林里打柴的人太多。最后只好把他扔到冰上，以为这一次冻也冻死啦。谁晓得不但冻不死他，玉皇大帝还特地派了很多飞鸟，展开双翼，像棉被一样盖到他身上。事既至此，姜原女士发现她儿子大有苗头，并不简单，才硬着头皮把他抱回养大。

周王朝既然继商王朝之后，均以私生子为荣，轮到了秦王朝，觉得私生子也不错呀，子契先生的娘不是吃了黑鸟蛋肚子大之乎？秦王朝原始头目嬴大业先生的娘，比葫芦画瓢，也是吃了黑鸟蛋而肚子大了的。史书（《史记·秦本纪》）上说，嬴大业先生的娘修女士，有一天正在织布，恰巧黑鸟在巢里下蛋（黑鸟者，史书上说“玄鸟”，“玄鸟”是啥？钻故纸堆的朋友真得考证一下它怎么有这般大的怪劲?），一不小心，打破在地。修女士大概两星期没有打牙祭，嘴馋得紧,就拣而吃之。这一吃和子契先生的娘一吃,有同样的效果,那就是不可避免地也生下一个大人物。而让大人物更不断地再生别的大人物,他后代中就有一位嬴孟戏先生,竟然是鸟的身子,却说着人话。嗟夫,“鸟身人言”,将是何等形状?史书上满篇累牍的这种玩意儿,叫我们小民如何是好?

西汉王朝的开国头目第一任皇帝刘邦先生(衔头“高祖”“高皇帝”),其异禀异样,比之他的老前辈,更要不顾血本。史书上介绍子契、姬弃、嬴大业诸位先生时,吞吞吐吐,多少还有点不好意思。到了刘邦先生,大概说谎说得太多,开始养成习惯,演出的节目,自然较之从前,更为复杂,也更为引人入胜。

史书(《史记》卷八)第一炮就指出刘先生不是他爹的儿子,而是爬虫的儿子。话说刘邦先生的娘王女士,有一天在河边睡午觉,呜呼,刘邦先生最大的官不过做到亭长,和现在的里长差不多,家里穷得要命。王女士以一个年轻少妇,而跑到河边睡午觉,大概是割草割得太累啦,或挑担做小生意挑得太疲倦啦。一躺下来,就呼呼入睡,一面入睡,一面乱做起来春梦。梦中冒出一位青年才俊,巴西既有橡园,美国又有存款,向她求起爱来。如此良机,不可失也,用不着三言两语,就颠鸾倒凤,不亦乐乎。正在紧要关头,天有不测风云,忽然既打雷又闪电,马上就要下雨。刘邦先生的爹刘煓先生(史书称之为“太公”),爱妻心切,怕她淋了雨,出去四下寻找。找到河边,糟啦糟啦,盖王女士不过是在做梦,可是刘煓先生却亲眼看见有一条蛟龙爬到她身上大动干戈。实者幻之,幻者实之,鬼话到这种程度,真是不可理喻矣。结果生下了刘邦,一个顶尖无赖。

我们介绍这一段,如果说的是西门庆和潘金莲,尚不足为奇,而我们说的却是西汉王朝开国皇帝,便难免有人责备我们太黄。但我们实在没办法使它不黄,乃鬼话家使它黄,非我老人家使它黄也,如果正人君子仍不肯高抬贵手的话,只好请瞧瞧“正史”上的原文。《史记·高祖本纪》上曰:“其先刘媪(王女士)尝息大泽之陂,梦与神遇,是时雷电晦冥,太公(刘煓)往视,则见蛟龙于其上,已而有身,遂产高祖(刘邦)。"产出来的不是娃娃,而是高祖,叫人跺脚。《汉书》上的记载,几乎是从《史记》模子里浇出来的,浇得一模一样,《高帝纪》上曰:"母媪,尝息大泽之陂,梦与神遇,是时雷电晦冥,父太公往视,则见蛟龙于上,已而有娠,遂产高祖。"(产的也不是娃娃而是高祖)《史记》作者司马迁先生,《汉书》作者班固先生,都在西汉王朝为官,司马迁先生因说了几句真话,被刘彻先生割掉生殖器,班固先生因赞扬了几句国家的大将,不幸该大将被皇帝杀掉,他也跟着被逮捕下监,惨死狱中。由他们的遭遇,可看出他们的环境,小心翼翼,老老实实,还免不了受辱受死。如果刘邦先生或其他的儿皇帝孙皇帝,不以人兽相奸为荣,他们敢如此明目张胆乎哉?

人和兽做爱是啥模样,我们不知道。人和爬虫做爱又是啥模样,我们更不知道。我想刘煓这个老家伙真是有福,竟能亲眼看见他妻子和爬虫在那里哼哼唧唧。从刘邦先生的流氓性格,可看出他父亲刘煓先生也不会是啥好东西,当时他手中如果有摄影机,说不定还会拍成活动春宫电影,去世界各地放演,捞他一票哩。

3."七十二"学问

刘邦先生既是爬虫之子,史书上自然说他"隆准而龙颜",高鼻子不用说啦,或许他娘在"大泽之陂"走国际路线,对象是罗马帝国洋朋友,故意弄张豹皮披到身上,骗骗"太公"乡巴佬,鼻子想不高,不可得也。至于"龙颜"就颇费思索矣,前天柏杨先生没钱买菜,向隔壁张老头借二十元济急,他刚喝了点老酒,面孔红红的,像刚被三作牌修理过。为了借钱我就拍他的马屁曰:"阁下满面红光,乃龙颜之相,至大富大贵。"该老头大喜,认为二十元岂够买菜,一定要借给我三十元,并且声明还不还没关系。此事牵连到龙颜,故揭而出之,不知道司马迁先生和班固先生,瞎搞一通之后,能有多少好处也。

然而,仅只鼻子异样,面孔异样还不够,刘邦先生左腿上还有“七十二黑子”,就更妙不可言。夫黑子者,大一点的雀斑也。盖刘邦先生乃是赤帝之体,谓之“朱鸟”,朱鸟上的黑子就是专门表达“龙颜”用的。七十二黑子者,乃赤帝(刘邦)七十二日之数,木火土金水,各居一方。一年三百六十日,木火金水各分九十日,而“土”在中央,每一季再抽出十八日,成为七十二日,一日就是一个黑子。刘邦先生七十二黑子者,应火德七十二日之征也。

为了避免有人说我老人家信口开河,请你阁下瞧瞧原文:“《合诚图》曰:‘赤帝体为朱鸟,其表龙颜,多黑子。’按:左,阳也,七十二黑子者,赤帝七十二日之数也。木火土金水各居一方,一岁三百六十日,四方分之,各得九十日,土居中央,并索四季,各十八日,俱成七十二日,故高祖(刘邦)七十二黑子者,应火德七十二日之征也。”

读这种鬼话而不发疯的,我就输你一块钱。夫刘邦先生,不过一个地痞流氓,一旦有了权势,摇尾系统就摩拳擦掌,有的研究他的鼻子,乃老天爷注定要当“高祖”的鼻子也。有的研究他的尊脸,乃天老爷注定要当“高祖”的尊脸也。剩下的人无处下手,听说老家伙左腿上雀斑最多,机不可失,乃研究起他的雀斑来矣。研究的结果,一会儿“赤帝”成了“朱鸟”,一会儿“七十二黑子”成了“七十二日之数”,(这二者有啥关系?而七十二日之数又是干啥的?)一会儿一年三百六十天,被金木水火分了尸还不算,“土”居中央,(“土”是啥?又是谁叫它居中央的?)又从每季中抽取十八日,凑成了七十二日,这七十二日就应了刘邦先生腿上的七十二黑子。

说了半天,我想,就是该古书的作者,包括鼎鼎大名的司马迁先生和班固先生在内,恐怕他们自己都不知道自己在说啥。史书不成为史书,成了“杂毛老道看相图”。堂堂“正史”,前前后后都是这些杂毛老道,硬说当权的乃天生要骑小民之头。呜呼,大腿上的黑子已经如此冲天,如果屁股上再有点啥,真不知道还要热闹到何种程度。写到这里,忽然想起来,柏杨先生屁股上倒是有一批黑子的,一共六颗，作梅花状，随天气阴晴而变，遇大雷雨之日，还异香扑鼻。特此透露，一旦我拳打脚踢，杀人如麻，也成了"高祖"之类的头目，摇尾系统就可据以发挥矣。

刘邦先生腿上一堆脏兮兮的黑子，既有如此重大的学问，其他表示大权在握，不同凡品的玩意儿，就更多啦。史书(《史记》卷八)上说，他阁下是一位有名的酒徒，常去酒店赊酒，喝醉啦就躺到板凳上耍死狗。酒店老板王老太婆经常看见他身上爬着一条龙，而"龙"是象征皇帝的，这一惊非同小可，从此就免了他的酒钱。旧账固然一笔勾销，新账更不用说，不但不要一文，反而"雠数倍"，他要一杯，端上两杯，他要一瓶，拿出两瓶。刘邦先生虽是爬虫之子，怎么睡了觉身上还能爬出龙来哉？大概王老太婆不再赊酒给他，利用她老眼昏花，玩了个花样。也可能是他阁下打平了天下之后，王老太婆为了表示先见之明，来一个连她自己都不相信的鬼话。不过，更可能的是，王老太婆要酒账时挨了扁钻，不敢再张尊口，只好编出一篇说词，掩盖老脸。

贵阁下知道秦始皇嬴政先生乎？他阁下乃天生的蚂蚁脚，喜欢东游西荡，游山玩景。有一次游到刘先生的老家，治安机关为了安全，对当地的地痞流氓、不稳分子和可疑分子，加以扫荡，刘邦先生自然金榜有名。他看风声不对，就脚底抹油，溜他娘的啦，溜到芒砀山泽岩石之间，东藏西躲，狼狈不堪。等到嬴政先生玩毕回宫，禁令稍松，他的狐群狗党找他，却怎么找都找不到。可是"吕后与人俱求常得之"，那就是说，只有他的老婆吕雉女士一找，就准找到。吕雉女士既是他阁下的老婆，逃亡之时，一定有约会见面之地和见面之时，找他当然一找就找到，这道理连柏杨先生家的三岁娃娃都知道，偏偏写历史的不知道。然而更使人大牙猛掉的是，刘邦先生还假装不懂她为啥能找到他哩，于是鬼话出笼，吕雉女士曰："你所在之处，上面常有云气。"如果真有云气，早捉住他，砍掉他的尊头矣。

然而，"正史"的不可靠还不止此，关于刘邦先生的很多鬼话中，有一则最大的鬼话，即京戏里萧何追韩信时所唱的："我主爷起义在芒砀，拔剑斩蛇天下扬。”拔剑斩蛇本是平常的事，柏杨先生昨天还在后院用菜刀干掉一条蛇，实在看不出有啥特别之处。可是任何屁事只要出到“祖”字辈身上，落到摇尾系统手中，关系之大，就不可开交。刘邦先生杀了一条蛇就等于杀了所有的敌人，而注定了要当头子。有一天晚上，他阁下喝醉了酒，和一批乱七八糟的朋友，顺着小道回家，走在前面的人发现路上有一条大蛇，提议开溜。刘邦先生酒助胆势，吹牛曰：“大丈夫怕啥？”乃拔出铁剑，贸贸然而往，照着该蛇，拦腰就是一记。呜呼，大蛇而有毒的少，毒蛇多半小而且怪，如果那天晚上他阁下艳遇的是一条竹叶青或响尾蛇，不知击头，而拦腰一击，恐怕早被咬死矣。后来有人看见一位老太婆三更半夜在那里哭，问她为啥哭，她曰：“我儿子乃白帝的儿子也，变成一条蛇，被赤帝的儿子杀啦。”白帝的儿子既能乱变，为啥在宝剑临头时，不变成一阵清风逃之乎耶？况且人既死啦，不回家抱着尸首哭，反而到出事地方哭，天下有是理乎？刘邦先生的亲爹竟然是一条蛟龙，蛟龙也竟然成了“赤帝”，这个“帝”和我们想象中的帝差得太远，未免有点太伤感情。

所以，柏杨先生菜刀杀蛇之事，编历史的朋友，不可不知，盛哉。

4. 好像失了火

正史把西汉王朝开国头目刘邦先生乱搞了一通之后，对东汉王朝开国头目兼第一任皇帝刘秀先生（衔头“世祖”“光武皇帝”），自也免不了放二十四响大炮，行礼如仪。呜呼，贵阁下参观过友邦元首访问的场面乎？那份盛大不必细表，别的不讲，仅只二十四响大炮就够瞧的。元首老爷一下飞机，只听忽冬忽冬，大炮开火，整整二十四炮，直打得万众静肃，起敬起畏。其实一旦该国发生政变兵变，或是经过大选，该元首垮了下来，再光临别国，即令他此时比彼时学问更大，道德更高，影响力更强，欢迎的人数更多更烈，可是那忽冬忽冬的二十四响大炮却没有矣。盖只要他是元首，即令不值一文兼混蛋加三级，也要放他二十四炮，非敬他的人，而是敬他的权也。

于是写史书的朋友向刘邦先生放了二十四炮之后，刘秀先生既然也臭汗淋漓地搞出一个政权，自然会把炮口对准他阁下，照放了二十四响。连雅堂先生曾感叹中国史学之无原则，只向成功的人摇尾巴。其实只向成功的人摇尾巴也是原则，不过是一种奴才原则，狗腿原则而已。在这种原则下写成的史书，自然非鬼话连篇不可。好吧，且看看刘秀先生的二十四响炮吧。史书（《后汉书·光武帝纪》）上说，刘秀先生的爹刘钦先生，在河南省项城县当县长（南顿令），太太的尊肚一天比一天大，分娩的时候，刘钦先生心血来潮，知道要生下来一个"光武皇帝"，认为县长客舍不够容纳，特地搬到一个大地方。等到小子一生下来，嘻，不得了不得了，只见红光满屋，好像失了火（这是"正史"的说法，还有一种非正史的说法，说是白光满屋，照耀得如同白昼），刘钦先生高兴万分，找到一位铁嘴大学堂毕业生王长先生为该小子算卦，王长先生是一位走江湖的朋友，一眼就瞧出该官崽心里想的是啥。呜呼，不要说王长先生啦，便是任何一位铁嘴，当人家生了娃儿，请他前去算命，他能真的说他五岁时就抽羊痫风，二十八岁时就执行枪决乎？说的当然全是吉利的话也。不过王长先生更表演得精彩，他把生辰八字念念有词了一番，可能还叫乳娘把孩子抱出来瞧之摸之，然后大吃一惊，请刘县长把佣人赶走，附到他阁下耳朵上悄悄告之曰："长辟左右，此兆吉不可言。"

刘秀先生"吉不可言"之后，接着又上演了一场一麦九穗的节目。那一年项城县境有一棵麦子，生了九个穗，一棵麦子上本来只有一个穗的，而突然生了九个穗，不是祥瑞是啥？如果他阁下后来被王朗先生捉住，喀嚓一声，砍掉尊头，灭了九族，恐怕一麦九穗，成不了祥瑞，而成了妖孽矣。问题是刘秀先生硬是当了"世祖"，鬼话因之大不相同。反正是一麦既然生了九穗，再加上红光（白光）满屋，刘老头大喜之余,就给该小子起名为“秀”,以志异样。其实不必这么转弯抹角,如果索性叫他“刘九穗”,岂不更写实派乎哉?

刘秀先生一岁的时候,普通人看来不过是个吃奶的娃儿,可是天上的星斗却乱啦。怎么个乱法,恐怕只有写中国“正史”的鬼话家知道,柏杨先生是不知道的也。不过星象家夏贺琅先生却向当时西汉王朝的皇帝刘欣先生上书曰:“天老爷注定了汉王朝要中衰,可是天老爷也注定了汉王朝要复兴。”刘欣先生一听,立即下令改元,把公元前五年,改为太初元年。改元这玩意儿,是中国帝王最拿手的把戏,柏杨先生将有别的大作论及,现在不再说啦。刘欣先生改了元之后,又自己封自己“阵圣刘太平皇帝”,乱搞一阵,好像柏杨先生四岁半的孙女扮“家家酒”,以为这一下子堵住了天老爷的嘴,不能让王朝中衰了吧。谁知道大势已去,天老爷已经派了一个“世祖”降生。该家伙就是刘秀先生,在他娘怀里吃奶哩。

新王朝接着西汉王朝应运而生,开国皇帝王莽先生把西汉姓刘的最后一个皇帝刘婴先生一脚踢下宝座,自己坐了上去。呜呼,王莽先生是中国历史上知识分子而又和平取得政权的第一人。国会也好,国民代表大会也好,都应该供上他的玉照,比那些动刀动枪,杀得小民家破人亡的天子英明,真不知高级到哪里去也。这是题外之话,不再啰嗦。就在王莽先生当了皇帝之后,有位铁嘴大学堂望气系毕业生苏伯阿先生,代表王莽先生云游四方,云游到刘秀先生老家湖北省枣阳县。这时候大概刘老头项城县长不干啦,抱着娃儿,已回到故乡,真命天子既然驾到,异禀异样自然像二十四响大炮一样,紧紧跟在屁股之后。于是乎,苏伯阿先生抬头一瞧,大吃一惊,《后汉书》上说他的反应是:“唶曰:‘气佳哉,郁郁葱葱。’”哇,音借,惊而叹之,有点“算啦算啦,天意如此,算我栽啦”之意。不特此也,后来刘秀先生起兵叛乱,有一天经过枣阳,忽然看见自己家火光冲天,可是再仔细一看,竟啥也不见。不特此也,另外有两位道士,学问大得要命,好像还能跟神仙通话,一曰西门君惠先生,一曰李守先生,二位也一致推荐:“刘秀当为天下。”

信口开河之后，你猜正史上说啥？曰："其王者受命，信有符乎，不然，何以能乘时龙而御天哉？"这种鬼话，如称之为"正史"，全体中国人都得上吊。

5. 少有大志

东汉王朝鞠躬下台后，接着上台的是曹魏王朝第一任皇帝曹丕先生（衔头"世祖""文皇帝"），他照例有他的异样异禀。不管是真的有异样异禀，或根本啥都没有，只是他自己编的，或只是鬼话专家编的。反正曹丕先生既是一个王朝的开国头目，就得搞点花招。他阁下呱呱坠地时，和刘秀先生呱呱坠地时，有异曲同工之妙，不过刘秀先生发出来的是红光，而曹丕先生发出来的却是青光。史书（《三国志·魏志》）上说，他阁下从他娘肚子里一生下来，立刻就有一团青色的云，比圆规画的还圆，大如车轮，在屋顶上盘旋不去。铁嘴大学堂望气系毕业生远远一瞧，马上就知道该气是一种仙气，主大富大贵，非小民之气，乃帝王之气也。写到这里，柏杨先生想起来一事，我的男公子初生时，似乎也有点红色焉或青色焉的一种气，在空中飘飘荡荡，驱之不散，当时便知道此子将来必异于一般可怜的中国人，包括他爹敝老头在内，都得向他磕头。果然，他现在已入了美国之籍，娶了美国老奶为妻，生了孙儿，不会说一句中文，来信喊我"格软得罚"，而不喊"爷爷"，你说光彩不光彩哉。想当年曹操老头一生下曹丕，看见了青气如轮，就知道他儿子当皇帝已成定案，能不像柏杨先生乐不可支乎哉？

三国之一的曹魏帝国既有青气如轮，三国之一的东吴帝国也不简单，连五彩颜色都往外冒。原始头目孙坚先生的节目，不发生在他的初生，而发生在他的祖坟。孙坚先生的祖坟在富春城东，史书

(《三国志·吴志》)上说,东汉王朝末年,天下大乱,该祖坟三更半夜里,不断发出光芒,光芒大小和强弱,史书没有说明,如果能发出探照灯那样的光,才叫绝招。然而,仅夜里发光还不算,该祖坟白天还发出五色云(比曹丕先生的云多了四色),直达半天,蔓延数里,附近小民纷纷往看,就有父老曰:"此气,不同凡品的气也,孙家后代要兴起也乎?"——"父老曰"这一套是鬼话家老套,不管啥异样异禀,异到不可开交,或写得不能转笔时,就会有一个父老焉,望气者焉,和尚焉,道士焉,以及其他什么的焉,适时出场。

孙坚先生的祖坟冒出五彩云,似乎还不能证明他有前途,必须再有点别的才行。史书上说,他娘怀着他时,有一天晚上,做了一个梦。该梦血淋淋得可怕,她梦见被剖开玉肚,连肠子都出来啦,不但出来啦,而且还围着吴昌门绕了一周。霍然惊醒,吓得一身冷汗,向邻居一位老太婆诉苦。邻居老太婆只好安慰曰:"安知非吉征也!"当然是吉征,否则写历史的鬼话家能写出来乎哉?

孙坚先生的儿子"太祖""大皇帝"孙权先生,《三国演义》的读者,对他的印象一致看好。其实他年轻时还差不多,至少不失为敦厚之辈。可是当权太久之后,性情大变特变,他后来变得残暴非常,杀这个,杀那个,甚至连儿子都不要啦,老朋友也者,更抛到脑后。尤其糟的是,他的寿命颇不为短,死的那一年七十一岁。用不着看史书,仅只想一想,便可知道他阁下晚年以后东吴帝国的政治,是啥子局面也。但他阁下的长相却是非凡,一看他的尊容,用不着摇尾系统乱开簧腔,都会五体投地。他最大的敌人曹操先生,就曾经叹曰:"生子当如孙仲谋,若刘景升子,猪犬耳。"史书上说孙权先生:"方颐大口,目有精光。"按相书上说,颐如太方,乃反叛之貌;又曰:"男儿口大吃四方。"就是说他的性格不能专吃一方,吃着吃着,就得再改一方吃之。这种长相,实在并不高级,可是一旦这种长相的朋友,当了皇帝,成了二抓牌,该相就有学问啦。至于目有精光,抽象得很,柏杨夫人便常说柏杨先生也目有精光,但那有啥用哉?不过孙权先生之能够当上皇帝,也不全靠他的长相,还靠四句民谣,该四句民谣曰:"黄金车,班兰耳,阊昌门,出天子。”看起来不像是民谣,而像是古老深奥的《诗经》《楚辞》,是不是保镖护院型瞎编的,我们不知道,反正史书上如此写,我们如此介绍,信不信固在你也。

三国者,魏蜀吴(三国时代只有“汉”,而无“蜀”,奴才们写历史,连国号都给人家改啦,改成了“蜀”,他妈的算啥“正史”乎哉?)魏吴的开国头目都有异禀异样,蜀汉帝国的第一任皇帝“昭烈皇帝”刘备先生,当然当仁不让。说起来三国时代的原始头目,曹操先生二十岁那一年就当了秀才,后来当了河南省项城县长(“顿丘令”,跟刘秀的爹一样,鬼话家怎的没有发明“项城衙门出天子”的祥瑞?遗憾遗憾)。孙坚先生的爹是富商,经常来往钱塘江做生意。只有刘备先生出身最低,这里说他最低,不是用现代眼光说他最低,而是用当时眼光说他最低。盖他阁下从小没有父亲,穷苦不堪,跟着妈妈做布鞋织草席过日子。史书(《三国志·蜀志》)上说,他家东南角上,有一棵桑树,该桑树高达五丈有余,遥遥望之,枝大叶密,活像皇帝车上的伞盖,过往行人,都看出内有怪事,该家非有大人物出笼不可。这还不算稀奇,稀奇的是,刘备先生小时候,和他的小朋友在那里玩耍,就在树下吹曰:“我将来一定要坐这种羽葆盖车。”呜呼,这就叫“少有大志”,既有树矣,又有坐车之志,如不鼎足三分,岂不是跟该桑树过不去。

6. 头转身不转

三国不过小局面,各国的开山老祖已经惊天动地,到了晋王朝大一统局面,开山老祖自然更得张牙舞爪。晋王朝原始头目司马懿先生,生有狼顾之相,“狼顾”是啥?柏杨先生这一生没见过狼,不知道它阁下回头是什么模样,但和狼相似的狗,倒是见过的也。柏府上现在便养有一条尊狗，讳曰“利利”，取利见大人之意，它有时在街上撒野，我努力喊它，它每次就来一个“狼顾”。据说狼和狗一样，它阁下回头时，只是直截了当地回头，而从不转动身子。这在狼先生身上，固无足惊奇，因它们的身子太长，调动不便，必须仰赖脖子也。而人则不然，假如你在路上望见我老人家背影，叫曰：“柏老，我请你下小馆。”我准头身齐转，拉住你不放。呜呼，这正是柏杨先生的缺点，如果我也能像狼先生和狗先生一样，头转而身不转，早当了皇帝矣，哪有时间和你们这些穷小子聊天乎哉？

史书（《晋书》卷一）上说，司马懿先生就是一位头转身不转的人物，曹操先生听见不少有关他的小报告，放心不下，打算来一个当场试验。有一天，“召使前行，令反顾，面正向后，而身不动”。想不到司马懿先生这种生理上的毛病，也成了当头目的先兆。其实几乎所有的畜牲，都是头转身不转的，狼固如此，狗何独不然，君看见过驴乎、马乎、骆驼乎、麒麟乎？用上一个“狼”字，叫人听了毛骨悚然，如果真的是写实主义，不说他阁下狼顾，而说他阁下“骆驼顾”“麒麟顾”，恐怕风景大异。

不过我想即令是真的狼顾，问题也不严重，如果严重，曹操先生既已当场试验出来，岂能放他逃生？即令放他逃生，岂能仍付他军事大权？而“正史”也者，偏偏把这种屁事发扬光大，目的不过借一下曹操的尊嘴，鼓吹一下司马懿的异禀。曹操先生不仅试验了他一下而已，后来还做了一个梦，梦见三匹马挤在一个槽里吃草，心里就有一个疙瘩。对儿子曹丕先生曰：“司马懿不是一个好东西，将来一定坏我们的家事。”看情形曹操先生不但是一位军事家，也是一位铁嘴大学堂毕业生。中国“正史”上多的是这一类鬼话。胡乱做了一个梦，就能预测出王朝的兴亡，天下事如果这样简单，人活着便无啥意思矣。而史书上介绍司马懿先生的出身，其异样之状，也够精彩的。最初地方上选举他当官（上计掾），他看出东汉王朝要垮，“不欲屈节曹氏”，曹操先生闻报，马上派了一位刺客深夜前往干掉他。好个司马懿，真有一套，他躺到床上，动也不动，理也不理。等到曹操先生当了丞相,又召他做官(文学掾),告使者曰:"他如果稍有迟延,就把他宰掉。"司马懿先生这才走马上任。怪哉,当第一次选上计掾时,曹操先生的地位还差得远哩,和"屈节曹氏"有屁关系?而他阁下那时也不过一个可怜小民,一纸命令,就能把他一刀两断,何必派人刺之乎?而且刺客到啦,他动也不动,理也不理,戛然而止,没有下文,后事如何,也没有交代,这种鬼话,连三岁孩子听了都打呵欠,而"正史"却乐此不疲,何也?

晋王朝第一任皇帝司马炎先生(衔头"世祖""武皇帝")的长相,也非常奇妙,"聪明神武,有超世之才,发委地,手过膝,此非人臣之相也。"说司马炎先生聪明神武,有超世之才,实在昧尽天良。中国之所以后来弄得五胡乱华,小民陷于水深火热,凡三百年之久,司马炎先生要负全部责任。如果玉皇大帝那里有军事法庭的话,千千万万身首异处,鲜血淋淋的小民告他一状,他至少也得问吊。他阁下绝不是一个傻子,但要说他聪明超世,却离谱太远。夫有钱有势的纨绔子弟,有几个不白白胖胖,看起来既聪明又有才乎?

至于"发委地",我想发要真正委地恐不可能,毛发这玩意儿的生长速度是递减的,一个月后的生长速度是一个月前的一半,头发也好,胡子也好,留着不剪,留到最后,一年长不了半寸。就是头发最长的杂毛老道,他的头发也委不了地,顶多"委臀"而已。那就是说,头发顶多可以长到屁股那里而已。三世纪时中国人还都是坐榻榻米的,大概"委地","委榻榻米"也。如果委的不是地而是榻榻米,那有啥异样的哉?台北市酒家女秀发委榻榻米的,固多得是也。至于"手过膝",据非正史记载,刘备先生也是手过膝的,不但手过膝,他还"耳垂肩"哩,这种长相的朋友,和动物园里的猢狲先生有啥分别?恐怕多少难以入目。据说臂长耳大,乃脑下某一种内分泌出了毛病的现象,万万想不到这种现象竟成了帝王之相。柏杨先生有一位做影片生意的朋友,其手也是过膝的,现在正在香港打官司,看样子马上就要当上皇帝啦,能不妙哉。

中国历史上第一位被异族敌人砍掉尊头的皇帝,是晋王朝第五任皇帝司马炽先生(衔头“孝怀皇帝”),此公为了继承宝座,着实踢腾了一阵,坐了上去后,天子圣明,舒服舒服。想不到被新崛起的叛乱政权汉赵帝国的皇帝刘聪先生捉住。有一天,刘聪先生大宴群臣,叫他阁下换上小民们穿的衣裳,到处敬酒。也可能像妓女一样,跟在他屁股后,一手执壶,一手执杯。反正不管怎么吧,一个在定型观念中的大人物,尤其一直是鬼话中心的政坛头目,一旦垮了下来,当场出丑,在场诸君子,难免有许多感慨。俘虏之一,官拜宰相(侍中)的庾珉先生就忍不住哭啦。说起来他真不能不哭,他从前见了司马炽先生,天威煌煌,如神如圣,而今该帝崽的地位还没有他高,他可以拍拍他肩膀,叫他“丰度兄”矣(丰度,司马炽的别号),自然感慨万千。然而他这一哭不打紧,刘聪先生大怒,把司马炽先生拉了出去,像杀猪一样的杀掉。

不过,该帝崽虽然被拉了出去,但他的鬼话却照样载诸史册。史书(《晋书》卷五)上说,他阁下初生的时候,江西省南昌县境忽然长出来“嘉禾”。“嘉禾”者,巨大的麦穗也。江西省以产米闻名于世,四世纪时,那里是不是种有麦子,或者是不是在稻田里忽然单独冒出一棵麦穗来,我们不知道。只知道这种鬼话岂不是刘秀先生出生时鬼话的翻版乎哉?接着史书上又说,有望气者云,豫章(江西省南昌县)有天子气,盖司马炽先生彼时的爵位是“豫章郡王”,正在江西省纳福。这种“望气型”,更是翻版。

7. 一根白发定终身

晋王朝第七任皇帝司马睿先生(衔头“中宗”“元皇帝”),窝囊加三级的人物。但中国史学家奴性奇痒,只要他有个局面,照例会放他二十四响大炮,把读者先生放得晕头转向。

史书(《晋书》卷六)上说,他阁下于276年生于洛阳,生的时候,忽然从天上降下一道怪光,产房内雪白明亮,如同白昼。呜呼,有白光焉,有红光焉,有五色光焉,都是老鬼话矣。柏杨先生真不清楚,该光是谁发出来的?是玉皇大帝坐在凌霄殿上,瞪大了眼,看人家产妇哎哟哎哟,看到妙处,御手一扬,发出的耶?抑送子观音在她的莲花宝座上,举头一看行事历,就在今天,有一个"祖"字号"宗"字号家伙要生,一按电钮,发出的耶?仅只发光还不足以明了,史书上还曰:"所藉藁如始刈。"藁,用枯草做的垫子。柏杨先生故乡,小民穷苦不堪,生孩子时不要说是汽车嘟嘟嘟嘟去产科医院啦,甚至连助产士都请不起;临盆时不要说躺到席梦思床上啦,甚至连普通的床都不准躺,小户人家,一件褥子要睡八十年,产妇血流如注,把它弄脏,暴殄天物,莫此为甚,只好以"藁"代之矣。用白话说,就是用"草垫"代之,弄脏啦一丢了之,不值几文。产妇一等到浆水初下,立刻转移阵地,转到地下的草垫之上。草垫乃枯干了的麦稭或其他植物茎叶做的,细菌之多,不在话下,但因为家境清寒,也只好把孩子生到上面。而司马睿先生初生时,已是晋王朝天下,他爹司马觐先生,爵封琅邪王,妻子生孩子何至也生到草垫之上乎?如果说文言文没有生命,不能写实,并没坐在草垫上,则"如始刈"便落了空,而问题就发生在"如始刈"上。草垫本是枯草做的,可是等司马睿先生生下来时,一道神光(该神光是啥颜色,史书上没说明白,真是抱歉),该草垫上的枯草枯叶在该一道神光之后,竟起了惊人变化,变成了有水分的青草青叶啦,好像刚从田里割下来的一样,善哉,有如此大的劲头,他阁下不当皇帝,难道王八蛋当皇帝乎?

其异禀异样不止此也,司马睿先生长大了之后,怪状更多。史书上说,他阁下左额上有一根白发,该白发如果生在普通小民身上,不值个屁,但生在政坛头目尊头之上,学问就大啦。左额者,称之为"日角",一个人能不能当帝当王,全看该日角有没有啥奇妙之处。朱建平先生著的相书上曰:"额有龙犀入发,左角日,右角月,王天下也。"一根白发就决定了他的终身,小民有啥办法哉。

司马睿先生除了左额上有一根白发，贵不可言外，史书上（《晋书》卷六）还说他："隆准龙颜，目有被曜，顾眄炜如也。""被曜"是啥，柏杨先生不知道，大概是铁嘴大学堂一种术语，读者先生中如果有知道的，敬请见告。在没有引经据典弄明白之前，望文生义，反正是一种异禀异样就成啦。隆准，高鼻子，凡高鼻子的朋友有福矣。龙颜，这两字属抽象玩意儿，夫啥颜是龙颜，啥颜是狗颜，恐怕很难说。依中国史学家的奴才规矩，有办法把权势弄到手的人，其颜才是龙颜，没办法把权势弄到手的人，只好狗颜了矣。炜，发光，发光没啥稀奇，稀奇的是别人眼睛发光没人开腔，大家伙眼睛发光，就有人猛叫，视为不同凡响。史书上说，司马睿先生虽然有如许花样，注定要当头目，但当初因逢八王之乱，为了避祸，却故意收敛锋芒，假装着很窝囊的样子。由以后的史实看来，他之没有锋芒和窝囊，根本不是装出来的，天生的就是那种布料。他如果真的有一份才华，早把握时机，渡江北伐，收复中原了也。如此庸才，嵇绍先生却"异之"，曰："琅邪王（司马睿）毛骨非常，殆非人臣之相。"毛，大概指的那一根左额上的白发；骨，大概指的高鼻子。用这种逻辑来推演，一个人只要左额上有根白毛，鼻子又长得高高的，就不必心急，更不必踢腾，包管他非坐金銮殿不可。有志之士，闲暇无事，不妨就在太太梳妆台前，对镜自瞧，一旦白毛出而鼻子隆，好啦，你就躺到床上等小民们自动自发把你抬上轿子吧。

《西游记》上说，唐僧先生所到之处，都有六丁六甲保护；他阁下乃真佛下凡，六丁六甲日夜守卫，还说得过去。而皇帝这玩意儿，了不起是"龙"的子孙，今人看龙，不过一条爬虫，实在没啥。古人看龙，也不过天上一个小神小仙而已，好像还不够资格劳动玉皇大帝亲自动手为他专门设立一个镖局，处处保他的镖。可是所谓"正史"却不管那一套，不但良心一昧，连常识也一昧，硬是为他请了六丁六甲，形影相随。原来八王之乱最高潮时，晋王朝第二任皇帝司马衷先生御驾亲征，攻击成都王司马颖先生。司马颖先生大为紧张，就跟东安王司马繇先生商量，司马繇先生劝他投降，司马颖先生不肯，于是在岳飞先生的故乡河南汤阴打了一仗，把司马衷先生活活捉住。司马颖先生回到邺城(河南临漳)，心里一想，好个司马繇，我要听你的话投降，岂有今天？你竟敢阴谋害我，不杀你杀谁？乃把司马繇先生干掉，干掉不算，还下令戒严，不准任何一个姓司马的亲王离境，看样子还打算斩草除根，大杀特杀。

司马睿先生就是司马繇先生的侄儿，一瞧苗头不对，连夜开溜，该夜本来月明如昼，无法溜的，可是他乃是真命天子，有六丁六甲保镖，在玉皇大帝指挥之下，天色忽然大变，不但升起云雾，而且下起暴雨，响起暴雷，警卫同志都躲雨去啦，他阁下才算逃难成功。

8. 鬼话家惯例

晋王朝对中国历史最大的贡献是五胡乱华。第一任皇帝司马炎先生承他爷爷的余荫，坐在头子宝座上，一坐就是二十六年，用他昏庸的脑袋和腐败的政治，把已经归化的匈奴人、鲜卑人、羯人、羌人、氐人，一一逼反。不仅天下大乱，而且“杀民如草不闻声”，这笔血债，不知道我们的列祖列宗在地下和他阁下清算过没有？恐怕纵把他弄到台北瑠公圳分了尸，都难以偿还。

但天下大乱却对写历史的有好处。前不已言之乎，中国史学家没有原则，没有是非，也没有逻辑，凡成功的，统统他妈的了不起，凡失败的，统统是乱民或叛逆。五胡乱华时间，自304年成汉帝国在成都建立，到439年北凉帝国下台鞠躬，凡一百三十六年，当中不但冒出了五个胡，还冒出了十九个国。该十九国全是短命王国，有些真短得可怕，像冉魏帝国，三年就没有啦，亡啦。但问题也就出在这上，短命虽然短命，一个人能拳打脚踢，霸占一块地盘，实在很不简单。如果有人认为很简单，那么就请他阁下给我们来个简单的瞧瞧。既然不简单,依照鬼话家惯例,自然得有点鬼话配合才行。呜呼,越是天下太平,越是安安静静,好比说吧,老皇帝生小皇帝,乃“真命天子”生“真命天子”,乃“老龙”生“小龙”,乃“大爬虫”生“小爬虫”,白光红光,以及其他啥祥瑞之类的玩意儿更应该出笼了吧,可是却很少有之。越是乱七八糟的时代,越是乱七八糟的家伙,瑞祥之类的玩意儿,反而也越多,此中道理如何,难懂,难懂。不过“正史”之臭硬也正在此,难懂是我们小民的事,鬼话连篇是他们的事,固莫奈之何也。

刘渊先生,是五胡十九国之一的汉赵帝国的开国头目兼第一任皇帝,衔头“高祖”“光文皇帝”,是把晋政府搞垮了的直接当事人。此公能把晋政府搞垮,有人一定认为他阁下准有两把刷子,其实他阁下却是一个庸庸碌碌的蠢才,无论才干、背景和头脑,都跟司马炎先生差不多,所成就的大事,完全靠着父兄留下的余劲。所以他一手创立的汉赵帝国,始终局促在山西省南部一小块地方,可怜兮兮。严格说起来,实在算不得啥英雄,夸不得啥好汉。好在不管他靠谁,只要他及身没有被捉住以叛逆罪处决,“正史”就浑身发痒,一股劲儿往上麻,非给他放二十四响大炮不可。刘渊先生的娘呼延女士,大概久不生育,那时既没有妇产科大夫为她通输卵管,便只好到龙门求子矣。求着求着,精彩节目上演。史书(《晋书》卷一〇一)上说,呼延女士正跪着祷告,念念有词时,忽然有一条大鱼,鱼额上有两只角(没有叫该大鱼额上顶着两门迫击炮,已经够朋友啦),一身鳞甲(当然一身鳞甲,难道叫该大鱼跟柏杨先生一样,也长袍马褂,脚登棉鞋乎?),游到祭所,停了很久才游走。所有的巫(女鬼话家)觋(男鬼话家),皆大吃一惊,曰:“此嘉祥也。”看见一条鱼游来游去就嘉祥起来,在渔船上做事的朋友,一天不知道要看见多少鱼,还愁不生一个“高祖”乎?

然而,最古怪的还是求子的当天晚上。呼延女士芳心荡漾,乱做春梦,梦见白天所见的那条大鱼,变成一个人的左手(她阁下在梦中还能分辨出左手右手,实在不凡),手里握着一半鸡蛋大小的圆圆的玩意儿,光华四射,灿烂炫目(好一幅画片也),而且冥冥中有声音告诉呼延女士曰:“此蛋乃是日精,吃了定生贵子。”日精是啥,我们不知道,望文生义,未免有点恍惚。夫男人之有精也,乃生理的现象,而太阳有起精来,岂神理的现象乎?男人的精只能生普普通通的孩子,太阳神阿波罗先生的精,自然要生皇帝。刘渊先生既然当了皇帝,虽然是短命王国而又是小小局面的皇帝,但也总算是一个人物。刘邦先生都是龙精造成的,史学家必须对刘渊先生独出心裁。呜呼,太阳竟然有精,再说下去,圣崽真要骂大街矣。好在这都是“正史”上说的,不是野史上说的,更不是柏杨先生说的,书本俱在,怪不得我老人家也。

呼延女士把该“日精”吃了没有,史书没有交代,大概是吃了的焉,不吃怎能生下“高祖”“光文皇帝”乎?她阁下第二天就把该梦告诉她的丈夫刘豹先生,刘豹先生大喜若狂,曰:“我从前在邯郸,张冏先生的娘司徒女士曾给我相过面,说我一定生贵子贵孙,三世下来,必定昌隆,看样子是真的啦。”张冏先生和司徒女士是谁,史书上没有介绍,大概是铁嘴大学堂的知名教习。“正史”说这一段鬼话时,我想一定没有经过大脑,如果说刘豹先生“二世必大昌”,虽是短命王国小局面,总还说得过去,可是都说他“三世必大昌”,恐怕读历史的朋友会倒抽冷气。盖不到三世,倒还罢了,到了三世,也就是到了刘渊先生的孙子刘粲先生那一代,他的大臣“大将军录尚书事”靳准先生举兵叛变,不但把刘粲先生杀掉,而且“刘氏男女,无少长皆斩于东市,发刘渊刘聪墓,焚烧其宗庙,鬼大哭,声闻百里”(《晋书》卷一〇二)。吃了日精的结局竟是如此如此,这种日精不吃也罢,司徒女士如果把这种悲惨结局叫做“大昌”,是她当初看相没有看准乎,抑是开了刘豹先生一个玩笑,讽刺讽刺他乎?所谓“正史”,似乎只有鬼话,然欤。

刘渊先生的娘既然吃了日精,则自不能和常人一样,怀胎十月就生啦,盖怀胎十月就生,还有啥可说嘴的,所以他阁下是怀了十三个月才生的。生下后,精彩精彩,君看过《红楼梦》乎?贾宝玉先生生下来时,尊口里含着一块宝玉;刘渊先生生下来时,不知道是谁——

可能是玉皇大帝自己做的,早已把他的名字写好,所以,他一生下来,左手上(也就是那条大鱼变化的那只握日精的手)就写着他的名字“渊”。

9. 肚皮上搞一下

刘渊先生不但在她娘肚子里怀了十三个月,因为他和大鱼以及日精有关,生下来之后,玉皇大帝还为他取了名字曰“渊”。幸亏玉皇大帝是中国货,如果他老人家是西洋货,在他尊手上写上“约翰”,或他老人家是东洋货,在他尊手上写上“太郎”,就更惊世骇俗矣。等到他阁下长大了之后,且看史书上怎么形容他吧,曰:“妙绝于众,猿臂善射,膂力过人,姿仪魁伟,身长八尺四寸。”接着还举出其他玩意儿,说他:“须长三尺余,当心有赤毫毛三根,长三尺六寸。”刘渊先生胡子有没有三尺六寸长,我们不敢肯定,他是一个匈奴人,毛发可能比汉人发达,但当中却有三根红胡子,而且该三根红胡子还特别的长,超过了黑胡子,不能不说是一种奇景,无怪他非当皇帝不可矣。于是以公师彧先生为首的一批摇尾系统,有志一同地大惊曰:“此人形貌非常,吾所未见也。”这种鬼话,我们称之为“虫子虫孙型”。像刘邦先生,硬说他娘和其他非人的动物有过性交,我们称之为“见而异之型”,至于做了一个春梦,我们称之为“乱做春梦型”。刘渊先生的娘既“乱做春梦”于前,公孙彧先生又“见而异之”于后,其能不大贵乎哉?

刘渊先生的儿子刘聪先生,衔头“烈宗”“昭武皇帝”,也是一位了不起的人物。第一,他阁下是历史上叛乱分子中最扬眉吐气的一个,竟一连活捉了两个曾经骑到他头上的现任皇帝:一位是晋王朝第五任皇帝司马炽先生,一位是为晋王朝第六任皇帝司马业先生。当初他见两位司马时,要磕头如捣蒜,汗如雨下的,如果叛乱不成,被姓司马的捉住,那种乱臣贼子全家伏诛灭九族的场面就大啦。想不到他随着父亲刘渊先生踢腾成功,反而把他们捉住,捉住不算,还叫他们伺候斟酒,天理昭彰,报应不爽,真是过瘾过瘾。第二,他虽然是过了瘾啦,可是汉赵帝国也开始在他手里腐烂生蛆,等他伸了尊腿之后,他爹刘渊先生辛辛苦苦打下的天下,也就随着隆重剧终。一个头目把已经衰败的政权搞垮,容易得很,但一个头目把正在兴旺的政权搞垮,如果他不是超级恶棍,恐怕颇难颇难。

刘聪先生的娘也是乱做春梦人物,他娘张女士怀着他的时候,有一天,梦见太阳投到她怀里。对啦,刘家的女人也是世界上的一绝,专门喜欢在梦里出花招,一会儿梦见一个日精,一会儿梦见一个太阳,真是忙得不亦乐乎。不过这似乎也有真理在焉,柏杨夫人怀着我的小女儿时,便曾梦见过美国星条旗入怀,分明是贵不可言之兆,如今她果然去了美国,而又嫁了洋大人。昨天有位朋友前来看我,对我倍加羡慕,一面又怨天老爷瞎了眼,让他的男女公子一个比一个不成才,都停在台湾,一月才几百元。我一听就不高兴,知道他是一个愚人,乃问曰:“你太太生孩子时,做过春梦,梦见啥东西在你太太肚皮上搞了一下,或梦见啥东西晃来晃去被你太太一口吞之乎?”他曰:“没有。”我曰:“再想一想。”他苦思了半天,仍曰:“没有。”我就端起嘴脸告之曰:“依照中国正史规矩,大人物之生也,其母必乱做春梦,你太太既然啥梦都没有,有碗饭吃已够恩典啦,焉敢怨天尤人,妄图非分?”该老头这才恍然大悟。盖大富大贵,都是五百年前注定了的,凡夫俗子,怎可乱发牢骚,此均有“正史”为证,不是我胡说的也。

张女士既然梦见太阳在她肚子上猛搞,醒了后告诉丈夫,刘渊先生一听,好呀,我当初是日精变的,现在我儿子也是日精变的,这江山是坐定了矣,乃大喜曰:“此吉征也,慎勿言。”果然,他儿子比他还精彩,他不过怀胎十三个月而生,而他儿子刘聪先生却怀了十五个月才生。幸亏他搞出来的局面是短命的,汉赵帝国不过二十六年(304—329),如过几百年下去,每个头目都比他爹在娘肚子里多住两个月,到了后来，恐怕非怀胎十年不可矣。

刘渊先生怀胎十三个月，生时就有花样。刘聪先生怀胎十五个月，生时当然更得轰轰烈烈，史书（《晋书》卷一〇二）形容他生时曰：“夜有白光之异，形体非常，左耳有一白毫，长二尺余，甚光泽。”鬼话编来编去，仍是老一套，白光也者，属“怪光冲天型”，即令没有白光，也会有别的。至于左耳上有根白毛，而且该白毛又长二尺有余，这种“胡乱生毛型”，也不新鲜，晋王朝第七任皇帝司马睿先生左额上就有白毛，刘聪先生的爹刘渊先生胡子里还有红毛哩。

刘聪先生既有如此异样异禀，他堂弟刘曜先生自不便例外，夫刘曜先生比他堂兄刘聪先生更糟，不过一个不学无术的酒鬼。夫酒鬼可能成为艺术家，可能成为文学家、诗人，但绝不可能成为政治家。汉赵帝国就是在他手里结束的，不但帝国亡啦，自己也被他的死对头石勒先生捉住，活活斩首。如此蠢才，史书上却也有他二十四响大炮，真不知道是啥用意。

有关刘曜先生的鬼话，跳不出老套，史书（《晋书》卷一〇三）上说，他阁下生下来就是白眉，白眉的人天下少见，不但少见，也少听说。刘家的妇女不但妙不可言，刘家的男人似乎也一个比一个花样翻新，“胡乱生毛”在他们家根深柢固，连白眉毛都出来矣。白眉毛不算，刘曜先生眼睛里还发出赤光，读者先生看到这里，千万不要紧张，他阁下早已翘了辫子啦，但我们不妨弄一张红色玻璃纸蒙到手电筒上试试，一个人的眼睛如果是那种模样，还算个人乎哉？他阁下胡须很少，不过一百余根，可是稀虽稀，却长得很，长到五尺有余。他小的时候，有一天和叔叔刘渊先生去西山打猎，遇到大雨，停在树下躲避，只听一声响亮，巨雷劈到树旁，仆人们一个个爬到地下，吓得屁尿直流。只有他阁下，别看年纪轻轻，却满不在乎，于是“见而异之”出笼，刘渊先生就“异之”曰：“吾家千里驹也，从兄为不亡矣。”其实混到后来，国灭家破，身败名裂，还被敌人执行枪决，这种千里驹，最好没有。

10. 声音有点特别

写着写着，阴历乙巳年新年光临，自以为有点头脸人物，常有避寿之举，柏杨先生则来一个避年，以示不同凡品，后福无穷。这一避就避到了台中，除夕而往，初九归来，整整十天。十天中除了打一场小牌，输了一万字稿费，恨不得卧轨自杀外，其他时间，差不多都在和朋友们穷抬杠。盖柏杨先生的朋友，均年迈力衰之徒，其脑筋被五千年传统文化酱得跟一盆糨糊差不多，只有直觉，而无分析。平常日子，看了我的敝大作，一个个怒发冲冠，认为我把"正史"指成鬼话，简直包藏祸心，如果不念及我孤苦无依，早向治安机关打了小报告矣。虽不打小报告，但见了面一定要把我痛加修理的决心，则早已坚定。故我每到一处，他们就严阵以待，来一场剧烈舌战，其主要武器当然就是"动摇国本"，这句话听来好像是帽子铺掌柜的话，义和团的话，而不像是研究学问的话。呜呼，当时我就抓住一个老头的小袖子问曰："好啦，你说吧，刘邦先生的娘，和一条龙在河边颠鸾倒凤，你信乎不信乎？"他瞪眼不答，再问之，他皱眉曰："太黄太黄。"我曰："是我问得太黄乎，是'正史'上写得太黄乎，抑刘太太干的那事太黄乎？"他不高兴曰："当然是你问得太黄。"我曰："我不过是照本宣科，有人做得，你们尊之为'高祖'；有人写得，你们敬之为'正史'，我只不过翻译翻译，就'太黄'啦，是啥道理？"老头不说话，我就再曰："太黄就太黄吧，咱们且来个学院派，请观看原文：'母媪，尝息大泽之陂，父太公往视，则见蛟龙于上，已而有娠，遂产高祖。'你信乎不信？"他没法说他信，只好说不信，我就大喝曰："好老头，你连'正史'都不信，都打算踢翻，欺君罔上，心怀叵测，破坏传统文化，此可忍，孰不可忍？锦衣卫，给我拿下。"

我既不是明王朝帝崽,也不是忠心耿耿的厂臣,自没有锦衣卫听我指挥,表演奇功,把他拿下。但我那一声大喝,却颇收先声夺人之效,至少先把他慑住,免得他努力继续恍惚。但也因为走一地大喝一地,走一家大喝一家之故,到了今天,嗓子似乎仍有点哑也。

闲言少叙,书归正传。刘曜先生异样异禀之后,现在再介绍五胡乱华十九国之二的后赵帝国开国头目兼第一任皇帝石勒先生。提起来石勒先生,乃历史上一个怪杰,也是第一等英雄,在皇帝群中,像刘邦先生,出身流氓;像朱温先生,出身强盗;而出身奴隶的,只有石勒先生一人。君看过电影上阿拉伯奴隶市场场面乎?石勒先生便如此那般,跟另外一个洋人,共戴一枷。枷,套到脖子上的一块木板也,一个人戴之都不好受,何况两个人合戴乎。而他却从枷下逃生,当上皇帝,曰“高祖”“明皇帝”。“正史”上对鸭子屎人物,都服服帖帖,对英雄人物,更不会轻易放过,于是在他出生时,免不了也有二十四响礼炮。

石勒先生,洋大人也,侨居山西武乡,故我们称他为山西人,以拉关系。别看他阁下从小为奴,降生的时候,却颇露了两手,这两手当然跳不出老套,一套是“怪光冲天”。史书上说,他呱呱坠地时,竟然红光满屋,不但红光满屋,还另外有一道白气,从天而降,直垂到院子当中,凡是看到的都“异之”。呜呼,不但当时看到的都异之,千百年后,连读到的也都异之。其实“异之”的也不限于看见红光白气的朋友,还有当时的名人哩。石勒先生十四岁那一年,随着邻居去当时首都洛阳做生意。大概跑得太累,靠到东门上,长喘了一口气,也可能没有喘气,而吹了一声口哨,被宰相王衍先生看见。告诉部下曰:“这个小洋鬼子声音特别,定不安分,恐怕要扰乱天下。”急派三作牌前往逮捕,他早已溜他娘的矣。

这一种“见而异之”的公式,俗不可耐,看了原文,更会有此感觉,《晋书》(卷一〇四)曰:“(石勒)十四,随邑人行贩洛阳,倚啸东门。王衍见而异之,顾谓左右曰:‘向者胡雏,吾观其声,视其有奇志,恐将天下患。’驰遣收之,会勒(石勒)已去。”我想文言文最大的特点是，能把无法连贯的东西硬连贯在一起。“倚啸东门”，看起来好像潇洒不凡。一个十四岁的孩子，能有如此成熟的表情乎？而王衍先生竟成了摆卦摊的半仙之体，只要瞧一眼，听一声，就断定他有“奇志”，要捕而杀之，看相看得这么准的奇才，如果有的话，世界上要太平多啦。读历史的朋友都知道，王衍先生后来就是死在石勒先生之手的，石勒先生起兵，把他阁下捉住之后，大概有感于他“异之”之恩，没有绑赴刑场，砍掉他的尊头，而只下令推倒土墙，把他活活压死，二者的关系如此亲密，你说妙哉不妙哉？

石勒先生的另一套是“鼓角之声”，他住在武乡北原山，“草木皆有铁骑之像，家园中生人参，花叶甚茂，悉成人状”。“草木皆有铁骑之像”这句话有点费解，是每一棵树都长得像战马乎，抑所有的草木聚集一起像战马乎？文言文最适合写鬼话，一译成白话，便很难弄懂。其实我们也不需要弄懂，只要知道那是一种异样就行啦。不特此也，他在大地主师权先生家为奴时，每去田里耕种，就听见打鼓吹号的声音，他自己听见还不算，问问和他同时操作的同伴，连同伴也都听见啦。石勒先生曰：“我小时候在家，也常听见这种声音。”师权先生得到消息就“免之”，免之者，免了他的奴籍，真是舒服之至也。

11. 梅花鹿奉命出动

史书上对鼓角之声，颇有兴趣，不但说了又说，而且还采烘托之法，用“不祥”以反衬其“祥”。有一天石勒先生又听见有人打鼓吹号，以为是不祥之兆，害怕得不得了，乃告诉他娘，请老太婆拿点主意。老太婆曰：“大概你太劳苦，才生耳鸣，是生理上的自然现象，非不祥之兆。”他阁下这才算放了心。既然如此这般，顺理成章的，自然会有“父老”和铁嘴大学堂毕业生，继续出笼，跟王衍先生表演的一样,也见而异之。曰:“这个洋小子长相奇妙,有大志又有大度,前途不可限量。”(原文曰:“父老及相者皆曰:‘此胡状貌奇异,志度非常,其终不可量也。’劝邑人厚遇之。”)大概史书上觉得仅只一个王衍和一个“父老”,一个“相者”,还不够隆重,写来写去,索性再冒出一群鹿来,以示货真价实。要知道该鹿非同一般之鹿,乃会变化之鹿,刚才它还是鹿,可是眨眼之间,它却变成一位道貌岸然的老头。真是怪事年年有,偏偏“正史”多。读史的朋友,如果读得眼花,恐怕会把它当成《西游记》,以为孙悟空先生赶妖精哩。

原来石勒先生在武乡做工时,散兵游勇把他捉住,关了起来,他又怕又急,束手无策。六丁六甲,谒者功曹,等等妙神据报后,心惊肉跳。用手一指,于是忽然有群又肥又大,足以引起老饕涎水的梅花鹿,大摇大摆光临他的囚所。散兵游勇一声呐喊,蜂拥去追,石勒先生这才觑了个空,脚底抹油。跑到半路,碰见一位老头,该老头曰:“刚才那群鹿,就是我也,因你天生的中原真主,故我特来营救。”老头说过鬼话后,是不是忽然不见啦,史书上没有写,看样子当然是忽然不见了的,否则便无法自圆其说矣。问题是,异禀异样如果象征或预兆一个人伟大的话,刘曜先生和石勒先生的异禀异样,同样的惊天动地。刘曜先生已说过啦,下场和他的花招不相称,连营涔王都向他献剑,结果仍免不了被敌人活活捉住,绑赴刑场,砍掉尊头,子孙被杀尽斩光。石勒先生亦然,下场也和他的花招不相称,他阁下死后不久,政权即入石虎先生之手,子孙也血流成河。他阁下在阴曹地府,如果遇到那些打鼓吹号的朋友,或遇到那位变成群鹿的老头,真得饱他们一顿老拳,整人不是这种整法也。

石勒先生和石虎先生,二人到底是啥关系,所谓“正史”,都是没有弄清楚。一会儿说他们是叔侄,一会儿又说他们是兄弟,这且不必管他,要管的是,石虎先生同样可观,他是后赵帝国第二任皇帝(衔头“太祖”“武皇帝”)。中国“正史”的定律是,只要你阁下有权有势,就一定不同于小民,石虎先生当然不能例外。

石虎先生是中国历史上最顶尖的畜牲头目之一,一辈子干的全是畜牲勾当,他生时有没有花招,史书上没有记载。史书上记载有花招的那一年,他已六七岁矣,用的仍是"见而异之"。史书(《晋书》卷○一六)上说,有一位善相的家伙,一看见该六七岁顽童,大惊曰:"这孩子长相奇怪,有壮骨,贵不可言。"石虎先生跟石勒先生的下场都差不多,而石虎先生更惨,盖石勒先生亲生子女虽死光啦,而政权固不坠也,无论如何,石虎先生仍然是姓石的,仍然是自家人。石虎先生则不然,他一旦魂游地府,叔侄们拳打脚踢,好容易闯出的江山,就稀里哗啦,霎时完蛋。他当了皇帝,贵固然贵啦,但这种贵所付的代价,未免有点可怕。六、七岁时露的那把刷子,是祥是灾,恐怕很难肯定。好比吧,我预言你阁下身死之后,子女被人杀之辱之,连怀中婴儿都不留一个,你阁下说这是啥?"正史"上却便说你有壮骨,而又贵不可言,恐怕能把你气死。

石虎先生死后,短命的后赵帝国鞠躬下台,冉闵先生起而代之,建立的是冉魏帝国,乃更短命的政权也。冉魏帝国由冉闵先生当皇帝,寿命只有三年。史书上大概因他阁下搞的时间太促太短,对他的降生,没有特别推荐,但对他的驾崩,却不放松。不管它生时也好,死时也好,反正都是有点折腾,奴才们才能舒服。冉闵先生当了三年冉魏帝国皇帝,当到最后,被另一位也是短命政权的头目前燕帝国第二任皇帝慕容俊先生俘了去。别看同是皇帝,失败的皇帝却不值一根葱,慕容俊先生问他曰:"你不过是一个奴才,怎敢自称天子?"冉闵先生曰:"天下大乱,你们夷狄,人面兽心,还拼命猛干,我一时英雄,为啥不行?"他阁下真是回答得好,回答得妙,但也因此一漂亮的回答,慕容俊老家伙恼羞成怒,打他三百皮鞭,送到龙城(热河朝阳),斩之于遏陉山。

好啦,这一斩斩出问题来啦。冉闵先生的异样虽没有在生时出笼,却在死后出笼。他阁下死了之后,遏陉山山左山右,山前山后,周围七里,草木悉枯,草木悉枯不算,还蝗虫大起,整整五个月,不降一滴雨。这下子慕容俊先生才慌了手脚,前倨后恭,连忙派人祭祀,同时还封冉闵先生为"武悼天王",你说奇不奇哉,就在封的那一天,即下起雪来，真是《祭石曼卿文》上说的，“生而为英，死而为灵”。“正史”也者，处处都在为权贵服务，对小毛虫冉闵先生都如此下功夫，对大家伙们更可想而知。柏杨先生万岁之后，也就是说柏杨先生驾崩之后，以我降生时各种隆重现象判断，极乐殡仪馆附近，恐怕至少得有十四里之广，要乱冒青烟，君若不信，我跟你赌一块钱。

12. 石头咚咚作响

石勒先生降生时的异禀异样，前已隆重介绍过矣，因谈冉闵先生，不妨追溯既往，也谈谈石勒先生之死，史学家们对他同样巧计百出，妙不可当。《晋书》(卷一〇五)上说，他阁下断气之前，“荧惑入昴”。荧惑，火星也；昴，二十八宿之一，即七姐妹星团，英文谓之Pleiades。那就是说，石勒先生将死时，外层空间为之大乱，火星本来正绕着太阳慢慢转的，却忽然脱离了轨道，轰隆轰隆，闯进了七姐妹星座。地球上政坛头子多啦，虽不能说多如牛毛，至少也多如狗毛，每死一个家伙，玉皇大帝都要把火星一脚踢到七姐妹星座里，他老人家忙都要忙死矣，即令忙不死，难道其尊脚不痛乎？然而，不特此也，后赵帝国首都邺(河南临漳)东北六十里之处，连云彩都生变化。有红云焉，有墨云焉，有黄云焉，一齐升起，弥漫成一幅帐幕；每一色云，都像一条匹练，互相交错，传出可怕巨响，而每色匹练堕地时候，还发出一种热气，热气中有火，火中有尘，尘起连天，好不热闹。当时就“有人”看见，你猜他看见啥，他不但看见上述种种，还看见那一带地面好像滚水一样在那里沸腾。而且有一块石头，约一尺有余，青青的颜色，用手敲之，咚咚作响。呜呼，看情形好像是火山爆发。但安阳附近，半为平原，只西邻太行，山虽有山，却无火山，自然是石勒先生将死之时，玉皇大帝在天上坐立不安，猛搞了一阵。

闲言表过，言归正题，冉闵先生的冉魏帝国散伙之后，代之而起的是前燕帝国，立国三十四年，也是一个短命政权。原始头目慕容廆先生，死了之后，被子孙封为“高祖”“武宣皇帝”，且看“正史”对这一位“武宣皇帝”如何鬼话连篇吧。《晋书》（卷一〇八）上说，慕容廆先生年轻时，身体魁梧，高约八尺，长得非常之帅，不但精明能干，而且大度大量，于是鬼话家说“见而异之”。晋王朝安北将军张华先生“甚叹异”，曰：“你长大啦，一定是命世之器，救难定邦者也。”大概为了拉关系，求后福，还把自己用的簪子围巾等物送给他。呜呼，有其父必有其子，慕容廆先生的儿子慕容皝先生也不简单，“正史”上对该儿子之生，没有描写，可能是他爹露一手就行啦。但后来写着写着，觉得如果不搞点鬼话出来，何以能称之为“正史”乎，就在他死时带了几笔。《晋书》（卷一〇九）上说，这位儿子死后的衔头是“太祖”“文明皇帝”（老子是“武宣”，儿子是“文明”，好像酸秀才作对联）。有一天，他阁下出猎，要过一条河。有一位老头，穿着朱红色衣服，骑着白马（柏杨先生曰：你说像不像《吴凤传》电影里的镜头），挥手叫他回去，曰：“此地不是打猎地方，还不快走。”地头蛇只认识权力，岂认识老头，慕容皝先生当然不能例外，遂下令渡河，打了几天猎，收获颇丰。最后一天，看见一只小白兔，正要拉弓去射，不知道怎么搞的，所骑的尊马忽然栽了个斤斗，把他摔伤，抬了回去，竟翘了辫子。该小白兔和该老头的关系，真是玄妙，用逻辑一推，小白兔如果不是老头变的，则老头一定是小白兔变的也。

越是乱世，鬼话越多，“正史”信口开起河来，能把喜马拉雅山都冲个大窟窿。前燕帝国不过一个短命政权，花招比长命王朝还层出不穷，还不可思议。慕容廆先生如彼，其子慕容皝先生也如彼，其实二人活的时候，不过辽东半岛上一个野蛮部落的酋长，东打西闯，跟土匪没啥分别。打败了和草木同朽，打胜了“正史”就哇啦哇啦乱叫，说他生时如何，死时如何。而前燕真正的开国头目，也就是该短命政权第一个过皇帝瘾的，是慕容儁先生，乃慕容廆先生的孙子，慕容皝先生的儿子也。爷爷和老爹既然都有花招，江山是他完成的，更是不能免矣。盖一旦免啦，成了一个正正常常的人，将上干天怒也。《晋书》（卷一一〇）上介绍他阁下时，采用的仍是“见而异之”型，不过这位见而异之的不是外人，而是他的爷爷慕容廆先生，曰：“此儿骨相不恒，吾家得之矣。”不恒，不寻常也，果然不寻常，不但攻入了中原，建立了一个短命王国，还当起“烈祖”“景昭皇帝”，着实有一股劲焉。

其实不但生时有一股劲，死后也有一股劲。他阁下是一个迷信甚深的家伙，前已言之，把冉闵先生杀了之后，做贼心虚，反过来又封了他一个大王，已够人拍巴掌的啦，而他的死却是因为他和后赵死皇帝石虎先生打了一架，就更叫人目瞪口呆。《晋书》（卷一一〇）上说，慕容儁先生奠都邺城（河南临漳），而邺城固是石虎先生当皇帝的地方，九泉有知，大概气得发疯第十一。于是有一夜焉，慕容儁先生正在睡觉，石虎先生的鬼魂出现，照他阁下的臂上就咬了一口。他阁下霍然惊醒，好家伙，你这个死皇帝怎敢咬我这个活皇帝，还得了呀？原文是：“死胡安敢梦生天子？”死胡者，死洋人也，生天子者，他自己是也。其实他这个生天子，不过短命政权头目，固不值一张草纸。不过问题是，虽不值一张草纸，在当时却有的是权，乃派他的宰相（御史中尉）约阳先生，到石虎先生的坟墓之上，破口大骂。骂他如何如何残暴等等，骂了一通，大约仍觉得不够出气，又把坟墓掘开，打破棺材，拉出石虎先生的尸首，抽了一阵皮鞭，然后投到漳水。石虎先生诚不是一个好东西，但因别人的一梦而落得如此下场，除了怪自己倒霉外，还能怪别的啥？

说到“天子”，兴旺的时候，固是天子，一旦把政权搞垮，猴子被别人牵走啦，就天子不成，而成了贼子啦。慕容儁先生不是以活天子自居乎？到了他的儿子慕容暐先生（衔头“幽皇帝），一仗打败，落荒而逃，被前秦帝国的大将巨武先生追及，用绳子七捆八捆地捆了个结实。他挣扎之余，还嘴硬曰：“汝何小人，而缚天子？”巨武先生曰：“我奉命捉贼，狗屁天子？”呜呼，他爹在地下听啦，恐怕会比石虎先生还要疯的厉害。

13. 破鞋也出了笼

前燕帝国结束,代之而起的是另一个短命政权前秦帝国,跟前燕帝国一样,"正史"描写他们头目的异禀异样,也上溯到老子一代。原始头目苻洪先生(衔头"太祖""武惠皇帝"),本来姓魏,不知道他爹是谁,大概野蛮民族只知有母,不知有父故也。后来因家里生出蒲草,该蒲草长有五丈,共有五节,怪哉,怪哉,乃姓蒲焉。再后来他阁下的儿子蒲健先生生时,背上有耶稣基督御笔亲写的"草付"二字(《晋书》卷一一二),草付合在一起,不是"苻"是啥?一时高兴,就改姓了苻。苻健先生的衔头也很惊人,曰"高祖""景明皇帝",前秦帝国虽只短短四十四年,却照样对老爹大肆追封。须知追封也不简单,总得有点局面才行,柏杨先生想追封十八代祖柏拉图先生为"太祖""文武双全品学兼优贯通中西龙飞凤舞既圣又贤千变万化孝皇帝",还追封不成哩。《晋书》(卷一一二)上说,苻健先生大败桓温先生之后,新平郡(陕西邠县)忽然出了异事。有一位小民张靖先生,正在走路,抬头一看,吓了一跳,盖一个既高又大的家伙迎面而立。告之曰:"苻氏应天受命,今当太平,外面者归,中而安泰。"问他姓啥叫啥,也不答复,就忽然不见啦。苻健先生据报,最初还假装不信,然而,玉皇大帝既亲自安排,你不信怎行乎?于是接着就出了第二件异事,适逢大雨连绵,江河俱涨,不知道是哪个好事的家伙,竟在河里捞出一只破鞋。读者先生读到这里,千万不要失笑,以为柏杨先生穷极智昏,乱造其谣,堂堂"正史",岂会记一只破鞋哉?殊不知鬼话专家固独具只眼,只眼尚可独具,只鞋当然非凡。该破鞋巨大无比,长七尺三寸,破鞋里还留有脚印,仅脚趾就有一尺多长,趾纹深一寸许。这种人如果犯了凶杀案,指纹如此清楚,恐怕最好缉拿矣。既有长人，又有大鞋，苻健先生自然是一个了不起的大人物也。

五胡乱华有两个统一中国的机会，都被白白糟蹋掉。第一是石虎先生的后赵帝国，第二是苻坚先生的前秦帝国，都已统一了北方，只要再进一步击败退居到建康（南京）窝窝囊囊的晋王朝政府，就大功告成矣。石虎先生不过是一个土匪头，没有大志，不必谈他；苻坚先生虽有大志，却走上霉运，淝水一战，糊里糊涂打了败仗，真是大出意外。他阁下虽然失败，最后被人勒死在新平寺，但他不仅在五胡乱华史上是第一等英雄，就是在全部中国历史上，也是第一等英雄。他短短几年中扫平了北方所有乱七八糟的独立政权，建立伟大的前秦帝国，"正史"自然不得不刮目相待。

传统的史学家似乎一个比一个奴性入骨，一个比一个麻木不仁，灵性全被酱住，连编鬼话都不敢往酱缸外面探探头。苻坚先生的祥瑞颇多，但还是脱不了前面介绍的那些臭烂公式。西汉第一任皇帝刘邦先生的娘，不是和一条大蛇性交过乎？前秦第三任皇帝苻坚先生的娘，自也得和什么东西性交性交，才能表示"无一字无来历"。读者先生千万别以为我说的太黄，谁要以为我说的太黄，他至少得喝三大碗凉水，才能恢复清醒。盖该言非柏杨先生诽谤之言，乃"正史"炫耀之言。《晋书》（卷一一三）上说，苻坚先生的娘苟女士，"尝游于漳水"，游当然不是穿着比基尼三点式游泳衣下河露一手，而是带着她的丫头侍女，在漳河岸上散散玉步，逛了一会儿，乃顺便去西门豹祠求个儿子。西门豹先生，战国时代大政治家，当过邺城县长，把一批铁嘴大学堂女巫系毕业生，投到河里，活活淹死（他阁下如果有一天看见中国五千年的"正史"，恐怕也会把一些鬼话家捉去如法炮制也）。这且不表，表的是，苟女士祷告了一番之后，当天晚上，就乱做春梦，梦见一位英姿焕发的青年才俊，和她性交起来，该青年才俊准是西门豹先生，不过以他的道德学问，似乎不可能做出这种顺手牵羊下三滥的事。如果不是他本人，则一定是他派了一位秘书科长之类的官，代他执行职务。于是柏杨先生真为该艳福不浅的仁兄担心，求子的漂亮太太千千万万，他阁下岂不要得痨病乎？

好在“正史”也者，向来不讲逻辑，只要你相信当权派是天生的，是神仙的儿子，而不是凡人的儿子就行啦，哼一声就是不温柔敦厚矣。苟女士经过这场奇异的爱情，就怀了孕，这一孕就是十二个月。从前刘渊先生怀十三个月，刘聪先生怀十五个月，在这上面，苻坚先生似乎稍微差一点劲，但其“硬是不生型”则一也。好容易到了最后呱呱坠地时，一道神光，从天而降，好像二十世纪空军用的照明弹一样，把庭院照得如同白昼。生下来之后，神仙早已在他背上用朱砂笔写好一行字，曰：“草付臣又土王咸阳。”这行字的意义是啥，柏杨先生不知道，恐怕非请教一下张铁嘴王半仙不可。不管怎么吧，懂也好，不懂也好，反正有字就注定要飞黄腾达。柏杨先生想当年诞生时，是不是背上也有什么朱砂字迹，没有听人提过，实在可惜。

14. 冒出神光

苻坚先生的前秦帝国完蛋之后，在陕西一带，又冒出来一个短命政权，其国名也叫“秦”。写历史的朋友无法下笔，只好把苻坚先生的秦，称之为前秦，把后来冒出来的这个秦，称之为后秦。后秦帝国从敲锣开张，到曲终人散，只有三十四年，实在也够可怜。不过前已言之，“正史”也者，只要你敲了锣开了张，就免不了要弄出点鬼话，自酱酱人。

后秦帝国第一任皇帝姚苌先生，可以说是中国历史上所有开国头目中最恶劣的一个，比起来同时代的慕容垂先生，简直差上一大截。当大家打天下的时候，难免有时候六亲不认，但多多少少，也有个分寸，超过这个分寸，不仅别人不原谅自己，连自己也不原谅自己。慕容垂先生在他的恩主苻坚先生日暮途穷时，仍把军队交出来，那就是了不起的胸襟，而姚苌先生固癞皮狗之流也。苻坚先生大军进击晋帝国之前,封他当龙骧将军,亲切嘱咐曰:“朕本以龙骧建业,龙骧之号,未曾假人,今特以相授,山南之事,一以委卿。”无论如何,苻坚先生这段话,出自真心,即令后来天下大乱,各奔前程,提起这一段,总不能不说恩重如山。

可是等到姚苌先生一旦把苻坚先生捉住,又把他活活闷死,闷死就闷死,不足为怪,但闷死之后,却一直打败仗。无可奈何之中,竟异想天开,刻了苻坚先生一座木像,朝夕祷告,还理直气壮曰:“昔陛下假臣为龙骧之号,谓臣曰:朕以龙骧建业,卿其勉之。明诏昭然,言犹在耳,陛下虽过为神,岂假手于苻登而图臣,忘前征时言邪?”译成白话更妙,曰:“从前你封我龙骧将军时,曾说:‘我就是先干龙骧将军,再升到皇帝地位的,你要好好努力呀。’这话大家都听得清楚,你虽然死啦,却借着你侄孙苻登的手打击我,难道你说过的话不算话呀?”

这段故事,正史(《晋书》卷一一五)上写得明明白白,一副冥顽不灵,死搅活缠嘴脸,不但无知,而且无赖。但问题也就在这里,你知道他阁下的衔头是啥,曰“太祖”“武昭皇帝”,好啦,只要能混上一个“祖”或一个“帝”,就必有其花招,姚苌先生的花招是“乱做春梦”兼“见而异之”,史书(《晋书》卷一一六)上曰:

(姚)襄(姚苌的哥哥)之寇洛阳也,梦苌(姚苌)服衮衣升御座,诸酋长皆侍立。旦谓将佐曰:吾梦如此,此儿志度不凡,或能起吾族。

译成白话,那就是:

“姚襄率军进攻洛阳时,有一天晚上,做了一个梦,梦见老弟姚苌穿着皇帝衣服,坐到金銮殿上,全体酋长都站立两旁,诚惶诚恐。第二天醒来,对左右曰:你瞧,俺做了这么一个梦,我看这小子模样不凡,可能使姓姚的发达。”

这是第一桩怪事。这一桩怪事也出在《晋书》,抄之如下:“初苌(姚苌)随杨安伐蜀,尝昼寝水旁,上有神光焕然,左右咸异之。”译成白话是:“当初姚苌随着杨安进攻四川省时,有一天躺在水边睡大觉，上边竟冒出神光，大家无不奇怪。”

姚襄先生是不是真的做了那个春梦，没有人知道，即令没有做，而他硬说做啦，我们也无可奈何。即令他既没有做又没有说，而是鬼话专家觉得不如此便过意不去，我们也木法度。反正事关机密，死无对证。柏杨先生昨天晚上还梦见我亲自坐到金銮殿上，各国总统国王者流，都向我猛鞠其躬，吻我的御手（有些小国的首领，还不够资格吻我的御手，只能吻我的御脚哩）。按照“正史”定律，看样子我非当陛下不可啦，众生小子，要巴结趁早巴结，莫等我一旦真成了“太祖”“高皇帝”，巴结就来不及啦。

乱做春梦，虽然混蛋，总可了解，但“神光”是啥，便实在难懂。该光是白的乎，抑黄的乎，是蓝的乎，抑紫的乎？而又是如何的“有”法，像闪电一样从天而降乎，抑从他阁下的尊头上冒出来乎？或在天空中像烟圈一样盘旋不去乎，抑像柱子一样林立左右乎？“正史”连这种鬼话都隆重写出，其他事迹的真伪，可想而知矣。

后秦帝国不过三十四年，地盘不过陕西半省，便做了一大堆春梦，而做了春梦和头上有神光的结果，子孙被杀罄尽，是祥是凶，是瑞是祸，恐怕连姚苌先生自己都得瞪眼。

五胡乱华中第一个揭竿而起的，并不是汉赵帝国的“高祖”“光文皇帝”刘渊先生，而是成汉帝国的“太宗”“武皇帝”李雄先生。他阁下在四川省搞了一个独立政府，前后四十四年，比刘渊先生的汉赵帝国多过了十八年的瘾。只是刘渊先生位居中原，四方瞩目，而李雄先生的据点在当时的边陲，不太惹人注意，才多拖了十八年，如果换到中原，说不定完蛋得还要快。

15. 满天都是飞虫

成汉帝国的祖先是“巴西宕渠人”，此巴西非南美洲那个人人向往，用贪污的银子可以买到橡园农场的巴西，乃四川省的“巴西郡”也，郡治在今四川阆中。宕渠，地名，即今的四川渠县。李雄先生乃是洋大人，怎的忽然成了四川人乎？不用说就可知道其中必有一段鬼话。这鬼话听起来不像一小撮人，倒像是一个新兴的伟大民族，恍恍然不可一世。

《晋书》（卷一二〇）上说，湖北省长阳县，有一座大山，曰“武落钟离山”。在太古时候，不知道哪一天，该山忽然崩裂，是火山爆发崩裂了乎，抑玉皇大帝把它一斧劈下崩裂了乎？史书没有说明，反正是忽然崩裂，留下两个大山洞，其一“赤如丹”，其一“黑如漆”（这是史书上原句，好像莲花落）。

留下两个大山洞不算稀奇，稀奇的是，山洞里忽然冒出了一批人。史书对这些人的来源没有交代，是玉皇大帝放进去的乎，抑是石头变的乎，又抑是别的游民行猎到此，住了下来的乎？反正冒出来人之后，从红洞中冒出来的曰“务相”，姓巴。从黑洞中冒出来的，不知道叫啥相啦，但却有四个姓，曰曋氏、攀氏、柏氏、郑氏。五姓都自以为自己是真神，互不相让，于是就来一个公开竞赛。第一回合是，谁能飞刀击中小屋，谁是活神仙，结果其他四姓全落了空，独巴先生一刀中的。第二回合是，每人都用泥塑一条船，塑好了之后，加以雕刻，然后推到水里，谁的泥船不沉，谁就是活神仙，结果四姓的船全沉啦，独巴先生的船不沉。于是他阁下就成为“廪君”，廪君者，头子也。

巴先生当了头子后第一件大事，就是搬家（大概山洞太苦）。大家一齐坐到该泥船上，顺着夷水而下，直抵盐阳，盐阳有一位水神，是一位漂亮小姐,对巴先生曰:“此地是鱼盐之乡,地又广大,我们在一起吧,不必往别处去啦。”(该女神是怎么跟他说的欤?托了一梦,抑到码头上和他握手言欢?)可是巴先生不肯。

史书写到这里,忽然又出来一位“盐神”。该盐神是不是该“女神”,我们不清楚,反正该盐神也是一个女的,而且爱巴先生爱的死脱。当天晚上,她就溜到他床上跟他成了夫妻,第二天摇身一变,满天都是飞虫,连太阳都看不见啦。巴先生大怒,舞刀乱砍。不过刀砍飞虫,结果可知,这样一直砍了十几天,几乎累断了筋,他只好心生一计,送给该多情的盐神一个蝴蝶结(书上谓之“青缕”)。柔声曰:“打铃,亲爱的,你把这个戴上吧,戴上这个,我就跟你同住在此,啥地方都不去。”盐神被爱情迷了心窍,果然戴上,等到她再化成飞虫阻碍他出发时,巴先生照着有蝴蝶结的该虫一箭,就把她射死。

盐神一死,天地开朗。船到了夷城,看见一块平板大石,就在那里住了下来。呜呼,一个小局面而又短命的王国,其祖先却如此的多彩多姿,真不简单。

上面介绍的是成汉帝国皇帝的祖先,现在且看它第一任皇帝“太宗”“武皇帝”李雄先生吧。依照鬼话定律,凡能盘踞一个地盘的头目,必有其异禀异样,李雄先生的政权虽远处边陲,也不例外。话说李雄先生的爹李特先生(衔头“始祖”“景皇帝”),娶妻罗女士,那就是说,罗女士就是成汉帝国第一任皇帝“太宗”“武皇帝”的娘。有一天,该太宗兼武皇帝的娘去井边汲水,汲着汲着,当场出彩。原来她阁下忽然昏昏迷迷,像是睡了一样,梦见一条蛇,绕着她的玉体。该大蛇和该皇太后性交了没有,正史上含糊不提,依逻辑判断,恐怕是免不了那一套,否则她何至马上就怀了胎,就大了肚子乎?如此这般,怀胎怀了十四个月。嗟夫,你十八个月,他十六个月,我则十二、十三、十四、二十个月,看谁的时间长。

李特先生有两子,长子李荡先生,也是一员战将,其降生时也有花招。他娘梦见有两条彩虹,从大门一直升到半天,其中一条拦腰折断。于是老头李特先生曰:“我这两个儿子,如果有一个先死,活着的那个一定大富大贵。”后来李荡先生战死，剩下弟弟李雄先生，他就非当“太宗”“武皇帝”不可(这段鬼话，恐怕是李荡先生战死后，李特老家伙编出来安抚众心的)。《晋书》(卷一二一)上说，李雄先生身高八尺三寸，英俊漂亮(虫子虫孙，当然英俊漂亮)，摇尾博士刘化道先生，“见而异之”，对别人曰：“李姓子弟中，李雄长得最怪，一定会当王当帝。”他阁下在历史上不过一个小毛虫而已，“正史”便写了这么多行。一旦柏杨先生心狠手辣，也变成小毛虫，恐怕写“正史”的鬼话家，更要大忙一阵。

五胡乱华最最短命的政权之一，是后凉帝国。从头到尾，从第一任皇帝吕光先生，撩袍端带，敲锣登场，到戏尽人散，各奔前程，统共不过十三年。上小学时念的书上还是吕光先生万岁的，高中二年级时睁眼一瞧，姓吕的已绝了种啦。然而十三年也好，小朝廷也好，反正“正史”只认权势，不认事实。吕光先生的衔头是“太祖”“懿武皇帝”，呜呼，只要沾上一点“祖”一点“帝”，就铁定的不同凡品。吕光先生在荒凉的河西走廊上搞的局面虽微不足道，但他的花招却不亚于那些长命王朝的头目，甚至还要锣鼓喧天。《晋书》(卷一二二)上说，吕光先生诞生那一天，忽然有一道神光，从天而降，所以命名曰“光”(依此逻辑，柏杨先生当初诞生时，一定有棵杨树掉下来)。十岁时候，和邻居孩子们打群架，竟然懂得战阵之法，成了孩子们的首领。长大了以后，除了照例是个人个子外(身高八尺四寸)，还和西楚霸王项羽先生一样，眼睛里有两个瞳仁，真是吓死人者也。这还不算，他阁下左肘上还有一个肉印，在铸印局做事，或在街头摆刻字摊的朋友，真可去上吊矣，于是王猛先生“见而异之”曰：“此非常人。”

16. 院中找草

吕光先生左肘上不是有一个肉印乎，等到他带兵攻打西域诸国时，该肉印忽然隆了起来，俨然两个大字，曰“巨霸”。鬼话专家搞出这些玩意儿，已够混蛋啦，想不到更混蛋的还在后头哩。三更半夜，兵营外忽然冒出来一个黑漆漆的东西，像半截河堤，头上有角，在那里摇来摇去，两只眼睛如同两道闪电。闹了一夜，天亮时大雾弥漫，再去瞧时，已啥都瞧不见矣。可是南北五里，东西三十余步，鳞甲痕迹，却赫然还在。吕光先生大概是国立台湾大学堂生物系毕业的，一看就知道它是啥玩意儿，不但知道它是啥玩意儿，还知道它是啥颜色。乃笑曰：“黑龙也。”一句话大概道破了该黑龙的真相，所以一言未毕，就浓云四起，西北角降下一阵暴雨，把鳞甲痕迹冲洗了个净光。吕光先生的大将杜进先生引经据典曰：“龙者，神兽，人君利见之象。易曰：‘见龙在田，德施普也。’斯诚明将军道合灵和，德符幽显，愿将军勉之，以成大庆。”不过短短十三年，一个小地方的小头目，玉皇大帝竟也为他如此劳师动众，真是不可思议。

吕光先生的“凉”是后凉，另外还有几个“凉”，曰“前凉”，曰“北凉”，曰“南凉”，曰“西凉”。虽千篇一律都是短命角色，但头目们却照样有他的异禀异样。前凉王国的原始头目张轨先生（衔头“太祖”“武王”），是凉州（甘肃武威）的州长（刺史），《晋书》（卷八六）上说，他去凉州上任前，曾算了一卦，卦曰“泰之观”。玉皇大帝在冥冥中，就借着该几根签，示知机宜，他阁下大喜曰：“霸者兆也。”北凉王国第二任国王沮渠蒙逊先生（衔头“太祖”“武宣王”），《晋书》（卷一二九）上说，他生时虽没有“紫气冲天”，却在受后秦帝国封为西海侯之后，张掖城内，每晚都有夜光出现。他阁下也大喜曰：“王气将成，百战百动之象也。”南凉王国的开国头目兼第一任国王秃发利鹿孤先生(衔头“烈祖”“武王”),坐凉王宝座的第二年(401),《晋书》(卷一二六)上曰:“龙见于长宁(青海西宁),麒麟游于绥羌(甘肃宁定)。”柏杨先生想,龙之为物也,大概和这年头的国大代表一样,每月无所事事,而只备露一手之用。西凉王国开国头目兼第一任国王李暠先生(衔头“太祖”“武昭王”),也很复杂。《晋书》(卷八七)上说,他阁下家里长有一种“蜗草”,而且马生小马,竟然白额。白额驹是啥,我们虽没有见过,想想也就明白矣。蜗草是啥,柏杨先生就木宰羊,大概是一种曲曲弯弯的草,有志之士,不妨经常在院子里找之,万一找到这种妙草,就不必再发愁啦。玉皇大帝既已内定你要当“太祖”,你就是坐在沙发上,都有烤好的面包夹草莓果子酱掉到你尊嘴里。

慕容皝先生和慕容俊先生,其短命的燕帝国,史学家称之为“前燕”,和北京卖剪刀的王麻子一样,你也王麻子,我也王麻子;上段介绍的“凉”,是你也“凉”,我也“凉”,结果都凉啦。“燕”也如此,慕容氲先生把前燕帝国折腾亡了之后,接着你也“燕”,我也“燕”,大家都“燕”,史学家只好分称之为前焉后焉南焉北焉西焉。于是,除了前燕帝国之外,还有“后燕帝国”“北燕帝国”“南燕帝国”“西燕帝国”。“前燕”既然花招于前,其他的“燕”如果没有点花招于后,鬼话家恐怕晚上连觉都睡不着。

后燕帝国自立国到末代头目慕容熙先生被人捉住杀掉,不过二十四年,实在无聊。但我们看他无聊,鬼话家却看他颇有聊也。开国头目兼第一任皇帝“世祖”“武成皇帝”慕容垂先生,是前燕“太祖”“文明皇帝”慕容皝先生的儿子之一。《晋书》(卷一二三)上说,他阁下从小就很有器度,身高七尺四寸,尤其是胳膊特别长,手垂下来越过膝盖。呜呼,“双手过膝型”也是公式之一,柏杨先生这一辈子还没见过谁的手能垂到膝盖以下的,倒是动物园里见过,猿猴猩猩之类,无不有这种异禀异样,它们将来能不能提三尺剑,崛起布衣,我不知道。我只知道胳膊一旦如彼之长,双手一旦垂到脚面上,其模样恐怕是实在难以入目。不过既成为公式,必有连环一套,接着就出笼“见而异之”。慕容皝先生尝对人吹他的这位儿子曰:“此儿阔达好奇,终能破人家,或能成人家。”

北燕帝国是后燕帝国的养子,除了“燕”字之外,无一相同,而且比后燕立国还多了六年,但也只有三十年,当然也是短命政权。“太祖”“文成皇帝”冯跋先生,不过一个庸碌的饭桶罢啦,窝囊了二十多年,身死之后,国亡剧散。可是你猜正史上为他弄出些啥鬼话乎哉?《晋书》(卷一二五)上说,他所住之处,每每冒出云气(好像他还兼开温泉旅馆),该云气冒出来后,不是随随便便风一吹就吹散啦,而是结成了高楼大厦,万众称奇。有一天晚上,他忽然看见天门开啦(心脏衰弱的朋友小心一口气接不上来),一道神光赫然下降,落到内院(编来编去,跳不出老套)。又有一天,他阁下的弟弟冯素弗先生和堂兄冯万泥先生,以及其他一群地痞流氓,到河里游泳,一条金龙在水上浮着,顺流而下。——写到这里,得抄抄原文,盖我实在是看不懂,无法翻译成白话。原文曰:

初,(冯)跋弟素弗与从兄万泥及诸少年,游于水滨,有一金龙,浮水而下,素弗谓万泥曰:颇有见否?万泥等皆曰:无所见也。乃取龙而示之,咸以为非常之瑞。

看不懂的是,谁把龙取出的乎?看情形好像是冯素弗先生,他怎么取出的乎,就是一条泥鳅,要从水里取出,都得手忙脚乱,何况有神仙之称,且会腾云驾雾,体积庞大的龙老爷乎?而竟探囊取物,一取即出,还叫大家瞧瞧,听起来好像是柏杨先生哄小孙女睡觉时说的瞎扯故事,不像是堂堂“正史”。

然而,这还不算,冯跋先生在山里走路的时候,奇迹来得更为凶猛,“每夜独行,猛兽常为避路”,你说混蛋不混蛋,看起来他当上了“太祖”“文成皇帝”,真有点糟蹋了他,早知道连野兽都避他的路,介绍他去马戏团谋一个耍狮子老虎的差事,恐怕比他当皇帝的成绩,要斐然得多也。

17. 钻到肚脐眼里

中国历代政权的兴衰过程，差不多都是从一个模子浇出来的。先是老家伙拳打脚踢，提着头乱闯，不幸失败，被人捉住，当作大贼巨寇兼不安分的奸民，喀嚓一声，身首异处，尸首拖去喂狗。一旦闯出点万儿，坐上了金銮宝殿，就成了"啥祖""啥宗""啥皇""啥帝"，连耶稣基督、太白金星，见了他都坐卧不安。但问题也就这么无情，一旦老家伙翘了辫子，政权传到儿孙手里，好像政权不是老家伙打出来的，而是真的靠异禀异样，从天上掉下来的。于是乎，政权好像猴子，老家伙头破血出，好容易抢到手，才有猴儿戏可唱。儿孙们却不但不知道爱惜猴子，反而饿它渴它，打它杀它，结果猴子死啦，或猴子被别人牵走啦。回想起来唱猴儿戏的热闹场面，真是一场美梦。后燕帝国开山老祖慕容垂先生，一直到五十八岁，才搞出点名堂，可是他死了之后，政权也就跟着完蛋，国土分裂为二，在北边的是北燕帝国，在南边的是南燕帝国。北燕帝国已经谈过，现在该谈南燕帝国矣。

南燕帝国开国头目兼第一任皇帝"世宗""献宗皇帝"慕容德先生。此公一介武夫，既无谋，又无智，既没有大志，又没有度量，在山东省境内搞了个小局面，自己娱乐自己而已。从他当皇帝那一天起，到他侄儿末代帝崽慕容超先生被晋帝国捉去，绑赴刑场，隆重斩首为止，一共十三年(398—410)，可是"正史"却颇弄了他一些玄虚。《晋书》(卷一二七)上说，慕容德先生的娘公孙女士生他时，表演的是"乱做春梦"，梦见了一个太阳。善哉善哉，你猜该太阳跑到哪里去啦？该太阳真是一个色狼，竟钻到她肚脐眼里去啦，这一钻不打紧，钻出来一个"世宗""献武皇帝"，慕容德先生是在他娘白天睡午觉时生的。还没有到二十岁，就身高八尺二寸(二十岁以后身高多少，

“正史”上没有说），非常雄伟，而且额角隆起，眼角有纹，好学不倦。这一套的原文是——

慕容德，字玄明，皝之少子也，母公孙氏梦日入脐中，昼寝而生德，年未弱冠，身长八尺二寸，姿貌雄伟，额有日角，偃月重文，博观群书，性清慎，多才艺。

这是他的降生和他的少年时代。当皇帝时，王景晖先生送上《玉玺图谶秘文》曰：“有德者昌，无德者亡，德受天命，柔而复刚。”又有童谣曰：“大风若勃扬尘埃，八井三刀卒起来，四海鼎沸中山颓，唯有德人据三台。”中山（河北定县）是后燕首都，三台指慕容德先生当时所居的邺城（河南临漳。内有“铜雀台”“金虎台”“冰井台”）。德人，当然不是德国朋友，而是慕容德先生。呜呼，他阁下不过一个小小豆芽菜，而竟有如此多的神仙为他服务，不觉得有点不好意思乎？

西燕实在是一个特殊的帝国，柏杨先生得特别端出学院派嘴脸。盖事情太黄，不端出学院派嘴脸，难以堵正人君子的尊口，同时也免得有人说我老不正经，趣味低级。夫西燕立国，从发动到亡国，不过十一年（384—349），辖地面积只山西省五分之一，虽不比其他短命政权差到哪里去，可是它却在皇帝身上出了毛病，就和其他短命政权迥异了也。

历史上原始头目焉，开国帝王焉，这个“祖”焉，那个“宗”焉，其出身差不多都是强盗、流氓、无赖、土匪。斯斯文文的，似乎只有王莽先生、刘秀先生等三四人而已。故每一个王朝开始时，那种乱七八糟之状，都会使人叹为观止。不过即令再叹为观止，却始终没有发现谁的出身是卖屁股，以供人鸡奸起家的。有之的就是西燕帝国开国头目慕容冲先生。他阁下原是前燕帝国的皇子，前燕灭时，他才十二岁，长得又白又嫩，面如桃花。他的姐姐清河公主，那年才十四岁，也千娇百媚，勾人魂魄。苻坚先生一见，七魂出窍，对清河公主不用说啦，收归私有。对慕容冲先生，则鸡奸一番——不仅只一番，而且七、八、九、十番，成了正常的性行为。呜呼，有政权在手的朋友真应戒慎恐惧才对,有权在手时,固是皇子皇女,一旦猴子没啦,皇女被强奸,皇子被鸡奸,就实在羞辱到老坟里去矣。苻坚先生左边抱着十四岁的姐姐,右边抱着十二岁的弟弟,正之顺之,前之后之,真是奇观。

我老人家说慕容冲先生以供人鸡奸起家,出自正史,《晋书》(卷一一四)上曰:“初坚之灭燕,冲姐为清河公主,年十四,有殊色,坚纳之,宠冠后庭。冲年十二,亦有龙阳之姿,又幸之。姐弟专宠,宫人莫进。”

“龙阳”俗称“相姑”,以屁股供人泄欲的男人也。肮脏猥亵,真是放不到桌上面。因为他阁下的屁股太过分了的缘故,长安就有歌谣曰:“一雌复一雄,双飞入紫宫。”又曰:“凤凰凤凰止阿房”,而慕容冲先生的乳名,正是“凤凰”。可是虽然出身如此,但你猜他的衔头是啥,曰“威皇帝”,呜呼,俗云:“有钱的王八坐上席。”在“正史”上,有权的王八同样坐金銮殿。

18.“成大事不恤小节”

西秦王国是一个中等寿命之国,从“烈祖”“宣烈王”乞伏国仁先生抛头露面,到他的侄孙乞伏暮末先生被斩草除根止,共计三十七年,所占土地,不过甘肃省中部一部分,举国荒凉,玩具政权而已。但玩具虽然玩具,政权总是政权,于是“正史”上免不了要放二十四响大炮,散播点毒菌。

《晋书》(卷一二五)上说,乞伏国仁先生,鲜卑人也。其祖先原本分为三部,从蒙古沙漠地带往甘肃省内迁的时候,在大阴山碰见一条大虫,这大虫不是武松打虎的大虫,却活像一个乌龟,看起来足有一座小山那么大。祖先们吓得要死,杀马祭之,祝曰:“您如果是善神,就请腾开一条路,让我们过去。如果是恶神,只好就请不要动啦。"用不着打听,该大虫准是善神,于是祷告既毕,它就忽然不见,而有一个小孩子在焉。史书写到这里,戛然而止,原文曰:"俄而不见,乃有一小儿在焉。"却没有了下文,该小儿是如何的"在焉",祖先们问了他些啥话,他又跟该大虫有啥关系,毫无交代。只有文言文,才有这种酱缸文法。

五胡乱华十九国中,有两个畜牲型头目,一是后赵帝国的"太祖""武皇帝"石虎先生,前已介绍过他的把势矣,另一是胡夏帝国的"世祖""武烈皇帝"赫连勃勃先生。赫连勃勃先生似乎比石虎先生还要畜牲,脑筋里除了禽兽的想法外,简直没有人类的想法。举一个例子就可知其余矣。有一次打败仗,被北魏帝国大将叱干佗斗伏先生捉住,要押送到北魏帝国首都平城(山西大同)处刑,叱干佗斗伏先生的侄儿叱干阿利先生驰书劝曰:"鸟雀投人,尚宜济死,况勃勃国破家亡,归命于我,纵不能容,犹宜任其所奔,今执而送之,深非仁者之举。"

但叱干佗斗伏先生却不敢放他,叱干阿利先生索性伏兵在道,半路杀将出来,把他救走。救走后投奔后秦帝国大将没奕于先生,没奕于先生不但收留了他,还把女儿嫁给他。可是等他稍微安定下来,集合旧部,假装出猎,竟突入没奕于先生军营,把救命恩人兼岳父大人杀掉,而把他的部下吞并。呜呼,有些为虎作伥的正人君子说,打天下的人自不能顾到小信小义,学院派的话是:"成大事者不恤小节。"但对恩主杀戮得如此之惨,不能谓之"小节"。呜呼,天保佑读者老爷,认识"成大事者不恤小节"的朋友,越少越好,免得他"成大事"时,用你这个"小节"祭刀。

这里也有"见而异之"节目。此节目出在刚才说过的可怜的没奕于先生,叱干阿利先生不是跟赫连勃勃先生同时投奔他乎,史书(《晋书》卷一三〇)上曰:"勃勃身长八尺五寸,腰带十围,性辩慧,美风仪。"以致后秦帝国的"高祖""文桓皇帝"姚兴先生,都"见而异之"。姚兴先生见而异之没关系,不过给了他一个官做,封他当骁骑将军,加奉车都尉,常参军国大事。而没奕于先生见而异之的结果是，断送了一个如花似玉的女儿，兼自己全家性命。柏杨先生顺便在此奉劝一些眼尖的朋友，遇到“见而异之”的时候，要特别小心，万一碰上赫连勃勃这种畜牲，那就糟啦。

五胡乱华十九国时代的一些头目，如此如此，现在该介绍南北朝时代的一些头目矣。先说“宋”吧，这个“宋”不是大统一时代，以开封为首都的宋帝国，而是南北朝短命政权的刘宋帝国。不过短命虽短命，豆子堆里挑茄子，在短命行列里，还是长命的也。从420年开张，到479年末代帝崽被杀为止，整整搞了六十年，真叫那些“燕”“赵”“夏”“凉”，羡慕得要死要活。

刘宋帝国的开国头目兼第一任皇帝是“高祖”“武皇帝”刘裕先生，此公虽然只过了三年的皇帝瘾，但因是“祖”字辈的缘故，当然势不可当。史书（《宋书》卷一）开宗明义就说他“少有大志”，曰：“高祖（刘裕）以某年某月生，身长七尺六寸，风骨奇特，家贫有大志，不治廉隅，事继母以孝谨称。”这些话用到谁身上都可以，乃“老狗屁”八股也，但总算说得过去。说不过去的是神仙们为他阁下玩的其他花招，《南史·宋本纪》上说，他阁下于363年3月生的时候，有一片“神光”，照得满屋通明。而就在满屋通明的当时，玉皇大帝特地吩咐太白金星降下几滴甘露到他家墓地的树上（问题是，树上有甘露，不知道是谁发现的。新闻记者三更半夜去瞧了瞧乎，抑刘裕先生的娘梦见的乎？）。

后来刘裕先生长大啦，有一天，闲逛到京口（江苏镇江）竹林寺，大概推了一夜牌九，疲倦不堪，就在寺内讲堂之前，倒头大睡起来。他这一睡不打紧，身上（也可译“讲堂上”）竟出现一条龙，而该龙跟巴西亚马逊河的毒蛇一样，还是五色的。和尚们一瞧，吓了一跳，赶紧把他唤醒告之，刘裕先生大喜，但仍以唯恐不被说服的声调曰：“大师傅，你瞎说些啥呀！”

刘裕先生的祖坟在丹阳（江苏丹阳）候山，想当年秦王朝时候，有人在咸阳向西南眺望，曰：“曲阿（江苏江宁）丹阳间有天子气。”这气就是刘裕先生的气。从秦到南宋，五百年矣，五百年前就有气冒出来,大人物的劲头真是凶猛得很也。柏杨先生已去信给英国格林威治天文台啦,请他们用望远镜上下乱望时,也顺便望望台北柏府所在,看有没有这种"气"。如果有这种"气",五百年后,柏家就不得了啦,准出天子。摇尾朋友,先行下手猛拍可也。然而,冒"气"还不算,当时有一位铁嘴大学堂毕业生孔恭先生,跟刘裕先生是好朋友,有一天二人经过刘裕先生的祖坟,孔恭先生假装不知道是刘裕先生的祖坟,刘裕先生也假装是别人的坟,顺口问曰:"此坟如何?"孔恭先生曰:"这块地了不起呀了不起。"

刘裕先生听啦,就更自命不凡。然而最使人瞪眼的是,刘裕先生不论到哪里,总不时有两条小龙爬到他身上,或上山打柴,或下河捉鱼,他的同伴也有看见的。等到以后做了大官,该两条小龙也跟着变大。于是柏杨先生真想给"教育部"上个条陈,应该下令给各级学堂,每天都要检查一次学生的身体,看有没有小龙之类的玩意儿附之,有的话趁早把他弄上金銮宝殿,免得打来打去,苍生遭殃。

19. 几个模式

仅只龙还不够劲,又有蛇亮相,真是"牛马龙蛇",一窝畜牲。有一天刘裕先生去新洲(江苏江宁北长江中小岛)砍柴,正在砍得起劲,忽然腥风乍起,芦草中传出一声怪响,心知有异,正要开溜。说时迟,那时快,已蹿出一条大蛇,头如巴斗,身似车轮,目光如炬,闪闪吐舌。刘裕先生逃也逃不走,跑也跑不掉,只好索性英明盖世,腰间掏出弓箭,照着蛇先生就是一箭,正好射中它阁下的尊眼。

射蛇是件平常的事,但发生在大权在握的家伙们身上,就不平常啦,连蛇也要变成人啦。史书(《南史》卷一)上说,第二天,刘裕先生又去老地方砍柴,听见杵臼声音,找到一瞧,有几个少年正在捣药,就问他们为谁捣药呀,答曰:“我家大王被刘寄奴那小子射伤,合散敷之。”寄奴是刘裕先生的乳名,他阁下一听,有点苗头,就又问啦,该大王既是神仙,为啥不杀刘寄奴呀?答曰:“刘寄奴王者不死。”刘裕先生大喝一声,把他们驱散。从前刘邦先生斩了一条蛇,如今另一个姓刘的射了一条蛇,天老爷如此煞费苦心,先后弄出两条蛇,叫它们挨刀挨箭,二人自然非同小可矣。

不但老子非同小可,儿子也非同小可。刘裕先生的儿子“太祖”“文皇帝”刘义隆先生,也要有花枪。史书(《南史》卷二)上说,他阁下当“荆州刺史加都督”时,西方天上忽然出现一条黑龙。不特此也,黑龙四周的云还都是五彩的。不特此也,江陵(湖北江陵)城上也有了紫云,于是铁嘴博士就知道西方要出头目。这一段不妨抄抄原文,文曰:

> (刘义隆)封宜都郡王位镇西将军荆州刺史(这个衔头,叫人起敬,可是那一年他阁下才十四岁,真狗娘养的),初有黑龙见西方,五色云随之。二年,江陵城上有紫云,望气者皆以为先王之符,当在西方。

不但儿子有花枪,孙子也有花枪。刘义隆先生的儿子刘骏先生(衔头“世祖”“孝武皇帝”),也不简单,他生的时候,也是“有光照室”(真想不通,哪里来的那么多光,动不动就照)。除了这些,还有别的八股:他在彭城(江苏铜山)当雍州刺史时,北魏帝国代表李孝伯先生前来拜会,刘骏先生自顾形惭,不敢面对现实(也可能恐怕魏国人把他突击捉走),就说他病啦,叫秘书长张畅先生代表他接待,而他却换上便衣,站在一旁伺候。谈判的时候,李孝伯先生总是瞧他,等到告辞出来,对别人曰:“张畅先生旁边有一个人,风骨瞻视,非常士也。”这典故我们听得太多啦,赵武灵王赵雄先生和曹魏武帝曹操先生,都玩过这把戏,他们二位是创业人物,有两把刷子是必然的，至少脸上可能有一种倔强不屈的光彩，被人瞧着不同平常。而刘骏先生算啥东西，他死时才三十五岁，如此短命，不满脸苍灰才怪，然而“正史”上硬是如此闲扯卵淡，我们有啥办法哉？

他阁下还继续有精彩的法宝，曰“忽然不见”。他爹刘义隆先生被杀之后，大家捧他回京城（南京）讨逆。到了京城，大家都不知道仪礼，有一位老头说，他从前曾随过刘裕先生北征，颇为了解，就在军营之中，指挥安排。等到一切都妥当啦，该老头便“忽失所在”，大概耶稣先生在南天门用吸尘器把他吸走啦。

刘骏先生当了皇帝之后，闲来无事，就到华林园审问官司，史书称之为“听讼华林园”。这一听不打紧，耶稣先生大悦，吹了一口仙气，好啦，祥瑞出现。华林园有一座“芳春琴堂”（这个名字有点别扭），堂东有一棵橘树，堂西也有一棵橘树，两棵橘树的枝叶忽然绕在一起，成了连理（大概自由恋爱，结了婚矣）。华林园还有一座“景阳楼”，楼上西南角梁栋间也往外乱冒紫气，华林园另外有一座“清暑殿”，瓦洞中也生出一棵“嘉禾”，该嘉禾有五个穗。呜呼，读这种“正史”，叫人眼痛。

第八任皇帝刘昱先生，是被忠贞分子乱刀杀死的，死的时候才十五岁，但他也有他的二十四响礼炮。原来当他初生时，他爹刘彧先生乱做春梦，梦见有人骑马，而该马竟然没有头，也没有后腿，真是奇怪之梦也，大概耶稣先生特地叫使徒保罗变一只马，以暗示刘昱小子没有好下场。

刘宋帝国最后一个帝崽是刘准先生，史书（《南史》卷三）上说，他“姿貌端华，眉目如画，见者以为神人”。神人的结果是，当了三年窝囊皇帝，被软禁在丹徒（江苏丹徒）。有一天，伺候他的忠贞分子照他的龙心上捅了一刀。呜呼，刘裕先生父焉子焉，祖焉孙焉，都拥有过多的异禀，好像全体神仙都是旅馆的侍者，为他的小朝廷手忙脚乱。可是，六十年后，他阁下的子孙，无大无小，无男无女，却被屠杀个净光。史书上有两句话，包括了多少血泪，曰：“宋之王侯，无少长皆幽死。”真是阔的时候神仙为之不安，垮了台连猪狗都不如。祥瑞也者,异样异禀也者,不过一堆臭狗屎。

刘宋帝国完了蛋之后,接着是南齐帝国。开山头目“太祖”“高皇帝”萧道成先生,降生的时候也奥妙非常。《南史·齐本纪》上说,他阁下“龙颡钟声”“鳞文遍体”,“颡”是前额,前额如龙,怎么个如法,难以解释,大概是凸凸的焉。说话的声音像洪钟,一定元气充沛。至于“鳞文遍体”,恐怕是一种奇特的皮肤病。他家在江苏武进,附近有一棵桑树,足有三丈高,枝干向四方发展,远远望之,俨然皇帝用的伞盖。萧道成先生小的时候,经常在该树底下玩尿泥,于是他的堂兄萧敬宗先生曰:“此树为汝生也。”呜呼,当时玩尿泥的顽童一定很多,为啥专为萧顽童生,而不为别的顽童生乎?这段臭八股我想读者老爷一定很面熟,刘备先生想当年也是有伞盖的也。

史书(《南史》卷四)上记载他阁下以及他的儿子萧赜先生的花样,似乎是“正史”上最多的两个,看起来也同样很面熟。现在分别归纳到七个模子里,以醒眉目,而便瞪眼。

一　骑龙上天式

萧道成先生十七岁那一年,有一天,做一个怪梦,梦见骑了一条青龙,直上西天,上西天干啥乎哉?原来去追逐太阳。鬼话原文:

帝(萧道成)年十七时,尝梦乘青龙,上天西行逐日。

二　祖坟冒烟式

萧道成先生祖坟在武进彭山,那一带真是好风水呀好风水,冈峦起伏,连绵数百里,上面常有五种彩色的云,飘飘荡荡,硬是奇观,而且还有龙游来游去。鬼话原文:

帝(萧道成)旧茔在武进彭山,冈阜相属,百里不绝,其上常有五色彩云,又有龙出焉。

三 伪造情报式

萧道成先生后来当了刘宋帝国的大官,可是他的官越大,功越高,刘宋帝国皇帝刘彧先生对他也越猜忌。听说他的祖坟冒烟,便派了一位铁嘴大学堂风水系主任高灵文先生,前往察看。高灵文先生一瞧,不得了啦,有一股劲在该祖宗棺材里硬往外鼓,非出皇帝不可。既是真龙天子,小民有啥法哉?于是回来向刘彧先生做假报告曰:"没啥没啥,不过出大官而已。"可是却悄悄对萧道成先生曰:"老哥,你准备坐龙廷吧。"但刘彧先生仍不放心,又派了一些左道旁门前去祭起法术,破坏该棺材里的奇劲,可是忽然天上响起大雷,把大家吓跑。鬼话原文:

上(萧道成)时已贵矣,宋明帝(刘彧)甚恶之,遣善占墓者高灵文往墓所占相,灵文先给事太祖(萧道成),还,诡答曰:"不过出方伯耳。"密白太祖(萧道成)曰:"贵不可言。"明帝(刘彧)竟犹未已,遣人践藉,以左道厌之……忽龙鸣,响山谷。

四 神仙露脸式

因为刘彧先生对在朝所有大官,都非常猜忌,所以萧道成先生心中惶惶,害怕得要死,而刘彧先生对他尤其疑心,常对人曰:"萧道成的模样,不像一个人臣。"不像人臣,当然像帝王,他就更屁尿直流。于是有一天,一位神仙对他开保单曰:"不要怕,有我保护,你的子孙一定昌盛。"鬼话原文:

明帝(刘彧)寝疾,为身后之虑,多翦功臣,上(萧道成)镇淮阴,每怀忧惧,忽见神人,谓上(萧道成)曰:"无所忧,子孙当昌盛。"

——这段鬼话有两个问题,第一,"神人"这玩意儿是啥,怎么忽然出现了欤?其形状如何?说罢这话之后,又到哪里去啦?臭八股

“忽然不见”了乎，抑要了一个别的花招，翻斤斗上天复命了乎？第二，假如真有这么一个“神人”，则该神人也是骗子大王，满口应允萧道成先生“子孙昌盛”的，结果是啥，读史的朋友都知道，只不过十五年，他阁下的子孙便被萧鸾先生杀了个血流成河，一根毛发都没有留下来。呜呼，昌盛。哀哉，昌盛。

五　别人之口式

467 年，萧道成先生和孙奉伯先生，二人是老朋友啦，同住在一间房子里。有一天，孙奉伯先生做了一梦，梦见萧道成先生骑了一条龙，飞上青天。他赶忙往龙身上爬，却没有爬上，不但没有爬上，连龙脚都没抓住。醒来后对萧道成先生曰：“你阁下将来一定不同凡品，我恐怕等不及矣。”果然不久就翘了辫子。

除了孙奉伯先生，还有一个也是做梦的，其梦更妩媚动人。有一个叫崔灵建的军官，不知道怎么搞的，梦见“天”对他曰：“萧道成是俺第十九子，我去年就内定他当皇帝啦。”盖鬼话家说，自三皇五帝一直算下来，算到萧道成先生，恰恰是第十九个皇帝也。鬼话原文：

泰始三年(467)，宋明帝(刘彧)遣孙奉伯往淮阴，旧与帝(萧道成)款，是行也，帝(萧道成)与奉伯同室卧，奉伯梦上(萧道成)乘龙上天，于下捉龙脚不得，及觉，叙梦，因谓曰：“兖州(萧道成)当大庇生灵，而弟不得也。”奉伯竟卒于宋世。又参军崔灵建，梦天谓己，萧道成是我第十九子，我去年已授其天子位。考自三皇五帝以降，受命之次，至帝(萧道成)为十九世。

六　抬头见气式

铁嘴大学堂望气系主任陈安宝先生，有一天，忽然看见萧道成先生身上直往外蒸发紫黄色的气(柏杨先生前天在麻将桌上，十六圈没有开和,输得身上直冒白气,不知是属啥吉兆也)。这一发现不打紧,陈安宝先生对王洪范先生曰:“这家伙前途辉煌,了不起,了不起。”萧道成先生老家在武进,有一条小路,相传它是“天子路”,有人说秦王朝时嬴政大帝曾经去过,有人说是东吴帝国时孙权先生的御道。自从萧道成先生大权在握,大家遂一致认为“东城天子出”。当时刘宋帝国亲王刘休仁先生正坐镇武进,刘宋帝国皇帝刘彧先生放心不下,就把刘休仁先生杀掉,而且自己还到武进城东,住了两天,以压王气。盖大家不是都说城东“天子出”乎,好吧,俺就是天子,我出来啦,该没事了吧。殊不知一旦玉皇大帝和观音菩萨动了春心,非叫某人当头目不可,那种气便是用山都挡不住。后来一位亲王刘准先生也坐镇武进,等到第八任皇帝刘昱先生垮台,由刘准先生继承,大家都以为对啦,对啦,“东城天子出”,果然出了天子啦,已经应验啦。然而“术数者”以为不然,刘准先生乃末代帝崽,其结局是喀嚓一刀,没有全尸,算不得真命天子。而萧道成先生家正在东城,该王气乃是他阁下家里冒出来的也。鬼话原文:

望气者陈安宝见上(萧道成)身上恒有紫黄气,安宝谓王洪范曰:“此人贵不可言。”所居武进县有一道,相传云“天子路”,或谓秦始皇所游;或云系吴孙时旧迹。时讹言东城天子出,其后建安王休仁(刘休仁)镇东府,宋明帝(刘彧)惧杀休仁,而常闭东府不居。明帝(刘彧)又屡幸,改代作伐,以厌王气。又使子安成王(刘准)代之。及苍梧王(刘昱)败,安成王(刘准)代之,时咸以为验。术数者推之,上(萧道成)旧居武进东城村,“东城”其在此也。

七 有诗为证式

478年,也就是南宋帝国灭亡的那一年,延陵乡季子庙有一个沸井,沸井之北,忽然有一种金石相撞的声音。有人心中痒痒,动工开凿,只凿了三尺,就有水冒出来,该水像滚了的一样,而底下仍响个不停。就又在其旁边再行开凿,这一凿又凿了一口井,井水照样像滚水,而滚水中却浮出来一块木板,长一尺,宽二分,上面隐约有字,捞起来细瞧,文曰:“卢山道人张陵再拜,诣阙起居。”黑板黄字,异常结实。《瑞应图》(大概是铁嘴大学堂讲义)上曰:“浪井不凿,自成王者,清静则仙人主之。”

同时,会稽郡剡县,有一座山,名“刻石山”,父老相传说,该山虽然名刻石,实际上却并没有刻石。可是刘宋帝国灭亡的那一年,也就是南齐帝国开锣的那一年,倪袭祖先生上山打猎,却忽然看见刻石啦。不但看见一处,而且看见了三处,不像是刻的,而像是天生的,上面长满了青苔,把青苔扫掉,才能看得清楚。

20.《孝经钩命决》

该三处刻石是:大号石头上文曰:“此齐者黄石公之化气也。”(这句话不通,大概是故神其秘。)中号石头上文曰:“黄天星姓萧,字道成,得贤师,天下太平。”(如果把该石交给三作牌,包管用不了三天就查出是谁搞的把戏。)小号石头上文曰:“剡石者谁,会稽南山李斯刻,秦望之风也。”(难懂难懂。)

三块石头表演既毕,《孝经钩命决》(大概也是铁嘴大学堂讲义)上曰:“谁者起,视名将。”好啦,萧道成先生的乳名正叫“斗将”,对了最后一个字。奖券对了最后一个字还有十块钱的奖金可拿,何况跟鬼话书上对了最后一个字乎,萧道成先生就非伟大不可。他阁下小的时候,父母叔伯喊他曰:“斗将呀,小王八兔崽子,又跟隔壁小子打架啦。”谁知道该“将”已冥冥中要当小朝廷的头目矣。《河洛谶》(准也是铁嘴大学堂讲义)上曰:“历年七十,水减绪,风云俱起,龙鳞举。”又曰:“肃肃草成,道德尽备。”我想以后生儿育女,起名字的时候,最好先弄本鬼话书瞧瞧,以便猜谜。介绍到这里,正史(《南史·齐本纪》)上忽然冒出一句话,曰:“宋,水德也”,似乎每一个政权都要犯一犯金木水火土,真不知是何居心?美国约翰逊先生当选总统,不妨派架飞机请中国“正史”的作者前往研究研究他阁下是啥德。盖年头大变,刘宋是水德,南齐是火德,说不定美国民主党天下是铀德也,他妈的。

萧道成先生的异禀异样似乎多得要命,“正史”用最大的篇幅一一阐扬,信口乱酱,极矣尽矣。上面洋洋洒洒的鬼话,不过只介绍了一半,还有一半,如果继续介绍,实在太腻,而且又太无聊。如果不继续介绍,又觉得有点辜负“正史”的苦口婆心,我想不必再译成白话矣,恭抄原文于下,读者先生如果不怕反胃,不妨拜读。

又谶(《河洛谶》)曰:“萧为二士,天下乐。”案:二士,主字也。郭文举《金雄记》曰:“当复有作,肃入草。”《易》曰:“圣人作,万物睹。”当复有作,言圣人作也。《王子年歌》曰:“欲知其姓草肃肃,谷中最细低头熟,鳞身甲体永兴福。”谷中精细者,稻也,即道也(岂不也可解释为“即盗也”乎?狗娘养的)。熟,犹成也。又歌曰:“金刀利刃齐刈之。”金刀,刘字;刈,犹剪也。孔子《河洛谶》曰:“埸河梁,塞龙泉,消除水灾泄山川。”水即宋也(屁话),宋氏为灾害,故曰:“水灾。”梁亦水也,埸河梁则行路成矣。路,犹道也,消除水灾,除宋氏水之灾害也。《河洛谶》又曰:“上参南斗第一星,下立草屋为紫庭,神龙之冈梧桐生,凤鸟戢翼朔旦鸣。”南斗,吴分野;草屋者,居上萧字象也。先是,益州(四川)有山,古老相传曰“齐后山”,升明三年(479,即萧道成先生当皇帝的那一年)四月二十三日,有沙门玄赐者,于此山立精舍。其日,上(萧道成)登尊位。其月二十四日,荥阳郡人尹千,于嵩山东南隅见天雨石,坠地石开,有玉玺在其中,玺方三寸,文曰:“戊丁之人与道俱,肃然入草应天符,扫平河洛清魏都。”又曰:“皇帝运兴”,千(尹千)奉玺诣雍州刺史萧赤斧,赤斧以献。案,宋武帝(刘裕)于嵩山得玉璧三十二枚,神人云:“此是宋十世之数”,二十二者,二十三十也(屁话),宋自受命至禅齐,凡六十年,然则帝

(萧道成)之符应也,若是今备之云。

——这里有个问题,鬼话专家刚才还嚷嚷南宋帝国的头目既射蛇又冒气,既见龙,又见光,政权是天老爷注定的。怎么忽然间成了“灾害”,要剪掉它。扯谎扯得太多,就好像武大郎耍飞刀,顾了前就顾不了后,顾了后就顾不了前,马脚四露。

老爹既如此屁话连天,儿子自然也得张牙舞爪,史书(《南史·齐本纪》)上说,萧道成的儿子萧赜先生,衔头“世祖”“武皇帝”,降生的那一天晚上,他娘陈道正女士,和她爹的姨太太刘智容女士,二人同时乱做春梦,梦见有一条龙钻到她们房子里。接着生下来一个小孩,就命名为“龙儿”,该龙儿就是萧赜先生。他长到十三岁时,也乱做春梦,梦见有人用笔在他的身上乱画,画着画着,左肩上忽然长出一个翅膀,正要吓一大跳,右肩上也长出一个翅膀,回顾之间,发现身上穿的竟是孔雀毛做的华贵衣裳,在空中飞来飞去,好不快活。正在快活,又发现遍体都长满了毛,毛长到脚。有一个人指着他刚才站过的地方曰:“周文王之田。”

这段屁话跟所有的屁话一样,前言不照后语,请看原文:

将产之夕,孝皇后(陈道正)、昭皇后(刘智容)并梦龙据屋(这皇后,那皇后,皇她妈的后,那时候不过两个烂女人),故小字上(萧赜)为龙儿。年十三,梦人以笔画身,左右为两翅,又着孔雀羽衣裳,空中飞举,体生毛发,长至足,有人指上(萧赜)所践地曰:周文王之田。

不但母子们乱做春梦,还乱拣东西哩。就在萧赜先生所住的房子里,拣到一颗图章,刻字曰“皇帝行玺”。又拣了一个奇怪的铜钱,上面的图案有:北斗星,两把刀,两个贝壳,还有一个像人形一样直立的剑。

后来萧赜先生在揭阳山起兵,忽然有一窝白麻雀飞来落巢;这还不算,深山里竟传出一种清澈的声音;这也不算,他阁下在山上盖了一座庙,庙旁忽然生出来一棵树,该树大概是刘备先生和他爹萧道成先生那棵树搬来的,俨然也“状若华盖”,林叶茂盛,一瞧就知道非出大家伙不可。尤其奇怪的是,有一天,他阁下要率军进击戴凯之先生。出发前大吃大喝,天气燠热,萧赜先生叫各人可以砍树搭篷。于是不好啦,玉皇大帝在灵霄宝殿上正昂然而坐,一听萧赜先生这么发话,唯恐"华盖"也被砍掉,岂不辜负了一番"示瑞"的苦心?就用他的御手一指,只见浓云四集,正好把那一批敌军罩住,一直罩到萧赜先生的军队集结了后才散开。呜呼,妙不可言。

这么多异禀异样,可是南齐帝国不过二十四年就完蛋大吉,完蛋大吉不说,皇子皇孙们也被杀了个鸡犬不留。玉皇大帝和耶稣基督费那么大奇劲,推出那么多镜头,只不过要了二十四年,而结果又是如此之惨,岂不整人为快乐之本乎哉?玩人玩到如此程度,未免太残酷无情了矣,悲夫。

南齐帝国打烊后,接着是南梁帝国,南梁是一个窝囊政权,窝囊的程度,能使人把鞋子都跺烂。最出类拔萃的是:南梁帝国历代头子,不管他是"祖"字号"宗"字号,"帝"字号"王"字号,从开张一直到散场,没有一个是正正常常死在床上的。一个接一个,全都在极端屈辱之下,口吐鲜血,被人像宰猪一样地宰掉。不过虽然下场如此之糟,但二十四响大炮,面不改色的照样猛放。

21. 立即派两盏明灯

南梁帝国开国头目萧衍先生,衔头"高祖""武皇帝",异样异禀,美不胜收。他同样的也不是他爹的亲生子,而是野男人的私生子。所以他娘不得不造谣曰:有那么一天,梦见太阳硬往她小肚子里钻,她就怀了孕(该老娘和刘邦先生的老娘一样,年轻时恐怕风骚过人),生他之时,仍是老模式,屋子通明,相貌特别。《南史·梁本纪》曰:"日角龙头,重岳虎顾,舌文八字,项有浮光,身映日无景,而髆骈骨项上隆起,有文在手曰'武'。帝(萧衍)儿时,能蹈空而行,所居室中常若有云气,人或遇之,体则肃然。"

反正屁话再多也不缴税,"日角龙颜,重岳虎顾",已没啥稀奇。但脖子上有一种浮光,而且站到太阳底下,连影子都没有,便稀奇了矣。这不像是堂堂"正史",而像是摄影学入门。而萧衍先生又会像航天员一样,浮在半空,似乎也不像是当皇帝的,而像是耍把戏的。呜呼,天下岂有没有影子的人哉?大概他出卖了影子,连天地良心都卖给太上老君啦。"所居室中常若有云气",就更奥妙,柏杨先生的爱犬利利女士,狗窝中也常若有云气,难道真命有归,啥祖啥宗,岂在它乎?

种种花招之中,当然不能没有"见而异之"和"他人之口"。有一天,王俭先生对何宪先生曰:"你瞧萧衍这家伙,三十岁以内准能当到宰相,过了三十岁,简直不得了啦。"(鬼话原文:王俭谓卢江何宪曰:"此萧郎,三十内当作侍中,出此则贵不可言。")另外还有一位王融先生,跟萧衍先生是老朋友,一直对他刮目相看,常常对他的亲友部下曰:"将来主宰天下的,一定是他。"(他如果真的这么说,尊头早搬家矣。)后来萧衍先生当到咨议参军,有一天,路过牛渚(安徽当涂采石镇),遇到大风,只好把船泊到龙渎(当涂马鞍山下)。忽然有个老头走过来,对他曰:"你龙行虎步,相貌之贵,简直说也说不出,天下正在大乱,能致太平者,一定是你老哥。"说罢这一段话,就"忽然不见"。

有一天,萧衍先生率领军队,过熨斗洲(湖北当阳境)。有一个家伙,身高八尺有余,却是一个小白脸,不但脸上是白的,帽子也是白的,衣服也是白的,鞋子也是白的,袜子也是白的,沿着江边喊曰:"萧王大贵"。这不过是路上有异,算不了啥。算了啥的是,当他阁下奉命增援司州(河南信阳)的时候,一天晚上,行军中迷失了道路,正在焦急,大概"皇气"冲天,把玉皇大帝冲了个斤斗,立刻打电话给电力公司,遂即派了两盏明灯在前面冉冉而行,把他导出山径。大战结果,不问可知,萧衍先生当然大获全胜,北魏兵团败了个一塌糊涂。

就在北魏兵团元帅的箱子里，找到北魏帝国皇帝的圣旨，上面写的是："闻萧衍善用兵，勿与争锋，待吾至，若擒此人，则江东吾有也。"于是一个叫僧恽的老和尚就对萧衍先生叹曰："你脖子上有一条伏龙，不是人臣之相。"萧衍先生越想越舒服，再派人去找他，他也"忽然不见"。

这都是老模子，只要一浇就可以矣。

萧衍先生的哥哥萧懿先生被南宋帝国皇帝萧宝卷先生杀掉后，萧衍先生就起兵叛变。中国"正史"有一个特征，那就是对任何失败了的叛徒都不宽恕，但是一旦该叛徒成了功，叛逆分子当了啥"祖"啥"宗"啥"帝"啥"王"，那就不但不敢谴责他，反而立刻露出奴才特有的恭顺嘴脸。

萧衍先生这一次叛变，把自己叛变成皇帝，既成了大功，"正史"当然摇尾而上。《梁书》曰："时所住斋常有气，五色回转，状若蟠龙，其上紫气腾起，形如伞盖，望者莫不异焉。"《南史·梁本纪》曰："所在斋常有气，五色回转，状若蟠龙。季秋出九日台，忽暴风起，烟尘四合，帝（萧衍）所居独白日清朗，其上紫云腾起，形如伞盖，望者莫不异焉。"

等到大军既发，一路上仍"紫气如盖，荫于垒幕"。呜呼，玉皇大帝真是太忙啦，整天在一些萝卜头上空喷紫吐红，嘴唇早累肿啦。但费了这么大劲的结果是，这位命中注定的紫微星，竟活活渴死。他死的那一天，儿子萧纲先生去看他，他已接近尾声，大概想起"想当年"种种鬼话，悲从中来，不由得泪流满面，口内奇苦，想吃点蜜。围城之中，不要说蜜啦，恐怕连尿都没有，他只好干呼两声"嗬""嗬"，就翘了辫子。嗟夫，那些异禀异样，是预告他当皇帝的祥瑞，还是预告他要渴死的恶兆？恐怕谁都说不一定，一定要说一定的话，我们只好说他真驴。

不过"正史"上一直在他渴死之后，仍咬定牙关说他之所以出人头地，非关人力，而都是耶稣先生安排的。《南史·梁本纪》说，北齐帝国开山老祖萧道成先生在世时，有一天，做了一个梦，梦见顺着台阶上金銮殿,往后一瞧,他后面跟着他的儿子萧赜(衔头“世祖”“武皇帝”),再后面跟着他的侄儿萧鸾(衔头“高宗”“明皇帝”)。再后面也跟着一人,却不认识啦,该人手里拿着一张地图,乃问之曰:“你是谁?”答曰:“俺是萧顺之的后代。”(萧顺之是萧衍的爹)。到了北齐帝国末年,崔慧景先生叛变,萧懿先生率军入援,到了越城(广西兴安境)。也做了一梦,梦见骑马上天,上到一半,不知道怎么搞的,忽冬一声,摔了下来。可是萧衍先生也骑马上天,却一直上去啦。当时太极殿有六根柱子,一位卫士看见有六条龙各守一根,有一天忽然只剩下四条龙,另外两条龙都到萧衍先生卧室里矣。当时有一个铁嘴博士(史书称之为“觋”),看见此事,知道大势所趋,就去投奔萧衍先生,想不到天生命苦,中途害了大病,临死之前,告他的同伴曰:“萧衍一定会当皇帝,快去找他。”鬼话写到这里,仍怕读者不肯心服口服,特别画龙点睛曰:“盖天命也。”既然都是天命,渴死也是天命,侯景先生不过替天行道而已,有啥不对的乎哉?不能自圆其说,似乎也是“正史”的一大特征。

22. 梦里脱帽

萧衍先生的儿子萧纲,衔头是“太宗”“简文皇帝”,他本来不是皇太子的,皇太子是他的哥哥萧统先生,史书(《南史》卷八)上说,有一天,萧统先生做了一梦,梦见弟兄二人面对面下棋,他把随身宝剑送给萧纲,醒来后对人曰:“王(萧纲)还当有加乎?”果然,萧统先生没有几天就一命归阴,而由萧纲先生继任皇太子。像这样一个短命政权而又要凶死的狗屁头目,也劳动太白金星安排在梦中下棋,实在抱歉。萧纲先生的结局是被强迫灌进了毒酒,用土袋压到他头上,行刑的朋友再坐到土袋上,活活压死的。噫,何必多此一梦哉?

南梁帝国一连死了一个“祖”和一个“宗”，第三任皇帝也是一个“祖”字辈家伙，曰“世祖”“孝元皇帝”萧绎先生，他是萧纲先生的七弟，比萧纲先生更刻薄恶毒，也比萧纲先生更死得悲惨，更死得屈辱。可是总算混到了“祖”字辈，自然非同小可。他阁下不但是一个自以为十分精明的恶棍，而且还瞎了一只眼，可是“祖”字辈瞎一只眼和普通小民瞎一只眼，大大的不同，小民瞎了一只眼是属于医药不良所致，而“祖”字辈瞎了一只眼却是如来佛和观世音的旨意。《南史·梁本纪》上说，他爹萧衍先生有一天做了一个梦，梦见一位瞎了一只眼的和尚（“乱做春梦型”的变种），捧着香炉，口中宣称他要到王宫投胎啦。于是乎，就在当天——也可能过了两天，反正不久之后，有一位宫女在他跟前伺候，一阵清风吹来，吹起了她的裙角，萧衍这个老色魔瞧见了她雪白的大腿，龙心大动，立刻就“幸之”，幸之者，就是拉她上了床。仅只这一上床，该宫女就怀了孕，生下一个儿子，此儿就是萧绎。生的时候，照例满室异香（没有红光，大概忘啦），萧衍先生听说，非常“奇之”。嗟夫，父子们既都内定一律死于非命，怎能不奇之乎？

后来萧绎先生登上了小朝廷宝座。主衣库忽然有一条大黑蛇，长约一丈有余，后面跟着几十条小蛇，抬起尊头，一直向南猛瞧，只眨眼工夫，“忽然不见”，不知道跑到他妈的哪里去啦。有一天，萧绎先生跟宫女去玄洲苑闲逛，又看见了该大蛇，在当道上盘成一团，几十条小蛇围绕在四周，全都是黑色，萧绎先生心里颇不痛快，宫女曰：“这不是怪物，恐怕是钱龙吧。”他阁下立刻下令取钱数千万，堆到群蛇盘过的地方镇压，可是仍镇压不住。有一天，一小条蛇掉下来，正掉到萧绎先生的帽子上，正要捉拿，它也“忽然不见”。同时，龙光殿上萧绎先生坐的小轿里面，忽然也有了小蛇。

以上是蛇，接着是龙。《梁本纪》上说，护城壕里忽然有一条龙跳出来，三跳两跳，就跳上云端。该龙屁股之后，紧跟着六七条小龙，另外还带着无数鱼虾之类的东西，纷纷掉到地上，于是城墙上经常乱冒紫气。别看他阁下瞎了一只眼，又在最后被活活闷死，他的背上却也生着黑子哩。君不见太白金星在刘邦先生大腿上钉了七十二个黑子乎？萧绎先生当仁不让，也得弄点黑子，才能当皇帝。不过史书上只说他背上有黑子，而没有说是不是也是七十二个，真是遗憾。有一个王婆女士，一听说他背上有黑子，马上就曰："此人大贵不可言。"最奇妙的还是宰相（御史中丞）江革先生，有一天做了一个梦，梦见萧衍先生正在看自己生的孩子，看到萧绎先生时，脱下帽子给他。就告诉他的朋友贺革先生曰："萧绎将来一定当皇帝，快去投奔他。"呜呼，我想萧衍先生给的恐怕不是一顶帽子，而是一根绳子，盖南梁帝国皇帝祖传的秘方，是死于非命的也。

萧绎先生被活活闷死之后，他的十五岁儿子萧方智先生，继承了他的王位，衔头"敬皇帝"，自然也继承了南梁帝国一脉相传的惨死传统。他是被忠贞分子陈霸先先生下令杀掉的，当帝崽不过三年，而三年还是东洋算法，实际不过两年而已。虽然时间不过两年，而又死得非常之不平凡，其异禀异样却是少不了的焉。史书（《南史》卷八）上说，他的被杀，以及南梁帝国的覆亡，全是天意。盖开山老祖萧衍先生晚年，社会上"都不用钱，每百皆除其九，谓为九佰，既而有侯景之至。及江陵将覆，每百复除六文，称为六佰，识者以为九者阳九，六者百六，盖符历数，非人事也"。怪哉，每百除九，与侯景先生有啥关系？每百除六，又跟江陵沦陷有啥牵连？而"识者"又是何方神圣？现在报上遇有重大消息时，常有一种"新闻观察家"长篇大论的发表高见，说穿了不过一个蚌壳，新闻观察家就是记者老爷自己。不过抬出自己，无法服众，只好捏造一个第三者，以便理直气壮地表示真知灼见，"识者"同样的只是作者自己而已。最他妈的是那句"非人事也"，把帝国踢腾灭亡，杀人千万，在高位的帝崽官崽，竟没有责任，而把责任推到玉皇大帝头上，有此狗屎理乎哉？"正史"作者的目的，似乎只是努力培养小民对当权派的顺服，功归于官，罪归于天。

现在南梁帝国完啦，接着而出的是陈帝国，陈帝国开国头目"高祖""武皇帝"陈霸先先生，不过一个地痞流氓，却因后来当了"祖"字辈"帝"字辈，一切才和常人有异。史书（《南史·陈本纪》）上说，他的老祖宗陈达先生，在吴兴（浙江湖州）落户时，就知道他的后代一定有一个家伙要当皇帝。原文曰：“（陈达）出为长城令，悦其山水，遂家焉。尝谓所亲曰：‘此地山川秀丽，当有王者兴焉，二百年后，我子孙必钟斯运。’”陈达先生不过一个小小县长而已，竟知道二百年之后的事，不是狗咬卵泡是啥？柏杨先生住在台北低洼地区，以每雨必进其水闻名于世，我也曰啦，我曰：“此地众川所归，当有王者兴焉，二百年后，我子孙必钟斯运。”特立此存照，二百年后，台湾准有一个柏氏王朝出笼，盖我依的是“正史”逻辑，它不出笼不行也。

陈霸先先生生的时候，史书上没有搬出“红光满室”“硬是不生”，大概觉得太俗。不过“其貌不凡”“乱做春梦”却是免不了的。他阁下身高七尺五寸，日角龙颜（日角尚可意会，龙颜到现在仍想不通），两只手很长，下垂时可以超过膝盖（刘备先生的老毛病），在义兴（江苏宜兴）读私塾时，做了一梦，梦见天开了数丈之宽，有四个穿燕尾服的家伙捧着太阳，冉冉而下，走到他跟前，把太阳塞到他张大着的嘴巴里。他就毫不客气地吞而食之，吞下去后，肚子里还觉得热烘烘的哩。

23. 方头的朋友有福矣

陈霸先先生跟柏杨先生一样，出身贫贱，不过我一直没有被人“见而异之”过，所以迄今仍是小民，而他后来却当了头目。他最初做事的时候，不过“油库吏”，类似现在汽车加油站办事员之类，吴兴太守萧映先生“见而异之”，谓僚佐曰：“此人将来远大，必胜于我。”后来他投笔从戎，当了军官，封了伯爵（南野县伯），住在崎头（广东大庾东五十公里）古城。这一住不得了，大家看见城上直冒紫气，无不大惊。又后来，行军经过戆石二十四滩，滩上全是巨石，危险万状，是行旅畏惧的所在。大军刚动,忽然洪水泻下,浪头有丈余之高,滩长三百里,全被卷入漩涡,只好隔河安营。于是有一条龙就抓住时机,从水里跳出来,该龙是五彩的,有五丈高,军民人等看见的有几万人。

又有一天,他正坐在床上,忽然神光满屋(生时没有光,大概终于忍不住,只好坐时有光矣),恰巧赵知礼先生在旁,忙问怎么回事,陈霸先先生作神秘状,故意笑而不答。等到后来奉命讨伐侯景,侯景先生在石头城上,看见南梁帝国的军队七零八落的样子,笑曰:"一把子人,何是可打?"可是猛一抬头,瞧见陈霸先先生的营房,不禁龙颜失色曰:"此军上有紫气,不易可当。"呜呼,侯景先生不过一个毛贼而已,竟成了半神之体,能够瞧见紫气啦,可知该紫气是如何之多,而且如何之浓。柏杨先生每天下班回家,一定站在十丈之外,努力张望,就是看看柏府上空有没有紫气,一旦有一天看见了紫气,我就辞掉差事,回家静坐,恭候黄袍加身,盖"此乃天命,非人事也"。

陈霸先先生死后,他的侄儿陈蒨先生继承王位,衔头"世祖""文皇帝",公式又回到"乱做春梦"。他阁下小的时候,梦见两个太阳打架,一个大太阳,一个小太阳,打了一会儿,大太阳忽然掉下来,这一掉不打紧,摔成了三块,陈蒨先生就拣起其中一块,揣到怀里。能把太阳揣到怀里,虽然只三分之一,也就够他荣华富贵啦,三分者,象征"北齐""北周""陈"三分中国也。鬼话原文曰:"帝(陈蒨)梦两日斗,一大一小,大者光灭坠地,色正黄,其大如斗,帝(陈蒨)三分取一怀之。"

嗟夫,看样子他如果把该摔碎了的三块都揣起来,就可统一中国矣。

陈蒨先生的弟弟陈顼,是陈帝国第四任皇帝,衔头"高宗""孝宣皇帝",他生的时候,热闹之状,远超过他的老哥。《南史·陈本纪》上说,他刚呱呱坠地,就立刻赤光满室,长大之后,身高八尺三寸,手伸出来超过膝盖(烂臭了的公式)。南梁帝国末年,他跟李聪先生是好朋友,二人同住在一间房里,有一天,他喝醉了酒,没有把灯吹熄就倒头大睡,李聪先生起来一瞧,哎呀哎呀,床上睡的竟然不是陈顼,而是一条大龙,当时便吓得掉头就跑。

陈顼先生在当皇帝前的最后一个节目是"见而异之",他本来呆头呆脑,被俘到长安的那一阶段,有一个家伙叫张煦的,却对他这个呆头呆脑颇为欣赏,曰:"此人虎头,当大贵也。"虎头大概是方头,噫,方头的朋友有福矣。

南朝结束,我们该顺序研究研究北朝的头目啦。北朝有三,曰"北魏",曰"北齐",曰"北周",北魏帝国的时间最长,有一百七十一年,且先看它如何开锣(从前已经有两个"魏"矣,中国字这么多,啥国号不好起,偏偏起三手货,弄得在历史上不能独立,只好加上一个"北"字,成了"北魏",真不知那些官儿当初脑筋是怎么想的)。

北魏帝国的头目姓拓跋,原是荒漠里一群野蛮的游牧民族,被前燕帝国裹来裹去,最后筋疲力尽,姓拓跋的那个部落就趁机而起,而终于并吞了北方,弄了一个国号,登上金銮宝殿。一人得道,鸡犬升天,只要有一个小子露了脸,他那些半开化的野人祖先们,也就一个一个被追称为这个"祖"那个"帝",群魔齐舞。别的皇帝,不过上追三代,而拓跋家却疯狂地上追到二十代。书香世家,如果有家谱可寻,二十代可能一查便知,而拓跋家的列祖列宗,大字不识,整天和牛羊猪马混在一起,吃的是生肉,睡的是蒙古包,三年不洗一次澡,怎么会记得二十代乎哉?

北魏帝国第一个奇迹出于原始头目拓跋邻先生身上(他的衔头甚大,曰"献皇帝"),史书(《魏书·帝纪》)上说,当时有个神仙对他曰:"你住的地方太荒凉啦,不适于建立国都,快点搬家吧。"他因为年纪太老,领导不动,只好把酋长的位置让给他儿子拓跋诘汾先生(衔头"圣武皇帝"),率领族人从蒙古沙漠地带,向南移动。一路上艰险丛生,"山高谷深,九难八阻",再加上前途茫茫,打算停下来。大概上帝得到情报,立刻指示天国旅行社,派了一位向导下凡。于是忽然有一只神兽出现,该神兽看起来像马,而叫的声音却像牛,妙哉妙哉,在前引路。整整引导了一年有余,才把该一群牧人引到平原。

引到平原后,该神兽是"忽然不见"了欤,抑该一群野人以怨报德,把它捉住杀掉吃了欤? 史书上没有说明。

该平原就是西汉王朝时匈奴汗国的故地。有一天,拓跋诘汾先生率领数万骑去打猎(真是信口开河,打猎非打仗,数万骑怎么个猎法?),忽然从天上下来一个美貌佳人,侍卫甚严。拓跋诘汾先生大吃一惊,上前打听,美女曰:"我是上帝的女儿,奉命来陪你睡觉。"(呜呼,原来耶稣先生有一个妹妹。)说睡就睡,当下就脱衣脱裤,颠鸾倒凤。第二天一亮,美女曰:"打铃,我要走啦,明年此时还在这里相会。"说罢告辞,一阵大风大雨,她就不见啦,盖上了天啦。

第二年这一天,拓跋诘汾先生原地等候,耶稣先生的漂亮妹妹果然从天上下来,怀里抱了一个娃儿,交给他曰:"亲爱的,这是你的儿子,他的子孙,世世代代,为帝为王。"说罢此话,连嘴也没亲,就又不见啦,盖又上了天啦。史书(《魏书》卷一)上写到这里,还冒出一句曰:"故时人谚曰:诘汾皇帝无妇家,力微皇帝无舅家。"

这一段因为有脱衣脱裤节目,卫道之士可能咬定我胡说八道,准备飞帽。那么,我们且看看"正史"原文,《魏书·帝纪第一》序纪曰:

"圣武皇帝讳诘汾(拓跋诘汾),献帝(拓跋邻)命南移,山谷高深,九难八阻,于是欲止。有神兽,其形似马,其声类牛,先行导引,历年乃出,始居匈奴之故地,其迁徙策略,多出宣献二帝("宣帝"拓跋推寅,"献帝"拓跋邻),故人并号曰'推寅',盖俗云'钻研之义'。初圣武帝(拓跋诘汾)尝数万骑田于山泽,欻见辎軿,自天而下,既至,见美妇人,侍卫甚盛,帝(拓跋诘汾)异而问之,对曰:'我天女也,受命相遇。'遂同寝宿,旦,请还,曰:'明年周时,复会此处。'言终而别,去如风雨。及期,帝(拓跋诘汾)先至所田处,果复相见,天女以所生男受帝(拓跋诘汾)曰:'此君之子也,善养视之,子孙相承,当世为帝王。'语迄而去。子即始祖(拓跋力微)也。故时谚曰:'诘汾皇帝无妇家,力微皇帝无舅家。'"

24. 柏杨先生八十一世孙

上帝老爷随随便便叫女儿跟一个半开化的野人酋长睡一觉，已是奇闻，而又肯定地睡了一觉之后，准可生一个男孩，纵是畜牲交配，都很难这么准也。尤其驴的是当时那两句谚语："诘汾皇帝无妇家，力微皇帝无舅家"，这要瞧瞧他们酋长们的接棒情形：

拓跋诘汾（圣武皇帝）—拓跋力微（神元皇帝）—拓跋悉鹿（章皇帝）—拓跋绰（平皇帝）—拓跋弗（思皇帝）—拓跋禄官（昭皇帝）—拓跋猗㐌（桓皇帝）—拓跋猗卢（穆皇帝）—拓跋郁律（平文皇帝）—拓跋贺傉（惠皇帝）—拓跋纥那（炀皇帝）—拓跋翳槐（烈皇帝）—拓跋什翼犍（昭成皇帝）—拓跋珪（北魏帝王开国头目兼第一任皇帝）。

拓跋家一直到了拓跋珪先生，才正式建立北魏帝国，他爹他爷名字下那些"皇帝"衔头，只不过是他阁下坐上金銮殿之后，追赠上去的。拓跋诘汾先生跟拓跋珪先生，当中隔了十一个头目，约有三百年之久，不要说从没有"帝"啦，就是"王"吧，也是到了拓跋禄官先生时，晋帝国政府才封他为"代王"的。怎么三百年前的"当时"，人们就称他阁下为"诘汾皇帝"，称他儿子为"力微皇帝"哉？柏杨先生尊府目前正多的是牛鬼蛇神，说不定第八十一世玄孙，良心一昧，于四千年后，当了"中华帝国"的皇帝，届时努力追赠，柏杨先生忽然成了"鳖祖""天摇地动海枯石烂混元昭烈美貌英俊龙虎蛙蛇龟寿狗眠奇光怪声人仰马翻太大太小以及其他各种舒服绰号最高无上鱼皇帝"——简称"鳖祖""鱼皇帝"，好吧，即令那时候小民一听"鳖祖""鱼皇帝"，就以头碰地，咚咚猛响，而我的敝大作也成了经典，满朝文武大臣和天下士子，都要埋头苦读，在字里行间发明微言大义，威风凛凛，好不吓人。可是就在今天——二十世纪六十年代，能有人就称我"鳖祖如何""鱼帝如何"哉？然而，这却是"正史"。

祖先既然来路非凡，折腾了三百年，传到拓跋珪先生，建立北魏帝国（国号曰"代"该好多，大概"代"是晋帝国封的，势力大啦，不肯认账，就乱更改，想不到摆脱了司马懿，却摆脱不了曹操和冉闵）。拓跋珪先生是一个杀人魔王，性情暴躁，翻脸不认人，可能他患有疯病，最后的结果竟被他亲生儿子拓跋绍先生，乱刀分尸。讲起来不过一条狗彘，可是"正史"不管狗彘不狗彘，只管衔头不衔头，他的衔头是"太祖""道武皇帝"，就非套点烂公式臭八股，大响二十四声礼炮不可。

史书（《魏书》卷二《太祖纪》）上说，他也是一个私生子。他娘有一天正在睡觉，乱做春梦，梦见屋子里出了太阳，霍然惊醒，还看见余光哩。再也睡不下去，悄悄起来，拨开窗帘往外一瞧，只见天色朦胧（可能也瞧见了一个跟柏杨先生一样英俊的臭男人），当下就芳心大动，欲火上升。好啦，以后的事就不知道啦，说不定该臭男人越窗而入。也或许瞧了半天，四下无人，她阁下轻咳一声，从床底下爬出一个小子。于是乎就怀了孕，十月期满，在参合陂（山西大同）生下一个娃娃，该娃娃就是男主角拓跋珪。

谈到参合陂，也有花招。拓跋珪先生的祖宗之一拓跋猗㐌先生（死后被子孙追赠的衔头是"桓皇帝"），史书（《北史·魏本纪》）上说，他阁下乃一美男子也，身材奇大，马都驮不动他，他只好坐车（国立医院应该派人去检查一番，看看是不是内分泌出了毛病?）。车是用牛拉的，有一天，车到参合陂，他阁下大概喝醉了酒，也可能害了霍乱，上吐下泻，搞了个一塌糊涂，而怪事也就生焉。原来参合陂根本没有榆树的，经过他那么一吐一泻，该一吐一泻的地方竟生出榆树来啦，于是大家就知道他要成为大家伙。

且说拓跋珪先生在参合陂隆重降世，他娘固然努力折腾了半夜，就是天上过往神灵也努力折腾了半夜，有用电筒照他娘肚子的焉（《魏书》卷二曰："其夜复有光明。"），有用鸭食往拓跋珪先生的肚子里猛填的焉（《魏书》卷二曰："帝（拓跋珪）体重倍于常人。"），有手执铁锹，在陂上种树的焉（也是《魏书》卷二曰："明年，有榆生于埋胞之坎，遂成林。"普通人种瓜得瓜，种豆得豆，所谓大人物却是"种胞得树"，王八蛋！）。

北魏帝国头目传到了第七任皇帝拓跋宏先生，发生了大变，那就是迁都洛阳，一切汉化，"拓跋"这个尊贵的姓也取消啦，改姓"元"啦。站在汉民族立场，有洋大人如此这般敬我爱我，好比说，美利坚合众国忽然也大肆汉化起来，穿中国之衣，吃中国之饭，读中国之文，姓林肯的一律改姓为张，姓丘吉尔的一律改姓为王，姓肯尼迪的一律改姓为李，姓罗斯福的一律改姓为赵，我们当然舒服舒服。可是客观的说，这种抛弃了自己的一切，而以被人彻底同化为荣的干法，实在叫人兴肚子奇痛之叹。不管怎么说，柏杨先生对这种人，他就是把尾巴摇掉，我都看他不起。呜呼，北魏帝国外患及强敌均来自北方，若尔朱荣，若高欢，如果其国都仍在平城（山西大同），能稀里哗啦亡了国乎？

但是，我们看不起元宏先生是一回事，元宏先生把他的帝国弄亡又是一回事，他的衔头却是吓人，曰"高祖""孝文皇帝"，而且不管怎么说，他总算轰轰烈烈干出了一件不流血革命，所以也免不了别点苗头。史书（《魏书》卷七）上说，他阁下生的时候，也有神仙拿着电筒到他屋里乱照，不但"神光照于室内"，而且还"太地氛氲，和气充塞"（和气是啥？难懂。又怎么个充塞法？鬼话家最好为我们小民解释解释）。

他的儿子是元恪先生，衔头"世宗""宣武皇帝"，其花样也类乃祖。他娘高女士，有一天也乱做春梦，梦见有一个太阳，大概看她美貌无双，就撒丫子猛追。她被追得无处可逃，一头钻到床底下，但钻到床底下也不行，该太阳色欲攻心，不肯罢休，摇身一变，变成一条龙，把她团团绕住。绕住以后干了些啥，"正史"上照例没有继续报导，反正乱七八糟，搞了一阵，她就怀了孕。这不是柏杨先生乱开黄腔，有原文为证，《魏书》卷八曰：

母曰高夫人，初梦为日所逐，避于床下，日化为龙，绕已数匝，寤而惊悸，既而有娠。

25. 有时喷出紫气

敝大作又停了数天，实在抱歉，过去因经常的停，受嘘甚多。据"识者"说（实在是我说的），玉皇大帝都为此一停，辍朝三日。可是我的朕躬又违和矣，违和的是我的右臂，三个月来，一直酸痛不止，盖年轻时不知保养，睡觉仍吹电扇，致患此疾。当时哎哟两声，用热毛巾敷敷，也就好啦，进入老境后，时发时愈，也不在意。想不到今年一发，不可遏止，不但不见轻，反而时或加重。最初老妻为我包上一层破布，尚可抵挡，过了两天，破布也不行啦。一位朋友看我行踪可疑，就把自制的膏药送了我两帖，贴上之后，果然好一点，偏偏昨天用完（而且贴得太久，贴处皮肤痒痒），胳膊好像泡到冰窖里，一夜不能入眠，早上起来，遂不能提笔矣。有人说我太老啦，但我的左臂不也同样的太老，为啥不酸乎？这是风湿之病，堂堂正正求医，恐怕无啥办法，读者老爷中如有专治风湿的偏方单方，务请恤老怜贫，惠予见告，如果治愈，当立长生牌位以谢。

闲言表过，书归正传。

呜呼，任何一个专制政权，开国头目再努力献宝，该亡还是得亡。北魏帝国亡了之后，土分为二，接续着出现的是"齐"和"周"。

这个"齐"，因为中国历史上的"齐"太多（"齐"好像也是一个好字汇，否则何以你也齐，我也齐乎？），史书上为了眉目清楚，只好称之为"北齐"。

这个北齐帝国和五胡乱华的后赵帝国，几乎是从一个模子里浇出来的。除了开山老祖还有点人性人味之外，其他接棒头目，几乎一个比一个瘪三，后赵帝国的"高祖"石勒先生是一个英雄豪杰，但石虎石遵等等,简直一窝禽兽。北齐帝国“高祖”高欢先生也是一个英雄豪杰,但高洋高湛等等,也简直是一窝禽兽——其昏其暴,甚至比禽兽都不如。可是,奴才终是奴才,“正史”照样的凶猛摇尾。

《北史·齐本纪》上说(《北齐书》也是一样),高欢先生(头衔“高祖”“神武皇帝”)原籍怀朔镇(内蒙古包头),住的地方常常有红光往上冒,有时候还喷出紫气。邻居们大为惊骇,以为有妖精啦,都劝他爹(正史称之为“皇考”,真舒服)搬家,他爹不肯,曰:“你们怎么知道那不是祥瑞?”高欢先生生时,史书上没有别的谣言,可是他娘(正史称之为“皇妣”)却死啦,大概“祖”“帝”气味太重,她承受不住,竟熏死啦。高欢先生长大后穷得要命,成为当地一个地痞,后来不知道怎么搞的,大概半骗半抢,娶了当地小康之家的娄家女儿娄昭君小姐为妻,仗着岳父大人的财力,才算有马可骑。镇将段长先生“见而异之”,就拜托曰:“你阁下有济世天才,必有前途,将来请你照顾我的子孙。”原文曰:

皇考(高树生)性通率,不事家产(流氓和皇帝都是不事家产的),住居白道南,数有赤光紫气之异,邻人以为怪,劝徙居以避之,皇考(高树生)曰:“安知非吉?”居之自若。及神武(高欢)生;而皇妣(高欢的娘)韩氏殂。家贫,及聘武明皇后(娄昭君),始有马。镇将辽西段长尝奇神武(高欢)貌,谓曰:“君有康济才,终不徒然,便以子孙为托。”

看“正史”最大的困扰是太多不合实际的和云天雾地的衔头名号,不但混淆视听,尤其混淆事实,使读者产生一种只有奴才们才有的错觉。像上面所引的一段,高树生先生当时不过穷光蛋加无业游民而已,“正史”却叫他“皇考”;高欢先生的时候,不过一个娃娃而已,却叫他“神武”;他娘不过一个乞丐婆而已,却叫她“皇妣”;至于娄昭君,也不过小家碧玉而已,却叫她“武明皇后”。即令衔头名号随着身份而变,当时他们的身份也不过如彼。摇尾系统这种搞法的结果,流氓成为皇考,丐婆成为皇妣,娃儿成为神武,王八小子也都成为“啥祖”“啥宗”“啥帝”“啥王”矣。大概这也是传统文化所以成为酱缸的原因之一，这种毛病不改，中国历史书就难以下咽，没啥可看的。

高欢先生少小无赖，不务正业，走投无路，只好投军，当了一名传令兵(函使)。《北齐书》上说，他的两条尊腿大概被圣母马利亚按摩过，所以无论跑多远的路，都“无风尘之色”。有一天，他送信经过建兴(山西晋城)，怪事出现，本来天朗气清，却忽然阴云密布，雷声隆隆，一直跟在他的屁股后(大概是山神土地爷在放马后炮)。又有一天，他做了一个梦，梦见脚踏星斗走路(不出现乱做春梦节目，“正史”作者死不瞑目)。

高欢先生有一批狐群狗党，其中之一刘贵先生捉到了一只白颜色的鹰。有一天，这一批狐群狗党上山打猎，看见一只赤兔(白鹰赤兔，完全印象派之画)，怎么抓都抓不住，眼看要抓住啦，它却一跳而溜，于是大家一直追上去，追着追着，前面有座茅屋，该茅屋里跑出一只狗，那只狗不分青红皂白，上去就是一口，连鹰带兔，一齐咬死。史书(《北史 · 齐本纪》)上说，“神武”(高欢)大怒，一箭射去，把该狗射死。这一射死不打紧，从屋子里跑出两个壮汉，把高欢先生捉住，捉住后揍了他阁下一顿没有，书上没有说明，依常情判断，恐怕是免不了的也。大概哎哟之声，上冲云霄，两个壮汉的瞎眼妈妈扶着拐杖出来，把儿子喝止，然后曰：“何故触大家?”“大家”是宫女们专门称呼皇帝用的，犹如柏杨夫人称呼柏杨先生“当家的”一样，如果一旦有一位如花似玉也叫我一声“当家的”，我不是她的老公是啥？而如今瞎女人喊一个甲级流氓“大家”，他不是皇帝，难道是婊子养的乎?

接着该瞎了眼的老太婆把他们请到茅屋之内，羊也宰啦，煮了一大锅羊肉；坛子也搬出来啦，斟出来上等美酒，让客人们吃喝个痛快。酒醉饭饱之后，老太婆说她会“摸骨”，是铁嘴大学堂摸骨系毕业的，百摸百中。说摸就摸，每一个人都贵不可言，等摸到高欢先生，不由老脸失色曰：“你们虽贵不可言，可是都得当他的部下。”摸罢，众人告辞，走了数里，不知道是啥缘故，又折回去瞧瞧。谁知道不瞧尚好，一瞧吓了一身冷汗，不要说瞎老太婆和两个儿子啦，连茅房都不见啦，原来都是神仙变化的。

26. 几个月娃儿会说话

高欢先生当传令兵当得十分起劲，后来大军进驻并州（山西太原）时，他的那一个部队被遣出去，住在扬州（江苏下邳）。扬州有个大户庞家，房子甚多，军队当然住了个满，他阁下被分配到一间只有一个榻榻米大小的破屋子里，里面大概放着农村中葫芦瓢盆之类的东西，既小且脏。我想他阁下席地蜷卧时，恐怕也想不到“正史”上已经喊他“神武”啦。

自从高欢先生住进了该破屋，该破屋就发生变化。《北齐书》上说，庞家主人庞苍鹰先生每天从外回来，远远地就听见有一种声音从地心发出（大概六丁六甲，在该传令兵屁股底下原子试爆），而庞苍鹰先生的娘庞老太夫人，也好几次看见该破屋里冒出一股赤气，上冲霄汉。最叫座的一次是，一天晚上，庞苍鹰先生想进去拿点东西，走到门口，忽然间有一个彪形大汉，举起钢刀，喝曰：“你是什么东西，敢来触犯皇上。”喝罢，忽然不见。庞苍鹰先生当时吓了一跳（岂止庞苍鹰先生，不过一介小民，当然吓了一跳；就是柏杨先生，身为鳖祖鱼皇帝，照样都吓了一跳），就从门缝往里偷觑，噫，你猜他看见了啥？原来睡在地上的不是一个人，而是一条大蛇（老而臭的八股矣），这一次吓得大为可观，当下扭头就跑，把牛杀掉，请该大蛇高欢先生吃了一顿。庞太夫人一瞧这小子虫子虫孙，肃然起敬，也把他认作干儿子。

史书上最后一个花招，发生在海上。《北史·齐本纪》上说，高欢先生羽毛已丰时，适逢洛阳大火，把佛寺的塔烧掉，正好有人从东海来,说他在海上都看见火光(洛阳距东海直线有七百公里之遥,纵是再大的火,怎么看得见哉,狗屁放得太不照路)。该人说,该火一直烧到大雾四起,才不见了的。对这一段,史书上有交代,"说者以为天意若曰:'永宁见灾,魏不宁矣。飞入东海,渤海应矣。'"(高欢先生封渤海王)一场大火竟烧出个名堂来,实在难能可贵。

高欢先生的儿子高洋,衔头"显祖""文宣皇帝",《北史·齐本纪》上说,他娘娄昭君女士怀着他时,每天晚上,都有红光下降,照得满屋通亮。生下来后,家里穷苦,饥寒交迫,老少四口,眼看要冻饿而死,大概就在决心上吊前三分钟,那时高洋小娃才不过几个月,竟忽然开口说话啦,曰:"妈咪,不要死,我们活得下去。"娄女士魂飞天外,吊也不上啦。长大之后,怪事更多,身上长出来鱼鳞一样的东西。别人只有两个足踝,而他却有四个。晋阳(山西太原)有一位老和尚,大家都叫他"阿秃师",半疯半傻,半假半真,乍愚乍智,乍明乍暗,反正是个奇人。一群孩子请他相面,问问前途如何,他一个一个地瞧,瞧到高洋先生,一言不发,朝天举了两次手。问他问得紧啦,他就指指天。意思就是说,该小流氓要当皇帝矣,于是无不异之。

后来吉星高照,他的哥哥高澄(衔头"世宗""文襄皇帝")被人乱刀杀死,他顺理成章地当上北魏帝国的宰相,住在晋阳。一天晚上,屋子里忽然有神仙"乱照电筒"(原文曰:"夜有光如昼"),当天他就做了一个梦,梦见有人用笔在他头上点了一点,就对王昙哲先生曰:"我要糟啦。"王昙哲先生贺曰:"王字上面加一点,不是'主'字是啥?不但不会糟,还有得升哩。"柏杨先生想,该一点一定是耶稣先生亲自点的,否则,何其灵乎?

和北齐帝国并立的是北周帝国,北周帝国历代头目较北齐帝国历代头目要善良得多(只有宇文赟先生差劲)。北周帝国的原始头目宇文泰先生,他的屁股虽然没有正式坐过金銮殿,但北周帝国的政权,却是他打下基础。和曹操、高欢二位先生情形一样的也,故衔头曰"太祖""文皇帝",在异禀异样上,自也急起直追。

《周书》上说,宇文泰先生的娘王女士怀他怀到第五个月时,乱做春梦，梦见抱着他上天（乘直升机乎，抑乘电梯乎？），眼看快到天上啦，却霍然惊醒。醒来后把该梦告诉他爹，他爹宇文肱先生（衔头“德皇帝”）听了后，不但没怪她不该惊醒，反而安慰她曰：“虽然没有上到天上，但也够有前途的矣。”宇文泰先生生的时候，倒是独出心裁。别的开山老祖生时，不是红光，就是紫气，而他阁下往外乱冒的却是黑气，该黑气像伞盖一样，缠绕着他的下体。写到这里，柏杨先生顺便建议护理学堂，以后招考学生，应特别挑选胆子大而且心脏好的，以便遇到“太祖”之类的家伙降生，冒烟冒气时，能承受得住。

宇文泰先生长大之后，身高八尺，方方的脸，垂手过膝（老公式），背有黑子（老公式），发长委地（老公式），面有紫光（新发明的），大家见之，无不敬畏。因为他跟高欢先生的官位相等，所以行迹所至，也有点声音从地下发出来。史书（《周书》卷一）上说，有一天，他带着几个侍从，走到野外，忽然听见有管弦乐的声音，就问侍从听见了没有。侍从们当然听不见，听见了岂不也是大人物乎？嗟夫，柏杨先生也有一事，就在前天晚上，右臂酸痛得发紧，彻夜不眠，仿佛听见地下有人在唱“天知吾王”，既有如此预兆，不觉手之舞之，足之蹈之，当下就把老妻推醒曰：“你听见没有？”她蠢然曰：“听见啥？”我曰：“有一种箫鼓之音，传自地下，朕听之甚悦。”她大吼曰：“悦你这个朕的破袜子吧，老而不死的神经病。”蒙头复睡。噫，简直越想我的前途越妙不可言，可不喜哉？

不过仅只箫鼓之音仍不够，因之史书上又推出“忽然不见”。《周书·帝纪》上说，当贺拔岳先生大军驻在河曲（山西永济）时，有一个小官，闲来无事，到旷野瞎逛，忽然碰见一个老头，头发眉毛都是白的，告他曰：“老弟，别瞧贺拔岳现在威风凛凛，那没有用，终于要垮。将来有一天，有一位姓宇文的，从东北而来，才是真主。”说罢这话，化作一阵清风，无影无踪。

真正第一位坐金銮殿的——北周帝国第一任皇帝，是宇文泰的儿子宇文觉先生（衔头“孝闵皇帝”）。小的时候，有一个也是铁嘴大学堂毕业的相面学博士，给他相了一面，曰：“这个孩子相貌贵极，可惜寿短。"其实何止寿短,而是十六岁即被幽禁杀掉,如果把"可惜寿短"改成"可惜幼年横死",才是事实。

宇文觉先生的弟弟宇文邕先生,衔头"高祖""武皇帝",他阁下在一连串动乱后,使北周帝国危而复安,真不简单。史书(《周书》卷五)上说,他生的时候,也有"神光照室",他爹宇文泰先生"异之"曰:"承吾志者,必此儿也。"果然,就在他手里,把一窝畜牲的北齐帝国干掉。

27. 婊子养的畜牲

中国历史上有几个大统一的短命政权,好像一朵光彩四射、灿烂辉煌的昙花,说开就开,开得有声有色,可是也说完就完,其迅速犹如用石头猛砸鸡蛋。政权存在的时间越长,要亡时往往不会一下子就亡,周王朝拖了一百年才亡,东汉王朝拖了五十年才亡,晋王朝拖了三四十年,唐王朝也拖了几十年,宋王朝拖了将近一百年,明王朝的头子虽然一个比一个驴,但在东南半壁,也支持了二十年之久。只有暴发户政权,因为人们的效忠惯性还没有建立,所以只要有个风吹草动,就招架不住,说亡就亡,说垮就垮,不但快,而且彻底。

隋王朝就是其中之一。开国头目普六茹坚先生(衔头"高祖""文皇帝")辛辛苦苦,努力了一辈子,自以为不得了啦,却不过为唐王朝搭了道桥。而他本人最后也被他亲儿子杨广先生,照御肚上一刀,活活捅死,想起来没意思得很也。

普六茹坚先生,陕西省华阴县人也,完全靠洋大人起家,货真价实的假洋鬼子。柏杨先生如果有一天为了当部长而改成了"罗斯福杨""肯尼迪杨",大家恐怕一定觉得不是滋味。君不见台湾被日本占领之后,很多人改姓了日本姓乎哉？张三成了"山本九一四",李四成了“人头太次郎”。隋王朝的皇帝，本来姓杨，却是被北周帝国原始头目宇文泰先生赐姓“普六茹”的，于是杨坚先生成了“普六茹坚”，你说叫不叫人肃然起敬钦也？

话说普六茹坚先生生的时候，因为玉皇大帝已经内定他是政坛上的头目，也内定他要挨儿子一刀，所以照例下命令焉，派天使焉照肚皮焉，忙得气喘如牛。史书（《隋书·帝纪》）上说，他阁下之呱呱坠地也，不但屋子里充满了紫气，连院子里也充满了紫气（一定是猪八戒在那里放烟火）。当初耶稣先生降生时，有三个博士从东方来，普六茹坚先生生下之后，也有人从东方来，不过来的不是博士而是尼姑；不是三个人，而是一个人。该尼姑姓啥叫啥，是妙龄的乎？抑老太婆乎？史书上没有介绍。她一瞧该娃儿的模样，就对他娘吕女士曰：“这小孩的来历不同平常，不可把他当成普通小孩。”为了表示真的不同平常，就自告奋勇，留下来抚养他。有一天，他娘吕女士抱着“高祖”逗弄玩耍（在这种场合冒出“高祖”两个字，婊子养的），该娃儿头上突然长出一个角来（妻子偷人，当丈夫的在中国谓之绿帽，在外国谓之长角，普六茹坚先生襁褓中就被注定要当王八矣）。不但头上长角，而且身上也长出鳞甲（老公式），他娘吓得魂飞天外，双手一松，忽冬一声，娃儿掉到地下，尼姑赶紧跑过来抱起（这时候大概角也无矣，鳞也无矣）。曰：“糟啦糟啦，这孩子本来要早当皇帝的，被你这一跌，要延迟若干年才能当。”（柏杨先生奉劝天下母亲，抱孩子时千万特别小心，把“高祖”跌晚了几年没关系，万一连根都跌断啦，岂不后悔不迭。）

普六茹坚先生的相貌颇不简单，《隋书》上说，他前额上有根“玉柱”，直通头顶（玉柱是啥，非铁嘴大学堂毕业生不会懂，大概是一道青筋吧），两眼有光，手上有一个“王”字皱纹（他既是假洋鬼子，应该有个 king 字才对），上身长，下身短。于是乎北周帝国的“太祖”“文皇帝”宇文泰先生——当时不过北魏帝国的一个官而已，见而异之曰：“这家伙风骨不凡。”

上面说的这一段，冒出来一个尼姑，为前所未有，无论“正史”也

好,奴才也好,能有如此伟大发明,总算脑筋还没有全被酱死,至少有一个细胞还活着,也是可喜现象。原文曰:

皇妣(普六茹坚的娘)吕氏,以大统七年(541)六月癸丑夜生高祖(普六茹坚)于冯翊般若寺(柏杨先生又要插嘴啦,产妇生下来的竟然不是一个小孩,而是一个"高祖",婊子,婊子!),紫气充庭。尼来自河东(山西),谓皇妣(他娘)曰:"此儿所从来甚异,不可于俗间处之。"尼将高祖(普六茹坚)舍于别馆,躬自抚养。皇妣(他娘)尝抱高祖(普六茹坚),忽见头上角出,遍体鳞起,皇妣(他娘)大骇,坠高祖(又是他妈的"高祖")于地。尼自外入,见曰:"已惊吾儿,致令晚得天下。"为人龙颔,额上有玉柱入顶,目光外射(不外射,难道内射乎?),有文在手曰"王",长上短下,沉深严重。周太祖(宇文泰)见而叹曰:"此儿风骨,不似代间(瀚海沙漠群)人。"

普六茹坚先生的异禀异样中,也应用了老公式"伪造情报"。《隋书》上接着说,北周帝国第二任皇帝宇文毓先生,曾派铁嘴大学堂教习赵昭先生去相普六茹坚先生的尊脸,回来做假报告曰:"没啥了不起,顶多当国务院总理。"可是却悄悄对普六茹坚先生曰:"你阁下一定会当皇帝,而且一定要经过大屠杀才能坐得稳,千万记住我这句话。"原文:"帝(宇文毓)尝遣善相者赵昭视之,昭诡对曰:'不过作柱国耳。'既而阴谓高祖(普六茹坚)曰:'公当为天下君,必大诛杀而后定,善记鄙言。'"

普六茹坚先生不过一个二三流窝囊货,不识几个字,却自以为是圣人兼学者,庸俗阴险,乃耶稣先生所谴责的法利赛人物。他之所以杀人如麻,经过"正史"奴才这么一帮凶,好像杀人原来不是他的主意,而是玉皇大帝的主意。

史书上还有两段花招,使人胃口大增,姑抄于下,读者先生如无兴趣,就不要看,如童心未退,则不妨就原文开开眼界。《隋书·帝纪》曰:

(北周)齐王宪(宇文宪)言于帝(宇文邕)曰:"普六茹坚相貌非

常,臣每见之,不觉自失,恐非人下,请早除之。”帝(宇文邕)曰:“此止可为将耳。”内史(宰相)王轨骤言于帝(宇文邕)曰:“皇太子(宇文赟)非社稷主,普六茹坚视有反相。”帝(宇文邕)不悦曰:“必天命有在,将若之何?”……(后普六茹坚)从帝(宇文邕)平齐,进位柱国(五星上将)。宇文宪破齐任城王高湝于冀州(河北定县),除定州(河北定县)总管。先是,定州城西门久闭不行,齐文宣(高洋)时,或请开之以便行人,帝(高洋)不许曰:“当有圣人来启之。”及高祖(普六茹坚)至而开焉。

呜呼,高洋先生不过一个畜牲而已,算什么东西?他怎么会想到小小定州的一个小小城门?而且又怎么会成了算卦的,预言有圣人来开该小小城门,他自己不就是圣人乎?而且普六茹坚只不过假洋鬼子,离圣人还有三万里哩。

普六茹坚先生的儿子杨广(普六茹坚当了皇帝后,天良发现,不姓普六茹啦),该杨广先生是一个“小事聪明,大事糊涂”的典型,也就是说有小聪明而无大智慧,不幸又生在皇帝可以为所欲为的专制时代,兽性一发,遂不可收拾。他轰轰烈烈折腾了一辈子,杀父奸母,穷兵黩武,最后被他最信赖的将军,弄一条玻璃丝袜套到脖子上,屎尿齐流,活活绞死。其衔头是“世祖”“明皇帝”——到了唐王朝,又称之为“炀皇帝”,也就是昏乱的皇帝。

虽然浑身罪恶,史学家仍丑态毕露。《隋书》上说,他阁下非常好学(为啥不老实说他好女人乎),又写得一手好文章,道貌岸然,沉默寡言,人人都以为他真伟大兼了不起。他爹普六茹坚先生派铁嘴大学堂教习给所有的儿子相面,相到杨广先生,立正致敬曰:“你阁下眉上双骨隆起,不仅当王,简直还要当帝哩。”

呜呼,中国历史上把亲爹皇帝杀掉的,有四人焉:(一)刘宋帝国刘劭先生,杀了他爹“太祖”“文皇帝”刘义隆;(二)北魏帝国拓跋绍先生,杀了他爹“太祖”“道武皇帝”拓跋珪;(三)后梁帝国朱友珪先生,杀了他爹“太祖”“神武元圣皇帝”朱温;(四)就是隋王朝杨广先生啦,杀了他爹“高祖”“文皇帝”普六茹坚。

问题是，虽然都是杀了亲爹的凶手，“正史”上却分别给以不同的待遇。刘劭先生弑父，正史(《宋书》卷九九)上说:他是他爹即皇帝位后生的，盖老皇帝翘了辫子，当太子的要哀哀守丧，怎能再跟娇妻颠鸾倒凤? 所以他先天的不是东西，这种“一即位，便生子”的现象，只有想当年商王朝最末一任头目子受辛先生时有之，而刘劭先生乃是第二个，所以他非糟不可。

拓跋绍先生更不值钱，《魏书》卷一六说，他阁下从小就“凶狠险悖，不遵教训，好轻游里巷，劫剥行人，斫射犬豕以为戏乐”。跟土匪流氓没啥分别，他爹气得要命，就用绳子拴住他的两腿，倒挂在井里，眼看要吊死啦，才把他放出来。

朱友珪先生比拓跋绍先生还要厉害，史书(《旧五代史·梁书》卷一二)上说，他娘是一个营妓，连姓啥叫啥都不知道，而是朱温先生带兵经过亳州，嫖妓时嫖出来的儿子。这意思就是说，他之弑父是因天生贱种，非人力也。

可是杨广先生杀了亲爹，却“贵不可言”。前三者被称之为“凶”，只有他被称之为“帝”，幸亏他阁下不争气，搞了个国破家亡。如果他也像唐王朝第二任皇帝李世民先生一样，逆取顺守，好好的干，十代二十代传了下来，岂不也英雄好汉，俨然圣崽乎? 嗟夫，“正史”是真没有原则的，即令弑父的凶手，失败啦固罪大恶极，只要成功，照样天子圣明。

28. 神仙显灵

隋王朝砸锅之后是唐王朝。唐政府是一个伟大的政府，东击高丽，北击突厥，把侵略者一个个打得叫苦连天，国势之盛，空前绝后(柏杨先生用“绝后”两字，真想跟你阁下抱头痛哭)。王维先生诗曰:“九天阊阖开宫殿,万国衣冠拜冕旒”,这种气派,已不可再得矣。

唐王朝既有如此的成就,而寿命长达二百七十六年,比起那些十年二十年的短命政权,不可同日而语,异禀异样,当然更不能幸免。唐王朝开山老祖兼第一任皇帝李渊先生,不失为浑厚之人,衔头“高祖”“神尧大圣大光孝皇帝”。《新唐书》上说,他一生下来就有三个乳房(他不当皇帝,而去跳脱衣舞,包管更叫座),《旧唐书》上虽没有介绍他的乳房,却介绍了他小时候铁嘴大学堂的场面。有一位史良先生焉,是相面大王,一天,为李渊先生相面,左相右相,大惊曰:“你阁下骨法非常,一定当人主,应该自爱,莫忘了我的话。”李渊先生听到耳里,高兴得翻斤斗。后来起兵叛变(在“正史”上,失败的叛变是“叛变”,成功的叛变是“义师”),攻击山西灵石,灵石守将宋老生先生,将强兵广,急切攻打不下,而又大雨连绵,无法存身,李渊先生一想,不如先行撤退,等天晴了再来。他儿子李世民先生听说,劝曰:“我们既然叛变,必须先行攻取咸阳,才可号令天下,如今碰到一个小小敌人,就要开溜,恐怕大家变心。大家一变心,我们徒守太原一城,不是‘贼’是啥,怎能自保乎?”李渊先生仍不肯听,李世民先生就在营门放声大哭曰:“今天我们起兵,有进无退,一退大家就会溃败,而敌人尾击于后,大家马上就完蛋矣。”李渊先生仍在犹豫。大概撤退与否,关系着这股叛军的兴亡,玉皇大帝一个电报拍到霍山,惊动了五百年前的霍山山神。于是,正史(《旧唐书》卷一)上说,就有一个穿着白衣服的老头,到军营之中,曰:“我是霍山山神,来晋谒唐王朝皇帝,这雨下到八月就停啦,停后你们从霍县东南进军,我会帮助你们。”说罢以后,忽然不见啦,抑留下来吃顿烧饼油条再行告辞,史书上没有提,反正李渊先生这才决心继续留下,还叹曰:霍山神从前既没有欺骗赵无恤先生,今天怎能欺骗我乎?到了八月,果然天晴,一场大战,把宋老生先生斩下马来。

霍山神这位神仙平常干些啥事,我们不知道。看样子好像专门听候玉皇大帝调遣,乱报吉信。远在战国时代,晋国大乱,智韩魏三家要瓜分赵家土地,赵家族长赵无恤先生从首都逃回晋阳途中,急急似丧家之犬，忙忙如漏网之鱼。他的一位家臣原过先生，跑不动啦，远远落在后面，忽然间神仙显灵，戴着金冠，穿着锦袍，半云半雾，面目看不清楚，该神仙把两节竹竿递给原过先生曰："拜托，拜托，把它交给赵无恤。"原过先生接了过来，拔腿狂奔，赶上赵无恤先生，剖开竹竿，竹竿里有两行红字，曰："告赵无恤，余霍山之神也，奉上帝命，三月丙戌，使汝灭智氏。"赵无恤先生这时候连老命都不保，神仙却反过来许他不但可以保住老命，反而可以消灭敌人，当然高兴欲狂。果然，到了三月丙戌日，一场胜仗，把智瑶先生杀掉，还把他的尊头漆成尿壶，天天往里撒尿。

唐王朝所以能真正建立起来，完全靠李渊先生的儿子李世民。这不是说他帮他爹东打西打，盖东打西打的除了他之外，还有他的哥哥李建成先生和弟弟李元吉先生，不过后来他翻脸不认人，把一兄一弟杀掉。"正史"这玩意儿最畏惧权势，自然把该二位的功劳一笔勾销。

柏杨先生所以说李世民先生了不起，不是说他杀了他的亲兄亲弟，也不是说他打江山的战功，而是说他当皇帝当了二十三年，为中国奠立下一个和平而稳固的基础。历史上很多打天下的朋友，第一代还像人样，到了第二代，不是残暴，就是荒淫，流脓流血，毛病百出，把老子辛辛苦苦建立起来的政权，一脚踢到别人屁股底下。这和家庭教育有关，和第二代的聪明才智有关，也和运气有关。而李世民先生真有一套，把亲兄弟杀掉，把亲爹逼下皇位之后，并没有像杨广先生那样，一意孤行，乱搞到底，反而夙夜不懈，兢兢业业。

所以他阁下的异禀异样，也很惊人。《新唐书》上说，他娘窦女士（衔头"太穆皇后"）生他的时候，根本没有经过阵痛，只打了一个呵欠，就生下来啦。彼时尚没有无痛分娩之药，而他竟有如此杰作，自然是太白金星在他娘肚子里保驾。《旧唐书》上虽没有强调他娘没有阵痛，却强调他生的时候，有两条龙在产房门口捉迷藏。注意的是，该二龙并不是"忽然不见"，而是足足地在门口捉迷藏捉了三天，这就不得了啦。龙是个啥，早已一言难尽，不过传说中可以当"天子”的“龙”，跟一条大蛇差不多，只多了四只脚，尊头也复杂一点而已。君不闻乎，“风从虎，云从龙”，有龙必有云，该二龙在产房门口整整捉迷藏捉了三天，一定云雾弥漫，雷声隆隆。呜呼，无怪乎产妇没有阵痛，大概吓都吓死矣。不过怪也怪在这里，从史书上看来，他娘固平安无事，跟普通产妇一样，大概该二龙奉上帝之命，只来表示一下异样，故意收敛威风，在院子里跑来跑去（也可能是飞来飞去），等大家一个个心服口服之后，即悄然回去缴令。

史书（《旧唐书》卷二）上说，李世民先生四岁的时候，有一个小伙子，自称是铁嘴大学堂的打狗脱，来见他爹李渊先生，曰：“你是个贵人，我想一定有贵子，请把你的儿子唤出，我相相面看。”相他二位兄弟的面，说了些啥，史书上根本不提，等到相李世民先生之面时，打狗脱脱帽曰：“龙凤之姿，天日之表，年将二十，必能济世安民。”李渊先生一听，不得了不得了，这话一旦传出去，被人打了小报告，岂不大祸临头乎？当下就要杀他（柏杨先生曰：摇尾朋友请隆重注意，摇尾时千万小心，遇到这种聪明绝顶的老板，就危矣危矣），幸亏该书生“忽然不见”，化作一阵清风跑他娘的啦，才没有断送老命。李渊先生这才恍然大悟，原来竟是神仙亲来传话的，就把该无痛分娩的娃儿，命名为“世民”，即该神仙说的“济世安民”之意也。

中国在唐王朝李世民大帝手里强大，在李隆基先生手里衰微。李隆基先生衔头是“玄宗”“至道大圣大明孝皇帝”，史书（《旧唐书》卷八）上说，他当潞州（山西长治）秘书长（别驾）的时候，有条黄龙在光天化日之下，一举升天。而他每次出外打猎，头上总有一块紫云（此一公式，读者老爷早滚瓜烂熟矣）。有一次他去长安，临行时请铁嘴大学堂教习韩礼先生为他算卦，韩礼先生不知道捣的啥鬼，拿一根草往桌上一放，咦，该草竟然站了起来，韩礼先生大惊曰：“草能直立，祥瑞非常，其中奥妙，说也说不清。”（其实已说得很清啦）而尤其怪的，他的宅子外面有一个水池，万顷之大，铁嘴大学堂望气系毕业的朋友，左望右望，望见水上有一种龙气，被当时在位的皇帝李显先生（衔头“中宗”“大和大圣大昭孝皇帝”）知道，就派了大象去该池中乱踩,目的是破坏该股龙气。可是,玉皇大帝既已于五千年前内定他当皇帝兼大乱中国,不要说大象啦,就是原子弹都轰他不垮。

29. 木星侵略北斗星

人到了老年,撒尿之后,必有反滴。盖膀胱用得太久,摄护腺磨损,不太健全啦。历史发展,似乎也是如此,长命王朝之后,必有短命王朝;长命政权之后,必有短命政权。盖要衰要亡,不是朝夕之事,而是长时间的腐烂和长时间的堕落,一旦垮之,好像山顶上往山脚下滚鸡蛋,该鸡蛋虽半路都破啦,但仍得继续下滚,不滚到底,不会停止。八百七十九年周王朝之后,有秦、楚;二百一十五年西汉王朝之后,有新、玄汉;一百九十六年东汉王朝之后,有曹魏;一百五十六年晋王朝之后,有宋、齐、梁、陈;一百四十五年的北魏王朝之后,有齐、周、隋。而二百七十六年唐王朝之后,老头撒尿的现象再度出现,左滴右滴,滴出来五个——梁唐晋汉周,其寿之短,还不如五胡乱华十九国时代那些赵燕秦夏。

读"正史"有时真能把脚指头都气出燎泡,土匪头目朱温先生比赫连勃勃先生还要无赖,他把唐王朝消灭,自己往金銮殿上一坐,这种干法,柏杨先生看没啥不对,但依"正史"规矩,固是篡窃也。问题是,也就在"正史"上,他阁下反而成了后梁帝国"太祖""神武元圣孝皇帝",另外比他还要高级一点的朋友,在各地不听他的,却成了"僭伪",《旧五代史》上还为这些朋友立下了《僭伪列传》三卷,不知道算哪一家的逻辑也。

后梁帝国从头到尾,仅十七年,说它十七年还是客气的,如果用西洋算法,不过十六年而已,而朱温先生最后还被他儿子一刀,从背后直通前心,哎哟而死。但十七年也是一个政权,主要的还是"正统”,“正史”就忍不住奴性大作。《旧五代史·梁书》上说,朱温先生降生的那一天,他家那间败坏脏臭贫民窟的破屋上,有一股赤气往上冒,赤气和红光很难有分别,于是邻居们都以为他家起火啦,慌慌张张,跑来救火。一瞧啥火都没有,该破屋仍俨然破屋,只不过该姓朱的贫苦人家,生了一个娃儿(臭而不可闻也的老公式),大家无不“异之”。

他爹朱昭先生穷苦而死(他死前再也想不到有一天在“正史”上的地位是“烈祖”“文穆皇帝”),他娘活不下去,只好带着他们兄弟三个,去萧县刘崇先生家做工。朱温先生是老三,三个孩子中以他最调皮,没有人不讨厌他,刘崇先生更经常揍之。可是刘崇先生的娘却觉得他不同凡品,尝曰:“朱三这小子不是普通人,你们要好好待他。”家人问她怎么知道他不是普通人,老太婆悄悄曰:“我当然知道,有一天,他正睡觉,我看了一眼,他却忽然变成一条大蛇,你说可敬不可敬。”但大家仍然不信,后来黄巢先生起兵抗暴,朱温先生和他的二哥齐去当兵,一去就是三十年,朱温先生由小兵节节高升,终于成了大将,再终于夺取了唐王朝政权,自己当起皇帝来啦,大家才不得不信,大蛇果是真龙,赤气原是预报。

在夺权过程中,朱温先生曾把唐王朝最后第二任皇帝李杰先生杀掉后,把亲王之一的李祝先生抓上去继位。遂做了一个梦,梦见有两条白龙,左肩上爬了一条,右肩上也爬了一条,吓得汗流浃背,霍然惊醒。这时候羽毛已成,异样更多,史书(《旧五代史·梁书》)上说,他驻军长芦(河北沧州)的时候,“有庆云覆于府署之上”(“庆云”是啥云,气象学专家应讲给我们听听)。

史书(《旧五代史·梁书》)上继续说,朱温先生当皇帝的前夕,家庙梁上忽然生出来五色灵芝草,而且长相跟芙蓉一样,草上还弥漫着紫颜色烟雾,一连好几天都不散去。不特此也,他阁下祖先的牌位上,还“有五色衣,自然而生”,于是“识者”知道一个新的政权要兴起矣。不特此也,天空上也有变化,远在二十年前(870前后),“木星入南斗,数夕不退”,全国陆军总司令官(诸道都统)王铎先生瞧见,向铁嘴大学堂星象系打听消息，答曰：“金星火星土星中任一星，一旦侵犯了北斗，都是天灾人祸。只有木星侵犯了北斗，不但没祸，反而有福。”（他妈的！）当时有一位边冈先生，史书上说他“洞晓天文，博通阴阳，历数之妙，穷天下之奇秘，有先见之明，虽京房管辂不能过也”。王铎先生又向他请教，边冈先生曰：“木星是福星，有帝王之相，不过不是福于今天，而是福于将来，现在我不敢说得太详细，再过二十年，你就知道应验到谁头上矣。”

这一番隐隐约约、欲擒故纵的话，把王铎先生说得心痒难抓，就把边冈先生悄悄请到内室，一定要他讲个明白。边冈先生还是不肯讲，“至于再三”，边冈先生只好泄漏天机矣，曰：“木星入斗，帝王之兆也。木在斗中，朱字也，以此观之，将来当有朱氏者，将为君也，天戒之矣。且木之数三，其祯也，应在三纪之内。”（他妈的。）

又不特此，远在一百年前八世纪头十年武曌女士时代，史书上说，“有谶辞云：‘首尾三麟六十年，两角犊子自狂颠，龙蛇相斗血成川。’当时好书者解云：两角犊子，牛也，必有牛姓干唐祚，故周子谅弹牛仙客，李德裕谤牛僧孺，皆以应图谶为辞。然朱字，牛下安八，八即角之象也，故朱滔朱泚丧乱之祸，冀无妄之福，岂知应之在帝（朱温）也。”

既然如此热闹，这个政权好像要千年万世，谁知道朱温先生只干了六年就被儿子宰掉，而后梁帝国也不过十七年就亡，亡了之后，子孙被杀的男女不留。祥瑞也者，异禀异样也者，又如何交代乎哉？瑞祥鬼话，只不过眼前一时之欢。俗云：“只见强盗吃肉，没见强盗杀头。”“正史”似乎也是只见异禀异样的当头目，没见异禀异样的人头落地，子孙灭绝，被斩草除根也。

后梁帝国完蛋后，后唐帝国继起，此唐非彼唐，不过当皇帝的都姓李，用以鱼目混珠，发小民思古之幽情而已焉。后唐帝国比十七年的后梁帝国还要短，不过十四年就亡，但因开山老祖的出身为人，稍比朱温先生高级一点，人们印象也自较之稍佳一点。

喜欢看京戏的朋友，在《珠帘寨》一戏上，对李克用先生的怕老婆和见钱眼开，一定有深刻印象。但此公却是后唐帝国的原始头目，衔头曰“太祖”“武皇帝”，这衔头虽不是他自己弄到手的，而是他儿子“庄宗”“光圣神闵孝皇帝”李存勖先生追赠的，但政权却是在他手中奠定基础，所以，他自然得有特别镜头。史书（《旧五代史·唐书》）上说，他娘秦女士生他的时候，怀胎怀了十三个月（老公式：“硬是不生。”），既然怀十三个月，必有毛病，于是该生时就发生难产。他娘在产床上痛苦不堪，眼看要完，家人惶惶，派人去雁门关买药，正在买时，遇到一位神仙，该神仙给他开了一个奇妙药方，曰：“普通人吃药有用，可是你们家这个小子，因将来要当‘武皇’之故，吃药没有用。请马上回去，率领部众，披甲持戈，擂起战鼓，吹起军号，让骑兵绕着产房，跑上三圈就成啦。”家人没有办法，只好如方炮制，想不到竟真的生了下来，这种催生手段，可谓高竿。

30. 手提机关枪

李克用先生既不是吃催生药，打催生针生的，也不是动手术，用钳子，开肚取婴生的，而是在锣鼓喧天、万马奔腾中生的，可见他是上帝内定的大人物，非人力也。

不特此也，他刚生下来时，一道彩虹直透产房，而院子里霎时间白光乱冒，如同白昼（他降生时可能顺手在太上老君那里捞了一个手电筒），而且井水也为之暴涨。不但院子里的井水为之暴涨，他十三岁那一年，新城（山西朔州）有个“毗沙天王祠”，祠前有一口井，李克用先生去该祠参观，该井井水知道未来的所谓“武皇”驾到，立刻就沸腾起来，不但沸腾，而且还从井口往外猛溢，以示恭迎。当时大家吓得屁尿直流，只李克用小子不屁尿直流，还用一杯酒浇而奠之曰：“敝人生有异禀，少有大志，一点不假，可是你这口井怎么乱往外冒水呀，是福是祸，吾不知焉，你阁下真有灵敏，就请显身一谈。”一言未了，怪事出现，本来是一道白白墙壁，却忽然有一个人影，穿着金盔金甲，手提汤姆逊机关枪，眼看就真的要下来跟他一谈啦，大家心胆俱裂，一哄而逃，李克用先生也脚底抹油。

后来他官做到“云中牙将”，有一天，找了一位妓女小姐，又嫖又喝，酩酊大醉。有一个刺客悄悄进到帐内，举刀要砍，说时迟，那时快，只见帐中冒出一团烈火，该刺客只好掉头就跑。

上述种种花招，离谱似乎太远，免得读者先生翻书，照抄(《旧五代史》卷二五)如下：

(李克用)母秦氏，生于新城，在妊十三月，载诞之际，母艰危者竟夕，族人忧骇，市药于雁门，遇神叟告曰：“非巫医所及，可驰归，尽率部人，披甲持旄，击征鼓，跃马大噪，环所居三周而止。”族人如其教，果无恙而生。是时虹光烛室，白气充庭，井水暴溢。年十三，新城北有毗沙天王祠，祠前井一日沸腾，武皇(李克用)因持卮酒而奠曰：“予有尊主济民之志，无何井溢，故未察其祸福，惟天王若有神奇，可与仆交谈。”奠酒未已，有神人披金甲，持戈，隐然出于壁间，见者大惊走，惟武皇(李克用)从容而退(他不去交谈，竟然“而退”，恐怕难以“从容”)。武皇(李克用)为云中牙将，尝在云中宿于别馆，拥妓醉寝，有侠儿持刀欲害武皇(李克用)，突入曲堂，但见烈火炽赫于帐中，侠儿骇异而退。

李克用先生的儿子李存勖先生，衔头“庄宗”“光圣神闵孝皇帝”，也是一个有小聪明而无大智慧的半吊子，把朱温先生的后梁帝国灭掉，正是天老爷赐给他重建中国的良机，他不但没有搞出点成就，反而窝窝囊囊被唱戏的杀掉，千辛万苦打下的政权，只十四年就连根拔起。但该混蛋却也有他的一套，史书(《旧五代史》卷二七)上说：他娘曹女士怀他的时候，春心乱动，经常梦见一个穿黑衣服的家伙，手执芭蕉扇，在她身边挤来挤去。十一岁时，他去长安进贡，唐王朝皇帝李杰先生一见，龙心大震，曰：“此儿有奇表。”又拍他的尊背曰："儿将来国栋也，勿忘忠予家。"翻来覆去一句话，凡是能混到金銮殿上的，都是天授。

后唐帝国下台后，后晋帝国接替而兴，五代的短命政权真是一蟹不如一蟹，后梁十七年，后唐十四年，后晋不过十一年，但把戏之多，也使人叹为观止。史书（《旧五代史》卷七四）上说，开山老祖石敬瑭先生（衔头"高祖""圣文章武明德孝皇帝"）生的时候，"有白气充庭"，盖他阁下之当头目，并不从他生的时候开始，而也是神仙老早就决定了的。柏杨先生按，玉皇大帝那里，一定有一个"人间头目兴亡表"，从开天辟地就排定了顺序，像搭公共汽车的乘客一样，站队等候，有时鱼贯而出，有时一拥而上。且说就在石敬瑭先生当皇帝的三十年之前，也就是907年，唐王朝（不是李存勖先生短命的十四年政权）被朱温先生搞亡的那一年，史书（《旧五代史》卷七五）上说，（山西）壶关县有一个樵夫，上山砍柴，一斧下去，该树就倒啦，倒啦不算，一倒就跌成两半。其中有六个大字，该六个大字像是用左手写的，歪歪扭扭，曰"天十四载石进"，当时尚是军官的朱温先生看它不懂，下令藏到库房。现在请看正史对该六字的解释吧，《旧五代史·晋纪》曰："天字取四字中两画，加之于旁，则'丙'字也。四字去中两画，加十字，则'申'字也。帝（石敬瑭）即位之年乃丙申（936）也。又《易》云'晋者进也'，国号大晋，皆符契焉。"

史书上又说，石敬瑭先生即位的前一年，邺城（河南临漳）有一座桥，桥下有一条蛇和一只大老鼠，厮打不休，从早一直斗到晚（申时），该蛇竟被大老鼠斗死。于是"识者志之"，而后唐帝国果然于"申"日灭亡。后唐帝国最后一任皇帝李从珂先生，本来姓王，原籍河北省正定县，先人旧居之侧，有一座古庙，庙里有一个石像，后唐要亡时，该石像忽然摇动不已（大概托塔李天王踢了他一脚）。当石敬瑭先生起兵叛变时，后唐就要筑成啦，却忽然起了暴风暴雨，把它冲垮。张敬达先生锲而不舍，雨就下得更大，把城也冲垮，围终合不住。石敬瑭先生在城里当然心如火焚，晋阳有一个北宫，宫城之上，有一个神祠，供奉着"毗沙门天王"（这位天王面熟），他只好日夜向该天王焚香叩拜,这一叩拜不打紧,该天王受宠若惊。不过,有报告上来,曰:“夜来有一人,长丈余,介金执殳,行于城上,久方不见。”该天王竟亲自出马,巡逻起来啦。

“正史”上又说,晋阳牙城有一个僧坊,曰“崇福坊”,坊内庑下,西北角上,有一个泥做的神像,该神像的尊头上忽然冒起黑烟,该烟袅袅上升,好像民间烧饭时的炊烟。众和尚以为失了火,赶忙去救,跑到跟前一看,啥也没有。石敬瑭先生查问是怎么回事,和尚曰:“庄宗(李存勖)将得天下,曾有此烟,观此喷源,甚于当时,兆可知矣。”这也是烂公式矣,曰“好像失火”。

31. 条条开列

自从崇福坊的泥像乱动了之后,连太阳都起了变化。史书(《旧五代史》卷七五)上继续说,太阳旁边忽然生出五色云气,好像莲蓬之状,石敬瑭先生立刻请来一位铁嘴大学堂的打狗脱,提心吊胆问曰:“此验应谁?”答曰:“见处为瑞,更应何人?”用白话写出,便是:“谁看见就应到谁头上,你既然看见啦,除了应你,还会应别人呀?”又有一天,天已黑啦,城上忽然传出号令之声,“不绝者三”,该声原来来自南天门。于是,大家都知道天兵天将出动矣。“正史”写到这里,唯恐仍酱读者不住,乃画龙点睛地叹曰:“斯天运使然,非人力也。”

呜呼,后晋帝国十一年的小小局面和短命政权,而石敬瑭先生又是一个卖国老贼,玉皇大帝竟辛辛苦苦为他如此这般手忙脚乱,想来天上诸位神仙,都是健身院的教练,否则地球上国家如此之多,仅只示祥示瑞,都要把筋累断矣。

后晋政权玩了十一年结束,下面接着是后汉帝国(啥朝代名不好起，偏偏舔前人的屁股?)，这个“汉”总共有三十三年的寿命。史书上提到开山老祖刘知远先生，只形容了五句，曰:“帝(刘知远)弱不好弄，严重寡言，及长，面紫色，目睛多白。”刘知远先生的衔头是“高祖”“睿文圣武昭肃孝皇帝”，实际上他自己坐金銮殿不过十一个月多，如果能多坐几年，把戏包管更多。

后汉帝国建立四年后，发生危机，叛军郭威先生攻陷首都开封，刘知远先生的弟弟刘崇先生(衔头“世祖”“神武皇帝”)，在山西太原称帝，维持残余的帝国局面。刘崇先生不但窝窝囊囊，而且是一个地痞无赖，残苛寡恩。向辽帝国叔皇帝屈膝，自称侄皇帝。但史书上却说他也不同凡品，尊眼里有两个瞳仁，而且还长了一把好胡子，他的皇帝，当然是五百年前注定了的。

——柏杨先生曰，“目有双瞳”，烂透了的公式。昨天我老人家照镜子，似乎有八个瞳仁，烧冷灶的朋友，务请赶快下手。

“后汉”之后，是“后周”，“后周”也是三水货，先有姬发先生之“周”，后有宇文泰先生之“周”，现在又冒出一个“周”(中国字这么多，叫啥不行，总是二水货三水货，甚至四水货五水货)。后周帝国的政权只有十年，但却是了不起的王朝，如果第二任皇帝郭荣先生不早死，政权落不到赵匡胤先生手上。第一任皇帝“太祖”“圣神恭肃文武孝皇帝”郭威先生的花招，自然颇不简单，且逐条开列于后(均载《旧五代史》卷一一〇)，免得读者先生头晕眼花。

其一

章德皇后(郭威的娘)以唐天佑元年甲子岁(904)七月二十八日，生帝(郭威)于尧山(河北邢台)之旧宅。载诞之夕，赤光照室，有声如炉炭之裂，星火四迸。

柏杨先生赞曰:又是太白金星在那里乱照肚皮。

其二

(郭威)尝昼寝，有小虺(蛇)五色，出入颧鼻之间，后(郭威的老婆)遽见愕然。

柏杨先生赞曰:郭威先生大概到印度国留过学,有玩蛇绝技,连鼻孔都敢叫它乱钻。

其三

在太原时,有神尼与帝(郭威)同姓,见帝,谓李琼曰:"我宗天上大仙,顶上有肉角,当为世界主。"

柏杨先生赞曰:三姑六婆,似乎都是铁嘴兼半仙。

其四

晋河阳节度使张彦琪奉命北伐,帝(郭威)从之,营于晋祠,是时屋坏,同处数人俱毙,唯帝(郭威)独无所伤。

柏杨先生赞曰:大难不死,必有后福。

其五

(郭威)所居官舍之邻吴氏,有青衣佳娘者,为山魈所魅,鬼能人言,而投瓦石,邻伍无敢过吴氏之舍者。帝(郭威)过之,其鬼寂然。帝(郭威)去如故,如是者再。或谓鬼曰:"尔既神,向者客来,又何寂然。"鬼曰:"彼大人者。"繇是军中异之。

柏杨先生赞曰:皇帝这玩意儿,还可以避邪驱鬼。

其六

帝(郭威)前梦河神告曰:"七月下旬,上帝当灭守贞之族。"至是收复贼垒(李守贞举家自杀)。城中人言,见帝(郭威)营上有紫气,如楼阁华盖之状。

柏杨先生赞曰:又是"气"。

其七

一夕,在山亭院斋中,忽有黄气于前,上际于天,帝(郭威)于黄气中见星文,紫微、文昌,烂然在目,既然告知星者曰:"予于室中见天象,不其异乎?"对曰:"坐见天衢,物不能隔,至贵之祥也。"

柏杨先生赞曰:他阁下的眼珠应挖出来送给眼科医生研究研究,瞧它有啥特别之处。

其八

异日,牙署中有紫气,起于幡竿龙首,凡三日。

柏杨先生赞曰:臭公式矣。

其九

是日旭旦,日边有紫气来,当帝(郭威)之马首。诸军拥帝(郭威)南行,时河冰初解,浮梁未构。是夜北风凛冽,比旦,冰坚可渡,诸军遂济。

柏杨先生赞曰:准是上帝叫蝎子精吹了一口冷气。

郭威先生死后,他的义子郭荣先生(衔头“世宗”“睿武孝文皇帝”)继位,前已言之,郭荣先生是一个真了不起的帝王,可惜死得太早,“正史”上没有明目张胆请他表演,但却在行文夹缝里,努力走私。我们也条列于后(均见《旧五代史·周书》),以便瞻仰。

其一

紫翁者,常独居室,人为司冥事,一日,笑不止,妻问其故,不答,翁嗜饮,妻醉之以酒,乃曰:“上帝有命,郭郎(郭荣)为天下。”

柏杨先生赞曰:该老头不过在阴间兼一个小差,消息竟如此灵通。

其二

世宗(郭荣)在民间,尝与邺中大商颉跌氏往江陵贩卖茶货,至江陵,见有卜者王处士,其数如神,世宗(这时候他不过一个茶贩,哪里来的“世宗”?)因颉跌氏同往问焉,方布卦,忽有一蓍出,卓然而立,卜者大惊曰:“吾家筮法,十余世矣,常记曾祖以来遗言,凡卜筮而蓍自跃出者,其人贵不可言,况又卓立不倒,得非为天下之主乎?”

遽起再拜。

柏杨先生赞曰:到庙里抽签算卦的小子,要特别小心,万一上帝看上了你,要你当政坛头目,小心该签跳出来戳瞎你的尊眼。

其三

世宗(郭威)以王朴精究术数,一日从容问之曰:“朕当得几多?”对曰:“臣固陋,则以所学推之,三十年后,非所知也。”世宗(郭荣)喜曰:“若如卿言,寡人当以十年开拓天下,十年养百姓,十年致太平,足矣。”其后自瓦关回戈,未到关而晏驾,计在位止及五年六个月,五六乃三十之成数也,盖朴(王朴)婉而言之。

柏杨先生赞曰:算卦不足奇,奇的是这种鬼解释。

其四

先是,世宗(郭荣)之在民间,尝梦神人以大伞见遗,色如郁金,加道经一卷,其后遂有天下。及甘桥不豫之际,复梦向之神人,来索伞与经,梦中还之而惊,起谓近侍曰:“吾梦不祥,岂非天命将去耶?”

柏杨先生赞曰:奉劝读者老爷,以后做梦时要小心,不要随便还人东西。

其五

初,幽州(北平)闻车驾(郭荣)将至,父老或有窃议曰:“此不足忧,且天子姓柴(郭荣先生本姓柴),幽州为燕,燕亦烟火之谓也,此柴入火不利之兆,安得成功?”卒如其言。

柏杨先生赞曰:看情形连我这个姓柏的也危险万状,有机会我就改姓“金”。

32. 各有千秋

除了梁唐晋汉周五个短命政权,因为天下四崩五裂,中国版图上同时还有别的短命政权,曰“南吴”,曰“南唐”,曰“前蜀”,曰“后蜀”,曰“南汉”,曰“南楚”,曰“闽”,曰“岐”,曰“吴越”,曰“南平”,曰“桀燕”。

南吴帝国的地盘在长江下游,原始头目“太祖”“武皇帝”杨行密先生,史书(《旧五代史》卷一三四)上说他的两条腿大有学问,一天能走一百五十公里(按,一天能走六十公里,就算飞毛腿啦)。

——柏杨先生赞曰:可惜他阁下生不逢辰,如果生到现在,派他去参加世界运动会,准拿金牌。

南唐帝国是南吴帝国的后身,开国头目兼第一任皇帝“烈祖”“光文肃武孝皇帝”徐知诰先生(后来恢复本姓,改名“李升”),史书上说,在他夺取皇位的前几个月,江南有童谣云:“东海鲤鱼飞上天”,鲤者,李也,“盖言李升一旦自温(徐温)家起而为君尔。”

——柏杨先生赞曰:三作牌真应查查,该童谣是谁编的,跟李升先生有啥关系?

前蜀帝国,地盘在四川,开国头目兼第一任皇帝“高祖”“神武圣文孝德明惠皇帝”王建先生,他的特技特别多,也和别人的不同,且看《新五代史·前蜀世家》上的鬼话吧:

(一)907年:“正月,巨人见青山。六月,凤凰见万岁县,黄龙见嘉阳江。诸州皆言甘露、白鹿、白雀、龟龙之瑞。”(二)908年:“七月,驺虞见。”(据说驺虞是一种义兽,白虎黑文,不吃生物,不踏草地,大仁大义的动物也。)(三)909年:“八月,有龙五十,见洵阳水中。十月,麟见壁州。”(五十条龙出笼,真能吓死人。)(四)912年:

"剑州木连理。六月,麟见文州。十二月,黄龙见富义江。"(五)910年:"正月,麟见永泰。五月,驺虞见壁山,有二鹿随之。白龙见邛州江。"(六)911年:"河麟见昌州。"

——柏杨先生赞曰:一个无赖级的头目,不但神仙忙,连禽兽也忙,一会儿在这里冒一下,一会儿到那里冒一下。

不过最精彩的还是王建先生的肉,史书上说,王建先生年轻时不知道犯了啥罪,被判笞刑,打了个皮破血流。可是他的肉却是天子之肉,虽皮破血流,却不留一条疤痕。他阁下想当皇帝时,恐怕别人说他受过笞刑,就当众脱下衣服,叫大家瞧他的尊背,还嘴硬曰:"请足下细看,有杖责而肌肉如是耶?"

——柏杨先生赞曰:好肉呀好肉。

后蜀帝国的地盘,当然也在四川,开国头目兼第一任皇帝"高祖""文武圣德英烈明孝皇帝"孟知祥先生。史书上说,他阁下有一天在成都郊外休息,忽然有一个推小车的大汉经过,小车上放着一袋东西,孟知祥先生问曰:"你的车子可载多少?"大汉答曰:"拼老命也不过两袋。"孟知祥先生听啦,气得发昏第十一,他的后蜀帝国果然两代即亡。

——柏杨先生赞曰:那个推小车的大汉,准是张果老下凡。

33. 诗也派上用场

南汉帝国地盘在广东,开国头目兼第一任皇帝"高祖""天皇大帝"刘岩先生。史书(《新五代史》卷六五)上说,他爹刘谦先生一生怕太太,但仍挡不住在外面偷偷摸摸,跟一个姓段的小姐姘上,生了一个娃儿,该娃儿就是刘岩。生下来不到三天,走漏了风声,被太太韦女士知道,韦女士是有名的醋大王,又泼又辣,一听说老头在外乱搞,而且有了“爱情的结晶”,当时气得跳高,手持菜刀,杀奔前往。可是刘岩先生天生的要当“高祖”,岂会命丧黄泉,等到佣人把他阁下抱到跟前,韦女士不但下不了菜刀,反而像触了电一样,当啷一声,菜刀堕地。老太婆看了半晌,叹曰:“此非常儿也。”结果只把那个可怜的段女士杀掉。

——柏杨先生赞曰:另外还有“白龙见南宫三清殿”节目,不必细表矣。

南楚王国的地盘在湖南,谈不上国,一个小小军阀割据的小小局面而已。开国头目兼第一任国王马殷先生,史书(《新五代史》卷六六)上说,他每逢作战,军营之上,常有“云气甚佳”,所以总没有打过败仗。

——柏杨先生赞曰:云气这玩意儿呈现的次数太多,烦死人啦。

闽帝国的地盘在福建,原始头目“太祖”“昭武孝皇帝”王审知先生,河南固始人也。史书(《旧五代史》卷一三四引《五代史补》)上说,王审知先生的远祖王霸先生,五世纪南北朝南梁帝国时,在福州怡山当道士,后来修炼成仙,升天而去。升天之前,大概跟玉皇大帝通过电话,就曰:“吾之子孙,当有王于此方者。”就自己把这话编成谶语,刻到石头上,埋在皂荚树底下。一直到了八世纪唐王朝,被另一位道士徐景元先生从地下掘了出来,只见石头上刻有诗曰:“树枯不用伐,坛坏不须结,不满一千年,自有系学列。”又曰:“后来是三王,潮水荡祸殃,岩逢二乍间,未免有销亡,子孙依吾道,代代封闽疆。”对这两首诗,史书解之曰:“潮荡祸殃,谓王潮除其祸以开基业也。岩逢二乍间,谓陈岩逢、王潮,未几而亡,土地为其所有也。代代封闽疆,谓潮与审知也;代代,盖两世之称。”不特此也,史书(《新五代史》卷六八)上说,王审知先生的儿子王延钧先生,衔头“太宗”“惠皇帝”在位的时候,还“黄龙见真封宅”哩。

——柏杨先生赞曰:王霸先生可真是杂毛老道,能知五百年后的怪事。

吴越王国,地盘在浙江,也只是一个小小军阀割据的小小局面。

开国头目兼第一任国王钱镠先生,头衔“太祖”“武肃王”。史书(《新五代史》卷六七)上说,有一个铁嘴大学堂望气博士,豫章(江西南昌)人,有一天抬头一看,看见“牛斗间有王气”,而“牛斗,钱塘之分也,因游钱塘;占之在临安(杭州)”。就又到了临安,在街上摆起卦摊,暗中查访。当时有个县政府职员钟起先生,也去相面,博士曰:“我算出来你们临安有极贵之人,一直没有找到,你阁下的相貌当然了不起,但仍不是我找的那个人也。”钟起先生是个好事之徒,就备了几桌酒席,把县里有头脸的人物都请来,望气博士一一相之,一一摇头。后来有一天,望气博士去钟起先生家,在门口恰巧碰见钱镠先生,不禁大惊曰:“就是他啦。”钟起先生曰:“你说啥?这个姓钱的流氓?”望气博士乃对钱镠先生曰:“你阁下骨法非常,努力自爱。”又对钟起先生曰:“我来暗访贵人,并不是想求点啥,而只是想验证一下我的道行,明天我就走啦,拜拜。”

——柏杨先生赞曰:我隆重建议“教育部”,应该早日重建铁嘴大学堂,下设望气、面相、手相、解梦、摸骨、卜筮、风水,以及其他飞象过河,或鬼话连篇等等各种学系。

34. 杀妻奇案

南平王国,也是小军阀小割据,开国头目兼第一任国王高季兴先生,衔头“武信王”,出身也很特别。朱温先生当唐王朝梁王的时候,把开封一个做生意的小子李七郎先生,收成干儿子,改名为朱友让,而高季兴先生正是朱友让先生手下的一个仆人。朱温先生有一天去朱友让先生家,在仆人群中发现“耳目有异”,当时收干儿子的风气很盛,就叫朱友让先生把他也收为干儿子,于是他遂成了朱温先生的干孙子矣。史书(《旧五代史·世袭列传》引《五代史补》)上说,有一次,他随朱温先生出征,三更半夜,走到一个村庄,看见有一位老太婆,正手端着灯,伫立在旅店门口。见他踉跄而至,就迎于门内,诚惶诚恐,鞠躬如也。他大疑之,老太婆曰:"我刚才睡得正甜,在梦中听见有人敲门,还叫曰:'快起来,快起来,国王驾到。'我就赶忙起来,去门口察看,恰巧碰上了你,你不是国王,谁是国王?"

高季兴先生每次作战,都携带他最心爱的美丽妻子张女士同行。有一次,打了败仗,张女士偏偏怀了尊胎,挺着大肚子,行动不便。高季兴先生恐怕被她牵累,就本着"成大事者不恤小节"的圣人指示,暗下毒手,趁她倒在山边熟睡的时候,用刀把山脚挖空,以便山崩下来,把她活活压死。谁晓得挖着挖着,眼看就要把山挖垮啦,他的妻子却忽然惊醒,糊里糊涂还以为她丈夫仍爱她如命哩,喘曰:"我刚才做了一个怪梦,梦见山崩啦,正好压到我身上。却有一位神仙,穿着金盔金甲,拿着丈八蛇矛,用手把山托住,山竟没有倒下来。"高季兴先生一听,知道她必生贵子,这才回心转意,把她带走。

——柏杨先生赞曰:该神仙既肯用手托山,为啥不肯用手挡一挡敌人乎哉?可能是张女士发现命在旦夕,给该负了心的臭男人来一个信口雌黄。

桀燕帝国,本只叫"燕帝国"的,因它的头目过度凶恶,所以加上一个"桀"字,一则跟历史上其他的"燕"分别,一则说明它的性质。地盘在河北北部,开国头子兼第一任和最后一任皇帝刘守光先生,小型的杨广先生二世,衔头"大燕皇帝",因为只搞了三年就被杀掉,所以没有混上一个啥"祖"啥"宗"。他爹刘仁恭先生自然也没被追赠啥"祖"啥"宗",但花招却照有不误。史书(《旧五代史》卷一三五)上说,刘仁恭先生有一天,做了一个梦,梦见"大佛幡出于指端",铁嘴大学堂毕业生也告他云:"年四十九当领旄节。"

——柏杨先生赞曰:"正史"处理刘仁恭先生的梦,与众不同,而加了一顶帽子,曰"自言尝梦",意思是贬他不值钱,但对别的头子却没有这句话。呜呼,难道别的"乱做春梦"都不是"自言"的,而是盖氏探测器探测出来的乎?对成功的何其百般顺服?对失败的又何其冷嘲热骂,义正词严哉?

35. 奇异的香味

五代十一国乱七八糟的局面过去,政坛上接着冒出来一个“宋”,此“宋”非南北朝那个“南宋”,乃统一局面的“宋”——不过却是二水货。开国头目兼第一任皇帝赵匡胤先生,取得政权的方法跟北周帝国开国头目兼第一任皇帝郭荣先生一模一样,都是被部下“自动自发”抬上轿子,再抬到金銮殿上的。只因为赵匡胤先生死得较晚(死那一年五十岁),而死了后又由年长的弟弟赵光义先生继承帝位,政权才开始持久,而他也就更说得嘴响。

他阁下的头衔比从前的同类,都要来得臭而且长,曰:“太祖”“启运立极英武睿文神德圣功至明大孝皇帝”,史书(《宋史》卷一)上说,他娘杜女士在洛阳夹马营生他的时候,产房四周,往外乱冒红光,而且有一种奇异的香味,一晚不散,该娃儿因为是“太祖”的缘故,不同凡品,皮肤呈一种金色,三天不褪。长大之后,当然容貌雄伟,“识者知其非常人”。

最使人喝彩的是他阁下的尊头。有一天,不知道怎么搞的,骑上一匹野马,该野马没有辔勒,一看有人胆敢骑它,拔腿就跑,于是忽冬一声,赵匡胤先生的尊头英勇地碰到门框之上,摔下马来,跌倒在地。大家以为这一下他的尊头准碰得粉碎,完了蛋啦,殊不知他既然有那么一长串头衔,自有玉皇大帝亲自光临,用御手一隔,所以只有响声,实际并未碰上。只见他一个鲤鱼打挺,翻身而起,追上该野马,一跃而上。尊头不但没有破,而且连一点伤都没有。

又有一天,跟他的朋友韩令坤先生在土屋里赌博,正赌得起劲,院子里忽然有麻雀打架,两个小子童心未退,一齐跑出来捉麻雀,刚跨出门坎，土屋竟倒塌啦，如果不是那几只麻雀，便活活压死矣。那几只麻雀来路一定很大，当然是玉皇大帝御手放到那里的也。

另一个花招是，他阁下年轻时东西流浪，没有落脚的地方，有一个老和尚，也是铁嘴大学堂毕业生，瞧他头上直往外冒“太祖”，就送了他一笔钱曰：“你只管往北走，一定有奇遇。”恰巧郭荣先生正要攻击李守贞，他就应募当兵，从此一帆风顺，直抵宝座。

后来他阁下在陈桥驿叛变前夕，铁嘴大学堂另一毕业生苗训先生跟秘书（门吏）楚昭先生，忽然瞧见太阳底下又有一个太阳，而且“黑光摩荡者久之”。两个太阳加一个黑光的结果，叛变不叫叛变，而叫受命于天矣。

于是，《宋史》赞曰：太祖（赵匡胤）起介胄之中，践九五之位，原其得国，视晋汉周，亦岂甚相绝哉。及其发号施令，名藩大将，俯首听命，四方列国，次第削平，此非人力所易致也。”呜呼，有史若此，不如生疮。

赵匡胤先生后来终于死在他弟弟赵光义之手，赵光义先生头衔是“太宗”“神功圣德文武皇帝”。史书（《宋史》卷四）上说，他娘杜女士生了他哥哥“太祖”赵匡胤先生之后，有一天，乱做春梦，梦见有位神仙双手捧着一个太阳硬往她玉肚里塞，这一塞不打紧，她就怀了孕，又生下一个“太宗”。生的时候，跟他哥哥一样，产房里也冒出熊熊红光，好像遭了天火，也同样有一种香味，邻居们都闻得见。

写到这里，柏杨先生不得不为该“昭宪皇后”杜女士担心，每生一个儿子，非弄得红光的红光，异香的异香，不怕得产后热乎？

36. 间接受精法

其他王朝，仅只开国头子鬼话连篇就够啦，顶多第二代也冒出来点啥,政权只要能传递下去,以后的头子,全属爬虫的后裔——皇家血统,玉皇大帝也就高抬贵手。只有《宋史》这部“正史”,似乎觉得小民们的奴性还需要加强培养,于是除了赵匡胤先生和赵光义先生兄弟二人外,他们的子子孙孙,也一个个有其节目:

(一)第三任皇帝赵恒先生,赵光义的儿子也,衔头“真宗”“应符稽古神功让德文明武定节圣元孝皇帝”。《宋史》(卷六)上说,他娘李女士乱做春梦,梦见太阳从天上掉下来,她就拉起裙子去接,该太阳借着下掉的冲力,往她小肚子里一钻,就钻了进去,于是“有娠”。生他的时候,也是满屋红光(没有红光,死不瞑目),而且在他脚趾上,还有一个“天”字的纹。

(二)第四任皇帝赵受益先生,赵恒的儿子也,衔头“仁宗”“体天法道极功全德神文圣武睿哲明孝皇帝”,《宋史》(卷九)上说,他阁下从小就“天性仁孝宽裕,喜怒不形于色”。

(三)第五任皇帝赵曙先生,他不是赵受益的儿子,而是赵允让的儿子,衔头“英宗”“体乾应历隆功盛德宪文肃武睿圣宣孝皇帝”,《宋史》(卷一三)上说,他爹(不是他娘)乱做春梦,梦见两条龙和太阳一齐从天上掉下来(伟哉,比赵恒先生多了两条龙),他就用衣襟去接(不是用裙子),于是他太太就“有娠”(此之谓间接受精法,唯大人物有之)。生的时候,也是红光满室,而且还有黄龙在该红光中游来游去,好不复杂。

(四)第六任皇帝赵顼先生,赵曙的儿子,衔头“神宗”“绍天法古运德建功英文烈武钦仁圣孝皇帝”,《宋史》(卷一四)上说,他生的时候,照例红光乱照(红光好像和宋政权结了婚)。尤其使人瞪眼的是,屋子里老鼠都像中魔了一样,从口中纷纷吐出五色之气,霎时间云雾弥漫。而他阁下八岁时也做了一梦,梦见有神仙奉他上天。

(五)第七任皇帝赵煦先生,赵顼的儿子,衔头“哲宗”“宪元继道显德定功钦文睿武齐圣昭孝皇帝”,《宋史》(卷一七)上说,他生的时候,产房里也冒出了红光。

(六)第十任皇帝赵构先生,赵佶的儿子,衔头“高宗”“受命中兴全功至德圣神武文昭仁宪孝皇帝”,《宋史》(卷二四)上说,他娘生他的时候,仍是老一套,太白金星在产房里用手电筒乱照他娘细嫩的肚皮。

(七)第十三任皇帝赵伯琮先生,他不是赵光义子孙啦,而是赵匡胤的子孙,衔头“孝宗”“绍统同道冠德昭功哲武文神武明圣成孝皇帝”,《宋史》(卷三三)上说,他娘张女士也是乱做春梦,梦见有一个人送了她一只羊,还曰“以此为识”,于是就怀了胎。生的时候,依鸭子屎传统,当然离不了“红光满室”。

(八)第十五任皇帝赵扩先生,赵伯琮的孙子,衔头“宁宗”“法天备道纯德茂功仁文哲武圣睿恭孝皇帝”,《宋史》(卷三七)上说,他娘李女士也梦见太阳从天上掉下来,不过这次她没有用裙子去接,他爹也没有用衣襟去接,而是她用手握住的,这一握就等于宽衣解带,当然“有娠”。

37. 手里握着一块

宋王朝的头目一个个都是如此,不必再介绍矣,介绍得太多,使人腰酸。现在看看元王朝如何吧。

元王朝开国头目是“却特·特穆津”先生,“正史”给他的衔头是“太祖”“法天启运圣武皇帝”,此公即我们小民们称之的“成吉思汗”,姓“奇渥温”,名“铁木真”者是也。他阁下乃一代英雄,虽然把汉民族的宋王朝灭掉,但那烂透了的政权,不亡也真无天理。史书(《元史》卷一)上说,他十一世祖母阿伦斡女士,本来生有二子,长子曰“布固哈塔吉”,次子曰“博克多萨勒济固”。她丈夫翘了辫子后,她年轻轻的就守了寡,春心荡漾,好不难熬。于是乎,有一天晚上,出了特写镜头,只见一道白光,跳进了她的蒙古包,然后摇身一变,变成一个浑身穿黄的英俊青年,该青年不由分说,上了她的牙床。上了牙床后干了些啥,未便臆测,反正是上床之后,阿女士就怀了孕,生下了一个私生子,名曰"勃端察尔",就是成吉思汗的十世祖也。为了掩饰该小子的来历,阿女士还厚着脸皮宣传曰:"此儿非痴,后世子孙必有大贵。"她的话比铁嘴博士还灵,果然,十代之后,出了一个"太祖"。

十世祖都有如此之异,到了铁木真先生(蒙古字音真别扭)诞生时,自然也不寻常。《红楼梦》上贾宝玉先生生时,嘴里不是含着一块通灵宝玉乎?而铁木真先生生时,手里却握着一块通灵宝玉,"手握凝血如赤石,烈祖(铁木真先生的爹)异之。"呜呼,凡是他娘没偷人,而生下来没有红光满室,手里又没有握点啥的小民,只好死心塌地,安分守己被踩矣。

元王朝有武功而少文化,自开国到退位,共一百七十六年,代之而起的是明王朝。明王朝是中国历史上充满了罪恶,最坏最糟的一个王朝,也是影响最大的一个王朝,罪魁都出在开国头目兼第一任皇帝朱元璋先生一个人身上。可是他从他娘肚子出生的时候,玉皇大帝却为他也放了二十四响庄严的礼炮。

他阁下的衔头比柏杨夫人臭裹脚布都长:曰"太祖""开天行道肇纪立极大圣至神仁文义武俊德成功高皇帝",史书(《明史》卷一)上说,他娘乞丐婆陈女士怀着他的时候,也是乱做春梦,梦见一位神仙,送给她一粒丸药,放到手上(她阁下的手恐怕既枯又脏),还闪闪发光哩。她不管三七二十一,张口吞了下去,这一吞不得了,不但口有余香,而且生朱元璋的那天晚上,太白金星就来乱照她的肚皮啦,盖"红光满室"了焉。接下去仍是老套,邻居们以为他家遭了天火,纷纷来救,进来一瞧,原来只不过生了一个小乞丐娃儿。

朱元璋先生长大后,到皇觉寺当和尚,庙里太穷,养不了他,只好出门化缘。这一天,前往合肥,半路害起病来,眼看要死——既然内定他要当"太祖",为害中国,玉皇大帝岂能叫他就死乎?于是,就有两个"紫衣人"给他看病,把病看好后,该两个紫衣人"忽然不见",上天复命去矣。

38. 硬不肯生模式

明王朝亡了后,接着是清王朝。

提起来清王朝,大家一定精神百倍,盖中国五千年历史最末尾的一个帝崽溥仪先生,如今仍然活着,在北平当图书馆管理员,供人参观娱乐。我们虽然不能去他御体上摸摸拧拧,瞧一下受命于天,非人力也的真龙天子,到底是啥骨啥肉,但能有一个想当年大家向他磕头如捣蒜,又圣又神的皇帝,活蹦乱跳地在人民面前献宝,使写"正史"的鬼话专家,无用武之地,也心满意足矣。

(柏老按:写此文时,溥仪先生还活着,三年后的1967年,他陛下终于翘了辫子,帝崽遂在中国永远绝种。)

"正史"到了清王朝,不得不中断,盖中国的"正史"也者,必须等该政权灭亡了之后,下一个新的政权兴起,由皇帝命人编之写之,才能正式推出。幸亏中国的王朝不时的兴,也不时的灭,古谚曰"自古无不亡之国",所以史书得以一部一部问世,如果也像大日本帝国的天皇老爷一样,来一个"万世一系",恐怕连一部史书都没有矣,这种治史的方法,也算人类一大奇观。

清王朝下了台,中华民国代之而起,一批奴性入骨的遗老遗少,编了一部《清史稿》,柏杨先生三十年前,曾无意中走马观花,其中鬼话之多,也使人发喘。不过鬼话再多也没有用,相信鬼话的朋友,已不太多矣。我本来要介绍介绍,以发读者老爷思古之幽情的,可是找了几个地方,都找不到该书。台北启明书局前年向读者预约二十六史,就包括该《清史稿》(改名《清史》),后来出到辽史之后,就不出啦,盖书店倒了闭,关了门啦。弄得预约户上不见天,下不着地,好像悬在枯井里，盖哪家书店肯单卖《宋史》《明史》《元史》《清史》乎？坑人不浅。

不过即令找到该书，也不能算是“正史”，因它多了一个“稿”字。算是“正史”的，似乎只有一部“国防研究院”编的“清史”，按说起来，作者萧一山先生是清史权威，他的“清史”名闻世界，不过我们不是说好不好，而是说正不正。依过去原则，官府编的才是“正史”，私人编的只能算是“野史”，而酱萝卜朋友总是觉得“正史”要可靠一些，动不动就搬出“正史”，当活宝一样，念念有词，往外乱飞，国防研究院应该算“官府”了吧，且看其中鬼话如何。

清王朝起初不过一撮毛贼，其开山老祖，也就是第一任皇帝“爱新觉罗·努尔哈赤”先生，衔头之长，如连吃了两个西瓜的小孩撒尿，曰“太祖”“承天广运圣德神功肇纪立极仁孝睿武端钦隆安弘文定业高皇帝”（读时切记分段，免得一口气喘不过来憋死）。史书（《清史》卷一）上说，他娘喜塔喇女士怀他时，也整整怀了十三个月，这种“硬不肯生”公式，也是烂公式啦，比起前赵帝国第三任皇帝“烈宗”刘聪先生怀了十五个月，努尔哈赤先生的十三个月，不过小意思小意思。

另外有一件事，也是老套，史书（《清史》卷一）上说他们的第一代祖先也是私生子。有一个仙女，春心荡漾，吃了朱果，就怀了孕（怀了多久，没有交代），生下一个娃儿，该娃儿就是清王朝皇帝第一代祖宗。

现在二十世纪快完，科学已发展到可以登陆月球，而编该史书的又是“国防研究院”，竟也抓住机会，毫不放松地鬼话连篇，就叫人不好意思矣。好在“太祖”“太宗”“高祖”“高宗”，种种玩意儿，总算断了他妈的根。呜呼，中国人已被各种鬼话酱得难以翻身，希望以后再不要有人飞象过河，说谁生有异禀，少有大志啦，受不了，受不了，尚飨。

大愚若智集

提要

《大愚若智集》收柏杨对其时亚洲影展、坠机赔偿事件、东京“世运”、银行，以及贺年卡的想法和意见，其中亚洲影展和坠机赔偿事件所论一大主题在于“西崽”。西崽为柏杨自创名词，他指出西崽的最大特征为“永不为他的同胞说话”，西崽的干法是“见了洋大人，他的中国那一套出笼；见了中国人，他的洋大人那一套出笼，以便从中取些蝇头小利”。此外，他更发明“西崽情意结”，阐释其为“一种极度的自卑感，由自尊的丧失和补救的迫切而产生，这种情意结发展到极致，不但以自己的语文为耻，以自己的种族血统为耻，也以自己的父母为耻”。

银行为当铺，这是柏杨感慨中国移植外来文化仅得皮相而本质全异，于是银行的信用贷款靠的不是信用而是权势，造成呆账无数，而阳历新年亦变为寄贺年卡的节日。柏杨所说的这些现象，背后的文化问题值得我们深思。

序

柏杨先生曰："天将降大愚于斯人也，必先哇啦哇啦其嘴，踢腾踢腾其腿，这也能焉，那也会焉，妙计百出，小聪明多如牛毛，而后顺性遂心，集小胜为大败，行拂乱其所想，增益其所不吹。"

呜呼，柏杨先生每天惶惶如丧家之犬，急急如漏网之鱼，提笔挥毫，均属悦耳顺调；上台摇舌，更使人头乱点；平常日子则相机出卖出卖朋友，以示大义灭亲；诚如《洪羊洞》所唱的："为国家，秉忠心，报皇恩、昼夜奔忙。"自然有些头脑不清，嫉贤如仇的家伙，不共戴天，怎不使我丧心病狂，猛叹人心不古乎。于是乃继《闻过则怒集》之后，出笼《大愚若智集》，吾友庄子先生有言曰："不为福先，不为祸始。"盖聪明的朋友总是躲在屁股后，蠢货才大愚若智，抢先振翅的也。

本集所录大作，有谈民航公司的焉，有谈"人死官灭"的焉，有谈当铺的焉，有谈东京世运的焉，篇篇精彩，不在话下。

是为序。

乙巳年三月于台北市柏府

1. 霸王硬上弓

亚洲影展,以喜剧开始,以闹剧演出,而以悲剧结束。柏杨先生感慨之多,实在多如牛毛,想说两句,一时不知道从哪里说起。亚展爆满期间,尊喉里就像塞了一泡狗屎,一直塞到现在。现在展也完啦,人也丢啦,命也丧啦,如果再不吐出来,即令不被噎死,也会被那股奇异之味熏死也。

民航公司的老爷飞机在神岗上空失事,失事原因何在,我们不知道,官府正在鉴定之中,在鉴定结果公布之前,不必论列。有人曰:"噫,柏老柏老,你的道德学问真是越来越勇不可当啦,竟然怕论列了影响鉴定啦。"这是啥话哉?这年头只有当权朋友才能影响审判,舆论只能影响放屁,故天下只有"奉命不上诉学",很少有"奉良心不上诉学""奉舆论不上诉学",读者老爷不可不知。柏杨先生之意,只是在未正式把鉴定结果公布之前,我们想感慨也无从感慨起,盖还不知道它是怎么回事,有表错情的危险。

因此,我们只在原则上吐吐真言,以舒筋骨,而通三焦。

第一件使人神经紧张的,是赔偿问题。在死难人群中,若陆运涛先生暨夫人,富可敌国,当然不在乎民航公司那几个臭钱,犹如柏杨先生去买芝麻酱,一毛钱找不找,我都不在乎一样。但主要的是,在乎不在乎是我的事,要不要该一毛钱也是我的事。杂货店老板不能一手执《六法全书》,一手执航空协定,斜眼瞧我是中国人,便理直气壮地不给我也。幸亏该老板没有如此这般,否则的话,我恐怕是非要那一毛钱不可,打官司打到海牙国际法庭都干;如果真的弄到有理无处申,我就宁可去买一把弹簧刀自己解决。

民航公司外貌上不过是一家普通的台湾公司,君不见该公司董事长王文山先生，前几天还出席立法院舌战群儒乎？但人人都知道该公司骨子里固是一个洋人窝。悲夫，中国人印象中，总以为洋大人办事，尤其是以信誉和效率闻名于世的美国人，遇到这种空前惨祸，除了表示沉痛哀悼外，一定会剑及履及，马上谈到赔偿。大概是算盘一打，吓掉了魂，也或是人急智生，发现“支吾为变卦之本”。公司上上下下，一个个好像吃了哑巴药，记者老爷怎么问都问不出名堂。对于哀悼部分，还容易解决，高级职员在魂兮归来之后，立刻就表示他阁下心中颇为难过啦，既然已难过矣，谁还能说啥。可是赔偿问题，就严重严重，不是难过一下就可解决了的，花招遂纷纷出笼。

民航公司最大的一个花招是王文山先生那篇声明。他说，台湾航线客机失事，罹难乘客赔偿标准，不能跟国际航线客机相提并论。我不知道他阁下说这一篇话时心理上如何变化，如果不是修养有素，恐怕差一点就要说出中国人赔偿标准不能跟洋大人赔偿标准相提并论。呜呼，值此伟大的西崽时代，中国人之不值钱，似乎已成定局，我们小民们再不服气都没有用。但中国国土却是值钱的，只要有这块土地在，这一代中国人虽然丢人砸锅不争气，但还希望下一代，或再下一代，届时西崽死绝，中华民族咳嗽一声，全世界人类都得心跳。但王文山先生一番言论，竟把子子孙孙抬头的机会都一笔勾销。为了替洋大人省几个钱，下此毒手，使我们心惊肉颤。这种妙论幸亏发生在台湾，而中国人是以好欺负闻名于世，侮辱修理，都没关系，如果发生在洋大人之国，若英国，若美国，若日本，恐怕结局不会这么轻松。看情形出洋这玩意儿好处大啦，只要跳出国界，随便去啥不三不四地方泡一泡，便受用无穷，幸而老命仍在，活蹦乱跳着回来，小民谥之为“镀金”，立刻身价十倍，有好差事干的。万一不幸，哎哟哎哟，来个空中爆炸或地面撞毁，寿终洋地，民航公司的赔偿费也有异于在国内摔死的，真是令人羡煞。嗟夫，不要说订定这种法规啦，仅只有此一念，都应该算是人类进化史上的奇迹，非高级西崽，不能有此智慧也，可贺呀可贺。

今天看报，民航公司忽然间正式宣布，神岗上空罹难乘客家属，决定每人赔偿银元六千七百六十元,并"限"于三个月内"领取"。三个月内不领取,该款如何处理,报上没有登载,不过看其一意孤行的嘴脸,不领大概白不领,再领恐怕是领不出啦。有些学问小的人对该公司此项决定,大感意外,其实只有学问小的人才感意外,若柏杨先生,便是他们决定只赔偿一块钱,我都面不改色。盖支吾为变卦之本,我以英明的天资,早就洞察其尊肚,知道一开始就在酝酿这种主意。今天这个结果,还算好的,如果一旦赖上了那两只夹在书本里从没有用过的手枪,那才叫悲极生乐哩。记得该公司恢复环岛班机的当天,一位"高级职员"就透过记者,表示了他们"战战兢兢"。战战兢兢当然是叫别人看的,主要的意思却在下文,原来一般小民认为最简单的赔偿问题,却被战战兢兢地复杂起来。于是,有洋大人的日内瓦公约焉,赔偿额是十二万五千法郎;有台湾土产的航空法焉,赔偿额是六千七百银元。而法郎还有新旧之别,介绍了一大篇之后,画龙点睛曰:"到底应该用哪一项,要等法院裁定。"换句话说,架势已经摆开,官司是打定啦。打官司也未尝不可,万万料不到今天报上又不打官司啦,来的是一个霸王硬上弓。变化之多,变化之快,真是西崽式的翻天印,专门为维护洋大人的既得利益而奋斗,善哉。

2. 嘴脸可观

柏杨先生年老力衰,有时候深更半夜睡不着觉,辗转反侧,一面恭听竹床咯吱咯吱乱响,一面想前想后,觉得当一个台湾人,真没意思,不但当一个台湾人没意思,便是一旦从飞机上摔下来,摔到台湾,也没意思。民航公司这次露的一手如果不是在台湾神岗,而是在美国纽约,恐怕价钱要大大地增加。古人自叹命苦时,每每曰:"生不逢辰",生不逢辰固然倒霉万状,即令生而逢辰,如果"死不逢地",也同样倒霉万状。这种因人因地而异的法律精神，使人不得不感谢王文山先生，不经他阁下一提，世人还呆瓜如初哩。因此我隆重建议把此项西崽绝件，印成精美小册，分送各国国会议员，作为他们立法参考，一旦美英日法诸夷也起而效尤，航空法上也加上了这么一条，在国外掉下来跌死和在国内掉下来跌死，价钱不同，中华民族传统文化，才算真正的"实行于台湾，宏扬于世界"，比仅在窝里凶要光彩得多啦。

民航公司片面决定赔偿六千七百银元，根据的是民航法，他们说出来的理由，一口气能说一箩筐。但民航法上也规定得清清楚楚，如果另有约定，从其约定。有些航空公司资本奇少，赔偿不起，好比说吧，柏杨先生一旦凑了几文，也开了个航空公司，弄一架老爷飞机乱飞，可怜兮兮，将就着过日子，约定只赔一块钱。一旦你阁下乘坐敝机掉下来，就只好请你那位年轻貌美的小寡妇来领一块钱矣。如果柏杨先生发的是一笔奇财，钱多如山，开了航空公司，气魄之大，无以复加，约定赔偿黄金三千吨，好啦，一旦你阁下掉下来，你那年轻貌美的小寡妇，恐怕得雇六百辆卡车到敝公司拉三天三夜也。

民航公司是公开在他们机票上印出来赔偿十二万法郎的，十二万法郎值多少钱，事属洋务，我们不知道。但有一点是知道的，既然约定了十二万法郎，就应该赔偿十二万法郎，十二万法郎如果只折合一块钱，就应该赔偿一块钱；十二万法郎如果真的折合成三千吨黄金，则纵把裤子卖掉，都不能要赖。现在这种"说大话，花小钱"的镜头，虽柏杨先生，都不肯干，民航公司却理直气壮地干之，怎不叫人兴天外有天，人外有人之叹乎？

有些人说，既然打算事后花小钱，何必事先说大话欤？呜呼，大话的定义就是建筑在花小钱上，如果花的是大钱，好比说，说赔十二万法郎，就赔十二万法郎，噩耗传来，立刻就派人逐户送上，那就不叫大话，而叫实话矣。

一个人心眼里早就有了歪主意，算定将来准可把责任一脚踢时，嘴里越是哇啦哇啦叫得奇响。从前宋夏之战，范仲淹先生据守庆州，被西夏大军团团围住，人心大乱，眼看要完。忽然一位老兵挺身而出，见范仲淹先生说，他夜得一梦，梦见太白金星告他，城绝不会破，敌人终必被击退。大家听啦，虽然高兴，同时也疑心他的正确性，老兵拍胸脯曰："我以全家老小性命，保此城不破。"为了表示信心，还当场立下了军令之状。

天下事妙就妙在这里，过了几天，西夏大军不知道怎么搞的，果然退啦。该老兵这回吃得香矣，一阵奖赏热闹过后，有人心里痒痒，忍耐不住，悄悄问曰："老哥，你说太白金星托梦，可是真的？"他曰："干他娘才是真的，我不过看大家六神无主，信口开河，安慰大家罢啦。"该人一听，直冒冷汗曰："原来你玩的是一场骗局，光说大话呀；现在幸而城在，有你混的。问题是万一城破，你不全家都要处斩乎？"老兵笑曰："你太天真啦，试想城破之日，玉石俱焚，连范仲淹先生都被捉而杀之，谁还管我？"

该老兵真是世界上最伟大的人物之一，盖早就准备了歪主意，才敢在事前把胸脯拍得忽冬忽冬响也。不过该老兵比起民航公司来，其响声还差得远哩。请看民航公司的表演吧，机票上大口一张，就是十二万法郎，不但拍得忽冬忽冬响，简直把胸脯都要拍出窟窿来。反正是山人自有妙计，乘客不摔死算他运气，摔死还不是白摔死，怎会按拍胸脯的数目给他。老兵仗恃的是天下大乱，民航公司仗恃的是幺鸡吃烧饼学，不服气的小民，放马过来也。

还有一种情形，那就是，对于自信绝对不会发生的事，也会把大话说得满天飞。一旦事到临头，不会发生的事竟然发生啦，从不切实际的太虚幻境回到了现实，纯洁的情操消失，劣根性便很难不往外冒。以柏杨先生为例，我买奖券时，经常伸手向朋友借钱，遇到小气家伙，面有难色，我就曰："嗨，放心好啦，明天就还。"他曰："不要还啦，得了第一特奖，分我十万元行啦。"柏杨先生一听，正气上冲，十万元怎么能成？简直瞧不起我的人格，乃慷慨激昂曰："当然分你一半，二十五万元，来来来，把号码记下来。"第二天看报，该张奖券，竟真的中了第一特奖，这时候还不太严重，等我去台湾银行把巨款领出,摆到桌子上一大堆,恐怕就严重矣。一想起来当初怎么鬼迷了心,竟答应分给那小子一半?真会不知不觉大脑充血。此时也,支吾为变卦之本,龙心一动,如果能耍赖的话,当然耍赖。不幸非分一点不行,那么,民航公司那一套出笼,当天就主动地送你一块钱,爱要不要。如果不服,你可去法院告呀,我有五十万巨款在手,还在乎你这个穷叮当乎?如果你阁下再等而下之,气绝身死,而只剩下来孤儿寡妇,无钱无势,恐怕我的嘴脸还有更可观的哩。

3. 一对活宝

民航公司这一手霸王硬上弓,迄今为止,还没听到被上了弓的那些孤儿寡妇们有谁哼一声的。大概明知道一切说不准,哼也是白哼,不哼也罢。也可能有一二不知趣分子,不甘被整,起而告状,但柏杨先生和你赌一块钱,告状也不过白淘气。嗟夫,不是霸王,就硬上不了弓;既硬上了弓,就一定是霸王;凡霸王无不财势双全,完全靠天理国法人情的小民,有啥办法乎哉?

和王文山先生同样语惊四座的,还有民航局长赖逊岩先生。大概民航公司那架失事的太老太旧的飞机,被人攻击得太厉害啦,他阁下觉得此时不拔刀相助,要朋友干啥?乃不含糊地披挂上阵,把胸脯也拍得忽冬忽冬响,以学院派嘴脸,厉声分辩曰:"飞机没有老旧,只有落伍。"此言之出,闻所未闻,见所未见,又是除了柏杨先生,全世界人类都吓了一跳。柏杨先生所以没有也吓一跳,无他,学问太大,兼见识太多故也。官崽们把戏层出不穷,便是偶尔漏了一着,又有啥了不起?立法委员曹俊先生还在立法院巴巴质询哩,如果抱着明知不可为而为之的心理,我们没话可说,如果认为一质询就能有所改进,就能使赖逊岩先生恍然大悟,恐怕是未必未必。

呜呼,我们可敬的“外交部长”沈昌焕先生,也曾经如此这般地吓过人。据说有一次他阁下在台上致训词,训着训着,大概观众反应不太理想,以为必须一番引经据典,才能表示不同凡品,于是就想起了一副对联,该对联是孙中山先生写的。其中一联曰“安危他日须共仗”,沈先生解释阐扬曰:“各位看呀,孙中山先生的眼光多么远呀,在民国初年,他老人家就指出,中国和日本终于要打一仗。”据说听训之士当场就因紧张过度而人仰马翻,《自立晚报》还发表过专文,请这位不学有术的先生走路。他当然不会走路,但柏杨先生却一直觉得,政坛上由他阁下一人出了这场风头,未免太寂寞矣。

好啦,现在又冒出一个赖逊岩先生,我想沈昌焕先生看报之后,一定拍大腿曰:“吾道不孤矣。”说不定当天就请他吃碗担担面,以资联欢。而柏杨先生也甚为高兴,盖能目睹两大奇人出世,花开并蒂,一对活宝,也算有福有福。

现在且回到“没有老旧,只有落伍”吧,飞机这玩意儿,固然是进步神速,某一型飞机还没等到老旧,新的一型就出了笼。但这只是一种发展的趋势,出诸文学家之口,可用以增强人们的印象,实际上在更新型的飞机未出世前,现有的顶尖新型飞机,虽然无伍可落,却照样有老有旧也。好比说,将来可能有时速一亿八千万公里的飞机,但在这种飞机发明之前,现在时速五千公里顶尖新型的飞机,有的只飞了一小时,有的已飞了八万小时。飞了八万小时的飞机虽然仍是顶尖型的飞机,却不能不说它已经旧啦,也已经老啦。质诸洋务大人,以为然乎,不然乎?

读者老爷郭志邦先生来了一封大函,提出若干条问题,要我代他“质问民航局与民航公司王傀儡”。我想王傀儡阁下,日理万机,脑满肠肥,哪有空隙再装小民的问题?还是由柏杨先生代答算啦。以后读者老爷一时开不了窍,不必叫我代你向谁质问啦,放着我阁下才高八斗,何必转弯抹角去请教假洋鬼子乎?任何疑难杂症,只要我略加指点,包管你捶胸打跌,恍然大悟。

一,郭先生问曰:民航公司摔了飞机,民航局却命令“远东”“中华”也都一齐停航检查。试问,招商局沉了一条船,是否也命令全国所有轮船也一律停航检查?远东、中华的飞机停了航,而民航公司的外国线飞机,却又为啥仍照飞?

柏杨先生答曰:这问题问得简直没有一点学问,乃未曾拜读过敝大作“幺鸡吃烧饼学”之故。盖天下只有张宗昌先生幺鸡才可以吃烧饼,别人的幺鸡不要说吃烧饼啦,就是用尊鼻闻闻,都是存心发牢骚而唱反调。如果招商局是洋大人办的,而该洋大人又当过啥子队队长,和中国各号二抓牌都是换帖的大哥二哥麻子哥,可以关住房门咬耳朵,一旦沉了一条船,恐怕也会如法炮制。至于说停航期间,民航公司国外飞机还是照飞,那有啥了不起,也值得乱问?不要说国外线飞机照样飞,就是在停航检查期间,台湾线飞机照飞,都没啥可稀奇的。盖世界各国,有君主政治焉,有民主政治焉,有其他各式各样政治焉,各有千秋,只有西崽政治,为中国所独创,一切以洋大人的利益为依归。前些时台北不是上演《丑陋的美国人》乎?影片是美国影片,也是美国人讽刺美国;而美国不在乎,中国官崽反倒觉得“有碍邦交”,几乎禁了演,处处为洋人设想,比洋大人自己还要设想得周到。

我想一句话就可以堵住郭先生的嘴矣。这次停检只限于台湾线飞机呀,远东也好,中华也好,国外线飞机也可照飞不误呀,至于你阁下偏偏没有国外线,那能怪我哉?这当然只是表面原因,专门用以堵嘴之用。事实上民航公司台湾线飞机和班次,要比其他公司少得多。报上说,有些人主张不准民航公司再飞台湾线,以作为惩罚。说这话的人真是功德无量,如果能达到目的,民航公司真要献给他一面锦旗。盖民航公司一提起台湾线,简直作呕三天,他们一直都不肯飞台湾线的,后来可能是天良发现,也可能是有关当局觉得一个“中国的”航空公司,竟以飞台湾线为耻,似乎不大好意思,这才勉勉强强,弄两架老爷飞机将就凑合。反正摔下来也赔不了几个钱。这一次神岗上空摔的似乎不走运,里面不但有若干有地位的中国人,还有若干美国洋人,问题才闹得很大,否则的话,恐怕连六千银元都没有哩。

民航公司国外线飞机都是一流的，中国官崽既不敢叫它停检，同时也根本没有停检的必要。你明白乎？不明白乎？

4. 人分四等

郭志邦先生第二问曰：无论台湾线和国外线飞机，乘客购票时都同时付了航空税，为啥台湾线旅客在民航站进出都得走侧门，国外线旅客却走正门？每次来往台北花莲，心里便感到台湾民航局眼中没有中国人，是何故哉？

柏杨先生答曰：呜呼，阁下见识真是太小啦，眼中没有中国人的台湾机构，何止一个民航局？请阁下伸头瞧瞧，哪个机构眼中有中国人乎？即以闻名于世的三沉牌招商局而论，名正言顺的是“国营”事业，可是你要是不认识英文，就别妄想坐他的船。盖买票时那一套表格全是英文的，跟王文山先生一样，也属二十世纪绝件。夫种瓜得瓜，种豆得豆，政治上教育上种下的是西崽，长出来的家伙自然也是西崽。而西崽尊眼里，中国人就是猪，中国国土更不值钱。准许台湾线乘客走侧门还算恩重如山，将来万一有一天现任的赖逊岩先生下台鞠躬，换了一个更聪明绝顶的朋友，说不定会挖个地道，专供中国人爬哩。现在不过走走侧门，就如此乱嚷，人心不古，实堪浩叹。

郭先生在信中几次都提“北花”，大概是一位来往于台北花莲间的乘客，我想你阁下如果不是来往“北花”，而是来往“台美”，再幸而你的尊鼻忽然猛挺，而成了美利坚，你心中的滋味，恐怕会大大的不一样。噫，君读过历史乎？秦帝国曾发明了“远交近攻”的制胜绝招，这绝招运用到现在，凡两千年之久，不但原则仍在，反而更变化无穷。唯一不同的是，从前的对象是国，现在的对象是人，当秦帝国大发其疯，要统一天下时，跟齐王国相距最远，就拚命拉关系，然后举兵侵略相邻的韩王国焉、魏王国焉、赵王国焉，把该三国打得轰然一声，隆重而亡。

现在的远交近攻，不再是国啦，而是人啦。俗云“远来的和尚会念经”，该和尚在他本乡本土，可能是个花和尚，但只要一莅临台湾，就神圣不可侵犯，据说他只要一磨牙，耶稣先生在天上就要打喷嚏。于是台湾可敬的西崽二抓之辈，对洋大人遂百般交之，对土生土长的中国人，则努力猛攻。即令同是中国人，也有远近之别，像柏杨先生者流，出过国而留过学，瞧见的洋大人比你听说过的都多。最幸运的是，在波士顿还曾经被洋警察亲自动手，拦腰打过一棍，这种荣誉，台内之士，有机会弄到手乎？当然交之交之，到处吃香。对于没有到过外国的小民，土头土脑，既无洋人后援，又无光明出路，当然猛攻。攻到得意之处，不但乘台湾线飞机在中国国土上失事都便宜，不但坐招商局都用英文买票，看情形将来终有一天，会像蒙古或印度一样，把人类划分为若干阶级。第一等曰西洋之大人焉，第二等曰东洋之大人焉，第三等曰出过国或留过学的中国假洋鬼子焉，第四等人曰从未出过国或从未留过学的中国土豹子焉。等别既分，阶级森严，自然一切都简单明了。只在若干地方挂上招牌曰“限一二三等人进”，或“严禁第四等人，违者格杀毋论”，届时社会秩序必定井然。郭先生司空见惯，自然没啥可叹矣。现在不过只受一点小小的刺激，便乱发牢骚，诚为识者所不取。

郭先生第三问曰：民航公司资本只四十万元，请问一架飞机值多少钱？民航局为啥不管？民航公司与亚洲航空公司的关系如何？每年漏税若干？民航局和税务当局为啥也不管？

柏杨先生答曰：民航公司资本是不是只有四十万元，我不知道。一架飞机多少钱，也不知道。民航公司和亚洲公司有啥关系，更是不知道。不过我想，这些东西，知道和不知道均无关大局，好比说，即令世界都知道亚洲公司是民航公司的私生子，每年漏税六千万元，又有啥办法哉？至于问到民航局税务局为啥不管？呜呼，从这种愚不可及的问题上，可看出阁下真是差劲，直到今天，都不知道“后台学”的凶猛也。以赖逊岩先生为例,不要说一年才漏税六千万啦,便是一个月漏税六千万,与他何干?他不去管,还有局长干的,一旦去管,连局长都没有啦。便是换了柏杨先生,我都不会去管。夫做官之道,在冥冥得,在止于至阉。既阉之后,勇气全消,不要说平常日子不管,便是神岗上空露了这一下,我还是不管。盖我怎么管乎哉?君子不强人所难,懂欤?不懂欤?

郭先生第四问曰:"中华航空公司"机票上运送契约规定,乘客每名死亡赔偿美金四千元,合新台币十六万,为啥民航公司不像"中华"一样,来个明文规定?为啥含含糊糊什么法郎,什么银元?"民航局"又为啥事先不问?王文山先生怎么不为自己中国人说话?他有没有良心?美国人赚了钱分他多少?

柏杨先生答曰:郭先生问来问去,越发问得可笑。民航公司为啥含含糊糊,一会儿法郎,一会儿银元?嗟夫,如果当初不含含糊糊,今天忽然变卦,怎能如此干净利落,所向无敌?该含含糊糊,乃一种故意的含含糊糊。太平无事之时,你们都说美金,咱的硬是法郎,这噱头就够你受的,你不当真都不行。一旦神岗失事,法郎一下子就变成银元,如果当初写的是美金,就得大费周章一番手脚矣,我们只有佩服他含糊得好,含糊得妙也。"中华公司"是规定赔偿美金的,固然可喜,不过瞧瞧民航公司这副英勇兼光滑的嘴脸,实在不敢相信"中华公司"届时也不变卦,这年头说不准学太过于盛行,叫人神魂不定。

郭先生问王文山先生为啥不为自己中国人说话?前已言及,西崽的最大特征就是永不为他的同胞说话,这不是说他不利用中国人,西崽们的干法是:见了洋大人,他的中国那一套出笼;见了中国人,他的洋大人那一套出笼,以便从中取些蝇头小利。真正叫他站在中国人立场挺起脊梁,恐怕是难难难难难难难。洋大人何用分他多少?给他一个在中国人看来吓一跳,在洋大人看来不过中下等的薪水,他就发明了"中国国土不值钱"啦,如果真的分他若干,不知道他还要发明些啥学问,以资报答哩。

5. 西崽型

郭先生第五问曰:为什么代表台湾航空界的航空公司,要由外国人来办?我就没有看过世界任何国家自己的航空公司是由另一国人办的。日本有日航,法国有法航,只有台湾是由美国人办的,而不过挂了"中华民国"国旗。如果准许中华、远东也飞国外线,我想他们马上就能飞。因为民航公司占了国际权,远东和中华便只好飞飞台湾线矣,但"民航公司"还不放松,仍要拼命地抢,因此,他们只能顾生意,不能顾检修,怎不摔飞机乎。

柏杨先生答曰:一个国家航空公司,像日本,像法国,固由其本国人办,但由外国人办的,也没啥稀奇。非洲那些新兴国家,虽然穷得被子上都是跳蚤,但每一个国家都要充其壳子,聘一批洋大人,买两架老爷机,定名为"刚果航空公司""上伏塔航空公司",一则使国旗扬威异域,过过老瘾,一则新贵们云游四方时,好得心应手。不但非洲新兴国家如此,纵是亚洲最古老的国家,像老挝,像阿富汗,亦均离不开洋大人也。郭先生之问,吃亏在只把台湾跟第一流的国家比,如果把台湾跟第七八九流,甚至不入流的国家比,有啥逊色?

不过,借重洋大人的原因,却各国均有不同。有些国家是人才缺乏,像刚果共和国,去年他们发表,全国高级中学堂毕业生,已有九十人矣,言下之意,沾沾自喜,在这种情形之下,自然不能不借重洋大人;不但借重洋大人组公司,甚至还借重洋大人组政府。好像小小婴儿,由人扶之抱之,用奶瓶喂之,事所当然。此谓之"缺货型"的借重,不是不光彩的事也。

可是也有一种国家焉,人才济济,济济的程度,连尿都能挤出来,却也非借重洋大人不可,此即我们前面提到过的"远来和尚会念经型”或“西崽型”。中国人虽然照样会飞,但因中国人血管里流的不是洋血,所以非借重洋大人不可。据说,一个航空公司,如果全体职工全由中国人组成,飞机就飞不起来,可不慎乎?还有一点,郭先生要弄清楚,民航公司飞台内线,在他们讲,乃是一种负担,并非跟谁抢生意,台内线赚那一点屁钱,他们根本瞧不到眼里。

最后我想告诉郭先生一点,不要把美丽的希望全放到“中华航空”公司,现在他们站在弱者地位,显得“无处不可怜”,一旦到了他们变成强者,恐怕事情也不见得太妙。举一个例子,使你阁下开开眼界吧。中华公司在台北敦化南路有一座豪华的九层“共和大厦”,作为他们的宿舍,每层分四家居住,每家价格三十万到四十万之谱(这么大的价钱不去住花园洋房,却住公寓,使人叹为观止)。该大厦就有一个规定,下女是不准乘电梯的,虽九层楼之高,也只有靠两条腿,至于送煤气的小子,更只好扛着该奇笨之筒苦爬矣。呜呼,其气质固一也。

读者老爷郭志邦先生之后,又接到“一读者”先生一封大札,对“落伍”“老旧”有所论列,原函照抄于后,以便一览。

信上曰——

拜读你7月8日的文章,我认为有再商讨的必要。不过我要先声明,我不是赖逊岩,也不是他的至亲好友,仅是站在是非上,敬向先生请教。所请飞机老旧还是落伍,这两个名词,是有分别的,老旧当然是又老又旧,但是落伍就不一定又老又旧,仅是在形式上不能和新的比。有如衣服,旧样子的穿起来还是照样可以保暖挡风,你能说它是因为式样旧而失掉功用吗?军用的吉普车都是1940年后接收的,你说它是老旧?还是落伍?按时间说,应该是老旧,但按照使用情形和功能说,它仅是样式落伍。我想飞机也是一样,螺旋桨飞机本来就落伍了,在样式上不流线,在动力上没喷气的大和快,但它经常按照规定检查机身的各部分结构。发动机飞过规定的时间,就分别小修和更换新的,始终保持它本来应有的功效,先生,你能说它是老旧不堪用吗?飞机失事的原因很多,F-104还不是常常出事,你能说它老旧吗？

我觉得老旧与落伍有分别，老旧是要报废了，落伍是样式不新了。性能或者没有新的快，没有新的设备全，但并不是老旧不能用，尤以飞机为然，C－46在现在空运上还是担负很繁重的任务，足见它不是已到了老旧不堪用的地步。

我想赖逊岩他不会对先生这篇大作有何表示的，因为他没有报纸。

抄录已毕，谨致谢意。一件事情，总得反复讨论，才能深入，才能使人心服口服。盖讨论不是抬杠，讨论要说理，而抬杠则嗓门大的朋友一定获胜。不过我希望读者老爷再来信赐教时，最好有个名字，当然不一定要真名，有些时候，写真名实在不太方便，但随便捏一个张三李四，或约翰乔治均可，有个名字，才好称呼，才不致使人眼花缭乱也。现在我且称之为一先生，可乎？

一先生来信是在“落伍”“老旧”的定义上用功夫，这个我十分赞成，但仅只在表面上看似乎还不够，还要看它的内涵，同时还要看它的角度。好比说，当兵这件事，在台湾现行法令上，是国民的一种义务，如果有小伙子落荒而逃，一旦抓之，就得坐牢。但在高昂的“爱国主义”之下，服兵役已逐渐地变成了一种权利，一个正常的小伙子，如果想当兵，政府不能拒绝。这不过一个例子，权利和义务往往是一物的两面，一面是手背、掌背共构成一手。

6. 赖逊岩先生

一先生特别列举出衣服为例，说明即令样式落伍啦，但老样子的穿起来还不照样保暖挡风乎？保暖固然保暖，挡风固然挡风，但这并不能说它一定就适于使用。从前的人可以乘一叶扁舟横渡大西洋，现在即令有人从阿里山新伐倒一棵大树,用最新的电刨电锯,把它制成一个独木小船。好啦,样式虽是落伍的,可是东西却是崭新的,赖逊岩先生去美国时,能坐之乎?想当年林白先生横渡大西洋,乘的那架老爷飞机,只有一个螺旋桨和两个翅膀,连无线电通讯设备都没有。好啦,我们如果也照样仿制一架,所有材料,都是顶尖顶尖的,赖逊岩先生去巴西视察橡园,能坐之乎?一先生指的衣服,大概指的是十年二十年前的衣服,而我们的老祖宗却是以树叶蔽体的。假使今天忽然有人去弄了一堆上等树叶披挂起来,既暖和又挡风,我们能不毛骨悚然乎?

落伍不仅限于样式,也同时指它的设计;老旧不仅限于性能,也同时指它的样式。林白先生的飞机不但样式落伍,设计也落伍,不但样式老旧,设计也同样老旧;一个没有无线电,双轮又不能收回的飞机,其质料再新都没有用。军用吉普是美国千万种小型车辆中唯一长存的一种,但不能说它既不落伍又不老旧,在我们看来,1941 年的吉普和 1964 年的吉普一样;但在洋大人看来,吉普已发生变化,现在最新的汽顶油式的煞车,就是大大的改进。呜呼,幸亏吉普这玩意儿有四个轮子,可随时停下来乱修,如果它也能够上天乱飞,以其数量之多,恐怕不仅限于神岗,势将满天往下乱掉矣。

我们即令同意一先生的话,问题却是,衣服落伍,不过不美观,可以随有学问的人下定义;而交通工具,尤其是飞机,却是人命关天,便不能允许几个西崽一嘀咕,在定义上把你我小民玩得溜溜转。一先生说,失事的原因很多,F-104 固照常出事,但我们可以说,出事的不一定老旧,但老旧的却一定出事,犹如害病死亡的人不一定是老头,但一个人太老啦,其结局一定是死亡。老旧的飞机整天耀武扬威地乱飞,最后逃不了要出毛病。一个老头如不服气自己的年龄,仍然“偷闲学少年”,一打牌就是三个通宵,一喝酒就是三十斤白干,去北投洗鸳鸯澡能连洗两天,恐怕他阁下非有神岗上空的节目不可。至于说 C-46 迄今仍在使用,那不算啥,三轮车迄今也在使用,而乡下还有人推孔明车的,我们能作为根据,说它就价值连城乎?事实上,美国人早都不用啦，只我们仍战战兢兢当活宝。

最后，一先生曰："赖逊岩我想他不会对先生这篇大作有何表示，因为他没有报纸。"我想改几个字就更恰当啦，曰："赖逊岩我想他不会对先生这篇大作有何表示，因为他自以为不同凡品。"质诸一先生，以为如何？

神岗上空事变，到了今天，总算有了初步结论，这结论是警方在立法院宣布的。说其中原因有二焉，一曰飞机平时维护差劲，一曰驾驶员逞能。用学院派的话是：一曰飞机维护欠周，一曰驾驶员措施不当。这两个原因，早已有人说过，如今不过是出自官方之口而已。C－46加维护差劲，真是落伍兼老旧，等于一百八十岁的老头，害了三期肺病兼末期砍杀尔，恐怕是不击自毙，何况他还满街乱跑？一旦跑到神岗，又怎么不倒栽其而气绝身死哉。关于驾驶员逞能，民航公司总飞机师迪特斯先生曰：他愿意也驾一架 C－46，循失事路线，故意关闭左引擎，再故意左转弯，包管平安降落，用以证明驾驶员毫无错误。这个提议很好，但即令他阁下如此照做成功，也只能证明他阁下武功超群，并不能证明原驾驶员毫无错误，盖一、两架飞机并不相同，二、迪特斯先生是在心理状态有充分准备下表演的，而驾驶员却是在处理一种紧急事变。前天我有一位同事的胖太太，下楼梯时一脚就下到了底，把她的尊腰摔得更粗，一直到今天还躺在床上哎哟。我想不要说再请别人表演下楼梯矣，就是再请她去下一次楼梯，她也不会再度失事。

柏杨先生不打算趁水和泥，对驾驶员表示不敬，而是因他这一场失事，引起的感触太多。首先是，过去良好的纪录对一个人的学识可能有所说明，但对一个人的品格便不是铁定的，人在第一次犯罪前，其历史都是清清白白的也。对一个人的技术更不能有啥了不起帮助，任何驾驶员在第一次摔飞机前，都是没有摔过飞机的；驾机不是下楼梯，该胖太太尊腰愈后，仍照下不误，驾驶员却没有几条命几架机供其一摔再摔也。

但真正值得我们注意的却是驾驶员那种"艺高胆大"的心理，使人兴起很多联想。这联想和人格无关,但和质量有关。那就是,四十年来,社会上有这么一种强烈的现象,一个人在他的岗位上,或在某一方面,稍微有点成就之后,便刹那间不可一世,认为自己神通广大,无所不能。政坛上的官崽新贵用不着说啦,学坛上的圣崽学人也用不着说啦,说啦能叫人肝肠都断。仅在技术的领域里,各种逞能的节目便美不胜收,汽车司机开车开上三天便会认为他能把车子飞起来;驾驶员三年不出事,就认为引擎坏了他仍能左转弯。记得抗战时有一位先生故意把他的飞机漆成红颜色,更是怪上加怪。嗟夫,勇敢和逞能在形式上很难分别,但其心理状态不同,勇敢是严肃的,出于迫不得已,有强烈的责任感;逞能不过只在炫耀自己,这是一种最流行的浅薄气质。按说,中华民族有五千年优美传统文化,中国人应该诚挚而深厚才对,偏偏每个人对他那一点可怜的成就,都洋洋得意,都在逞其不必要之能,这是中华民族要灭绝之先兆乎?抑只是一种时代的流行传染病,将来仍可治愈乎?

7. 运　气

当民航飞机失事消息传出后,举世最震惊的是,那么多一世之雄,竟惨烈而死。大家最初还不敢相信它是真的,继而一个个喟然长叹,终于感慨猬集,除了猛摇尊头外,别无他话可说。我想有此一摔,全世界靠相面吃饭的“半仙”“铁嘴”之类朋友,都得去买麻绳上吊。试看死难诸君子,哪一个不是天庭饱满,地阁方圆,日角龙额,凤眉虎目乎?没有一位是短命横死之相的。圣人曰:“以貌取人,失之子羽。”子羽先生是啥样的人,议论不一,有人说他阁下长相实在难以入目,但才华奇高,因他丑而不用他。也有人说子羽先生英俊潇洒,状若柏杨先生,但却一肚子草包。首领看他玲珑剔透,派他当了一官,结果丢人砸锅,不可收拾。

一个人的相貌不能决定一个人的内涵,像柏杨先生,道貌岸然,人人都说福如东海,寿比南山,好像还有希望九五之尊,但结果沦落到今天这种非卖文便挨饿之境,实在出人意料。死难诸君子,如果前一天去向第一流的半仙铁嘴之士请教,那才有趣万分。记得还是去年的事啦,一位阔大代表住台大医院,躺到担架上还议论风生,安慰他的家人曰:“我刚相过面,说我至少要活到九十一岁,死不了,早哩早哩。”结果当晚就断了尊气。此公有姓有名,此事也流传颇广,读者老爷如果有兴有趣,去阔大窝一问便知也。

死难中最使人惋惜的是陆运涛先生。我不认识他,但在他未死之前,人们对他已有很高的尊敬和评价,他是一个典型的英国绅士,以他的富可敌国,如果换了柏杨先生,早就折腾得不知道我是老几啦;不要说换了柏杨先生,就是随便在台湾拣一个官崽、圣崽调一下包,其嘴脸也可构成世界十大奇观。可是他却俭朴谦恭,若一代政治家。以他的财富,便是坐飞机去厕所都有资格,但他来台后却一直和他属下的电懋员工坐大卡车。这种坐不是“以示民主”,表演给人看的,而是诚于中而形于外。当影展颁奖的那一天,王植波先生曾表示拒绝领奖。呜呼,以这次影展的乱七八糟,我如果是陆运涛先生,早他妈的一跺脚,好啦,算你贵国官崽厉害,我惹不起,难道怕不起乎?鼓得白鼓得白,然后前呼后拥,上飞机而去。可是陆先生却在台上以手示意,叫王植波先生不要动气,仅这种风度,现代台湾便没有几个。而这次他去台中,并不是去泡明星或玩女人。噫,幸亏他不是去泡明星玩女人,否则的话,恐怕神岗上空死难的君子还要多。盖大批权要,势必耸起尊鼻,名正言顺地陪同前往,届时能不有志一同哉。而他是去台中参观古物的,有如此境界、如此气质的绅士,竟死于非命,真不知有天理乎,抑无天理乎?韩愈先生曰:“天者诚难测,而神者诚难明,理者不可推,而来者不可知。”悲哉,悲哉。

柏杨先生家乡有句俗话曰:“好人不长寿,祸害一千年。”好人总是早死,而祸害分子却有得活哩,这大概属于相对论,好人纵然活到三百岁才翘辫子,仍觉得可惜。而祸害分子只横行三天,小民就受不了啦。明天一瞧,他阁下照样活着;后天一瞧,他阁下仍照样活着,便不禁唉声叹气,怨天老爷瞎了眼。陆运涛先生之死,不但相面的江湖朋友要上吊,而且简直要把"天理昭彰,报应不爽"的道德规范,一脚踢翻。如果有报应的话,应摔死的人多啦,怎样摔都摔不到陆先生头上,然而竟摔到他头上啦。佛家在无可奈何之中,只好乱加解释,说这也算报应,虽然不是报应他这一辈子,却是报应他上一辈子。这种话可谓天下第一级混蛋的话,对一切既成的事实都承认它是合理的,贻害国家民族不浅。

陆先生的遭遇,我们无以名之,名之曰运气。提起运气,准有顶尖的现代化之士赫然冷笑曰:"宿命论,宿命论!"尊脸上的不屑之色,油然而生。不过越是靠运气的家伙,越是不相信运气。有一次在一个小型的宴会上,柏杨先生身旁坐着一位当代以卖药酒闻名于世的巨医,不知道怎么搞的,大家的话题忽然谈到爱国奖券。他阁下大概认为机会来啦,立刻精神百倍,大声曰:"我向来不买爱国奖券,那完全是碰运气,而我是主张凭自己本领致富的。我真要建议政府取消这玩意儿,它养成国民一种投机取巧的恶劣习惯,影响太大。"讲演完毕,扭转尊头,厉声问我曰:"老头,我想你也不会买奖券吧!"我张口结舌曰:"我,我,我也是向来不,不买。"当时他就拍了我一下肩膀,以示我颇有前途。其实我是每期都要买的,从第一期一直买到现在,一期不漏。呜呼,在我们这个酱缸里,而我又有这么大一把年纪,真不知道除了靠运气外,还有啥办法才能攒下棺材钱也。

我说这故事不是主张大家都去买爱国奖券,天底下只有买奖券用不上"有恒为成功之本",柏杨先生买了十年奖券,除了中了一次末奖,结果仍化为乌有外,从没有中过一百元以上的,再"有恒"都没用。如果把买奖券的钱攒到现在,至少可以买一辆崭新脚踏车矣。我只是说,命运是重要的,"命运"和"努力"是一个人的两翼,缺一就飞不起来,硬飞的话,神岗上空的节目就会上演。连曾国藩先生,那位苦战苦守,由一介书生而登上将相的人物,他都相信他之所以能够成功，大部靠他的运气，嗟夫。

8. 人生如赌博

说到运气，真是玄之又玄，连古之圣人，在痛心莫名的时候，都乱叫曰："天丧予，天丧予。"是不是真的"天"丧了"予"，那是另一个问题，但命运之摆布人，实在使人怒发冲冠。打麻将的朋友，每人都有手顺手背的经验。手顺的时候，好像有神仙附体，要啥有啥；手背的时候，又好像有位鬼朋友专门捣乱，要啥没啥。有些人自命为或被封为麻将九段的国手，手背时能把太太都输掉，盖技巧只能帮助他适应运气，其本身却并不等于运气，除非他真的施展绝技，上偷下换。否则的话，正正派派地打，如果硬是不上牌，他阁下就是太白金星，都和不了也。

赌博场上最奇怪的一种现象是，输钱的朋友不但输了钱，还得兼而输了气，旁边再有一个看歪脖和的，简直真是训词如雨。而赢钱的家伙不但赢了钱，也赢了气。有时候打错啦，正在跺脚，却立刻来一张更妙的；有时候蠢眼昏花，对门打了一张忘了和，正要以头撞墙，却伸手自摸，门前清兼不求人，平空多了两番；推牌数钱之余，频频声明曰："这完全是技术问题。"好像其技绝高，而看歪脖和的也忍不住恭维曰："打得好，打得妙。"

人生就像一场赌博，胜负成败，自己并不能完全掌握，自认为可以完全掌握的人，如果不是疯子，一定是个骗子。希腊名将狄摩修斯先生总是打胜仗，每打一次胜仗，他就声明一次曰："这次是在我精密设计和努力之下取胜的，与命运无关。"于是当他最后一次"与命运无关"时，隆重地军败身死。

一位读者先生来信痛斥我提倡"命运第一""宿命论"。呜呼，谁要说柏杨先生提倡“命运第一”“宿命论”,他就比朱由检先生还该挨四十大板。我只是说命运和努力同样重要,它并不能压过努力。尊重命运可以使一个人减少很多哀伤,一个人在失败时如果不相信命运,他能真的发疯。如果他了解命运的力量,便可能获得安慰,可以较心平气和地舐自己的伤口,等伤口痊愈后再行出击。假定他阁下只舐伤口而不再出击,认为天老爷已注定他一辈子只能蹲在窝里吃小米稀饭啦,那才是宿命论也。

不管怎么说吧,陆运涛先生暨夫人之死,只有用命运解释。和陆先生同样使人悲伤的,还有龙芳先生。

龙芳先生之死,虽然他的地位和财富抵不上陆运涛先生,但凡认识他的人,却在哀悼的程度上给予最高的评价,这不是说他是一个尽善尽美的人,天下根本没有这种人;也不是说没有人讨厌他,一个人要想不惹人讨厌,根本不可能;但许多人为他由衷地悲恸,却是事实,这和他的官无关,盖人死官灭,再大的官,死了就完蛋啦。

论官来讲,龙芳先生是台湾省新闻处电影制片厂厂长,而另一个死难者台湾省新闻处处长吴绍遂先生,正是他的顶头上司。如果他们都还活着,而同时办起来几十大寿,恐怕去吴绍遂先生那里的贺客,会连疝气都挤出来。可是一旦大家都人死官灭,便看出一个人的做人成败矣。出殡那一天,龙芳先生灵堂上压压一片,哭声震天,而吴绍遂先生的灵堂上却冷冷清清,门可罗雀;有一个吊丧者大概悲哀过度,泪眼昏花,跑到他阁下灵前,不分青红皂白,就是一鞠躬,等到抬头一瞧,扭脖子就走,再去龙芳先生那里致哀。可惜死者无知,否则吴绍遂先生睁开尊眼,发现竟有如此镜头,一定大口吐血。不过,话又说了回来,也说不定连清水都不吐,盖他天生奇骨,只要有更大的官来向他灵前鞠了一躬,就腾云驾雾啦,小民们哀不哀,固不在乎也。

龙芳先生噩耗传出,报上说台制厂“哭成一片”,那是真的。而吴绍遂先生噩耗传出,报上也说新闻处哭成一片,我想恐怕是少商量矣。当然不是说新闻处全体员工一听说他阁下死啦马上就哄堂大笑,赶紧买一串鞭炮庆祝,但叹气的有之,垂泪的恐怕没有,至于说痛哭失声,似乎有点小说家笔法,或是吴先生地下一厢情愿的想法。《新生报》不是有一个民意测验部乎?最好来一个调查,以正视听,不要叫人误以为,即令是官崽,只要横死,仍可得人同情。

龙吴二位先生死后哀荣,因为灵堂相邻,真是一个强烈的对比。固然,达观的人可以说,身后之事,不必管他。但管身后之事,并不十分吃力,只要多发扬一分人性,少发扬一分官性,就可以矣。无论什么人,如果对自己身后的声誉没有责任感,这种人活着的时候就不会有真正快乐,而且,还可能无恶不作。尤其是在国家危难,邪恶横流的时候,每一个人——尤其是有权势的人,都应该对自己死后的声誉,考虑考虑,然后才能有所作为。否则的话,读者老爷不妨闭目想想,无顾无忌,无畏无敬,那还得了乎?那还得了乎?

9. 记录已经改过

读者老爷约翰先生顷来一信,照录如下:

拜读本月 16 日大作,如骨鲠在喉,以一吐当快,不知道一先生知不知道“金属疲劳”这个名词。这次民航局发表的调查报告,台美专家们不就检查各种机件是否有金属疲劳的征象吗?这就是在研究是否因飞机老旧而发生故障,盖金属疲劳也者,即因机件使用过久,内部组织发生变化而适应力不如新件也。这种现象是很不容易检查出来的,固然我们可以把发动机、汽化器、磁电机,或其他重要机件时常换新,但是总不能说把飞机的包皮框架梁架等也全部换新。这只要查查民航公司的维护记录,到底换过多少机件,就可明白那些专家们所称的全部换新,只不过是昧良心唬外行人罢了。如果照他们说,既然飞机不老旧,全部已换了新的,那么怎会出了毛病?其所以定时检查,时常换新,而仍有故障发生者,即老旧的缘故。盖很多平日以为不会出毛病的地方,一到了老旧,也会出毛病。正如一部老爷汽车,虽然经常修理,经常换新,但仍是时时抛锚,非老旧而何哉?

柏杨先生曰:约翰先生说,全新的怎么会出毛病?这一点得研究研究,盖全新的同样可出毛病。有很多刚出厂的崭新飞机,在第一次或第二次飞行时,往往也会有神岗上空节目。但"金属疲劳"就对啦,世界上第一次把喷射机用之于客运的,是英国子爵型喷气机,但开航不久,竟纷纷爆炸,死难累累,不得不被迫全部停航检查。他们的停航检查是真正的停航检查,不像我们西崽式的停航检查,只不过为了遮遮小民耳目。检查的结果不是在飞机上发现两把从未射击过的手枪,也不是有人拍胸脯说要是他飞准没错,而是发现了金属疲劳。飞机啥地方都没毛病,毛病出在飞机外壳上,金属包皮受不住那种超音速的压力和摩擦,内质发生变化,一旦到了极限,就裂出缝隙。好啦,在几万公尺上空裂开一条缝,比不得柏杨先生家玻璃杯裂开一条缝,舱内空气压力大过外边压力几十倍,于是,轰然一声,飞机本身就成了一颗原子弹。

民航公司 C-46 是不是金属疲劳,我们不必管它,盖管也管不了,跟西崽讲话还不如跟柏府上的莉莉讲话,我们只需在原则上看这个问题,就够叹为观止矣。约翰先生提及要查民航公司的维护记录,呜呼,这种话真是没见识,可知贵阁下平常不大看报,报上早已报导,记录已经改过啦,改得已经可以公开啦,而当局对此并没有行动,还有啥可查的哉?

读者老爷的信,给人很多启示,我觉得凡是关于技术上的问题,都比较好办,中国人聪明才智,至少不比日本人差。但一旦涉及到基本症结,便连牛魔王都束手无策。以"招商局"为例,常有人问,为啥整顿不好?这话问得理直气壮,谁都不能说问的不对,于是关于如何改革的办法,纷纷推出。左一个主意,右一个主意,前一个方案,后一个方案,鼻孔咻咻,眼珠猛瞪,看样子真要大刀阔斧啦。结果是老虎爬椰子树,木法度仍木法度。五十年来,台湾同胞对这种爬椰子树的场面,见得多矣,见怪不怪,其怪自败,说改不改,其改自改。大家乱轰轰一阵之后,三沉牌仍是三沉牌,“招商局”仍是“招商局”。不但沉船不比当年少,反而沉得更为努力。

民航公司固第二招商局也,仅只在西崽当权的一点上,二者就完全相同,不过民航公司老板是洋大人,多少有点不太一样。“招商局”是一个官西二崽结合的二抓产物,除了沉船时连二抓牌一齐沉掉外,谁都没办法挽救该局。其实,更深一层瞧,即令二抓牌有志一同,一齐沉掉,也没有用,盖新的二抓牌兴高采烈地又接班矣。从前辜鸿铭先生曾曰:“中国要想有救,必须巡抚不吹牛。”大概清王朝末年那些方面大员之俗之傲,使人太恶心故也。故柏杨先生发明曰:“中国要想有救,必须二抓牌绝种。”二抓一天不绝,中国一天水深火热,不要说太白金星木法度,就是托塔李天王,甚至加上圣保罗、圣彼得,都木法度。

民航公司的烂污和“招商局”大同小异,洋大人把中国二抓分子的特性摸得清清楚楚,比中国人自己摸得还要清楚。知道只要祭出两件法宝,就可把拥有五千年优秀传统文化的中国人踩到脚底下踩个稀烂。该两件法宝,一曰面子,一曰红包。在这两件法宝交集之下,二抓牌遂像注射了吗啡针,官性猛发,勇不可当。嗟夫,我们似乎可找出一个定律,那就是仆人比主人凶,假忠贞比真忠贞鲜血淋淋,西崽比洋大人更瞧不起中国人。民航公司种种绝件,几乎全都是这种畸形人胁肩谄笑贡献出来的,此所以叫人哎哟不止也。

10. 软骨动物

民航公司形式上是中国人的公司,盖格于法令,不得不弄个软骨动物当董事长。平常日子,把他送到东京豢养,一旦发生了神岗上空事变,就呼之即来,出席立法院顶缸。不要看他阁下侃侃而谈,好像真的一样,实际上他不过像幼儿园小朋友毕业典礼上致答词。君见过小朋友致答词的场面乎?高台之上,昂然而立,一脸煞有介事,然后就背起教习们为他写的那篇讲演稿啦。民航公司董事长王文山先生当然不是小朋友,但其所致的答词,实质固是小朋友的讲演稿也。我说这话,毫无不敬之意,谁要说我有不敬之意,我就跟他安排黑巷子里见。盖即令换了柏杨先生,既被洋人养得脑满肠肥,届时也只好叫我说啥我说啥矣,何况西崽咬自己同胞已经咬成了高级习惯,自然连良心都不受责备。

有些人以为民航既归民航局管,则一定听民航局的吧,凡有这种想法的人,不用打听,准其呆无比。前不言之乎,洋大人把西崽们摸得清清楚楚,即以赖逊岩先生为例,你不是大批介绍三老四少来敝公司哉?没有关系,统到航管部门当官可也,薪水奇高,面子奇大;有形的如此,无形的花样,不卜可知。荣誉加实惠,也就是面子加红包,全给了他阁下,然后再略施小计,抓住其小辫子,好啦,从此以后,只要一个电话,他阁下就抱头而至矣。有些混蛋造谣说,社会上有应召女郎,官场上自有应召局长。我想这话未免有点过分,但在洋大人心目中,中国之官,其分量恐怕是不太重也。还有些更混蛋的人说,要是他当了局长,洋大人召他,他就不去,有啥事时,来本局请示可也。呜呼,正因为有此一念,放心好啦,你阁下一辈子都当不上局长。

民航公司以新台币四十万元的资本(四十万元连一个飞机翅膀都买不到,顶多能买一只轮子),不但开了民航公司,而且还开了亚洲航空公司。亚洲航空公司是世界上唯一的一个没有航线的航空公司,看情形,柏杨先生也要找个官崽串通串通,在柏府挂上招牌,开个原子弹发射公司矣。不但开了亚洲航空公司,在韩国还有北西公司,在老挝还有美国公司。反正都是吃中国人的奶,母瘦儿肥,乃天经地义,用中国人的血养几个洋大人和几个西崽,使其又白又嫩,有精力发明“中国国土不值钱学”,吾等小民,应该高兴不暇才对也。

奇怪的是,中国人被修理成这种样子,有些人还无动于衷,现在赔偿问题已闹到法院，且看法官老爷抵挡住抵挡不住吧。

神岗表演虽惨绝人寰，但其哀恸气氛却也冲淡了中国人对此次亚洲影展的不满。当大家正被亚展种种绝件整得无脸见人，恍恍惚惚之际，天崩地裂一声，飞机下掉，于是化羞愤为悲哀，就没人再提及好坏得失。好像一提就是对死者不敬，即令有人提之，大家的神经全被飞机所吸引，也没人注意矣。我想全世界都可以痛恨民航公司，唯有亚展当局不但不应痛恨，还应向该公司献一面锦旗，以示感激涕零。要不是那架虽“落伍”但并不“老旧”的飞机帮忙，恐怕一直到今天，大家都在讨论亚展，说不定讨论到伤心之处，还要气死几条人命。

最使人挂不住的是亚展这个“亚”字，亚洲国家和地区那么多，我们亚展之“亚”字，却只不过四个。

虚骄之气最大的危险不是对别人而是对自己。对别人没啥影响，好比说吧，不丹、尼泊尔，加上锡金，如果也举办一个“亚展”，我们恐怕理都不理，即令理之，也是一面暗笑一面理之。但虚骄之气却会自己欺骗自己，把人家心里暗笑的玩意儿当成真的，君没有看谁是“亚洲影后”乎？如果不丹、尼泊尔和锡金三个国家一嘀咕，也选出了个亚洲影后，真不知中国同胞有何感想，我想第一个反应恐怕是觉得有点滑稽，第二个反应恐怕就得请医生看看牙矣。

跟此同样的，如果安道尔，圣马力诺，摩纳哥，三个自以为非常伟大的国家，也选出了一个女演员，说她是欧洲影后，大家又有何感想？

11. 名件和奴性

历届亚展最惊人的现象是，凡地主国都铁定的得“翠凤奖”，评审委员熊式一先生在电视访问中，还洋洋得意强调这一点，认为妙不可言。呜呼，每届翠凤奖如果都铁定地给了非地主国，虽不合乎艺术原则,却总合乎礼貌原则。而现在的场面,却是地主国挺身而出,露出地头蛇嘴脸,管你三七二十一,仅招待你们吃喝玩乐,就花了这么多钱,俺只不过要个翠凤奖,你们稍有天良,总不能磨牙吧。

磨牙当然不能磨牙,好像设筵请客,主人先神仙一把抓,把好菜下了肚,客人还有啥可说的。反正大家心里有数,明年在其他地区举办时,他们也神仙一把抓。这种下流手段怎么想得出的,真是了不起的头脑。相较之下,德夷就差远啦,今年(1964)柏林影展,主奖竟落到土耳其头上,花了那么多钱,动员了那么多人,却捧起别人来,真是傻的冒烟也。因之柏杨先生建议正人君子,不必再开什么评审会,唬己唬人啦。不妨化暗为明,公开乱搞,事先列出一张表,好像《红楼梦》贾母的菜单一样,轮流得之好啦,既可免评审伤财,也可免穷极无聊之士不知天高地厚,猛抓小辫子。

“亚展”者,主要的是展览影片,严肃而隆重。世界性影展之一的威尼斯影展,开幕之前若干时日,影剧界、音乐界、艺术界人士,便风涌云集,旅馆为之客满,报纸电台电视,都以最大篇幅和最多时间,来报导参加影展诸影片的来龙去脉。揭幕之后,各国影片在各电影院上演,由人参观批评,这才是真正的“展”。亚展的“亚”字已使人有一种“无耻之徒”的感觉,“展”字更同样虚无缥缈,竟是弄到一间小小的黑屋子里,由几个特定的畸形分子,作大公无私之状,匆匆一看,(也可能是“仔细一看”)然后就宣布啦,谁得什么奖,谁得什么奖。不要说泛泛众生矣,就是对艺术极端喜爱的朋友,想见识见识,观摩观摩,都不可能。

我想,“亚”就是亚,“展”就是展。博物馆不是经常有啥书展画展乎?如果该展览心怀鬼胎,神秘异常,根本不容人看,而只由几个有前途的家伙,挤在一起挤眉弄眼,就隆重宣布啦,说柏杨先生是世界第一名书法大家,兼“世界画王”,你阁下觉得对劲乎哉?一直到现在为止,除了采访影剧新闻的影剧记者,恐怕没有几个人弄清楚这次参加影展的都是些什么影片。但大家却弄清楚凌波女士来啦,住在南京饭店,晚上伤了风,连打两个喷嚏;也弄清楚马来西亚明星都是黑美人;还有日本的司叶子女士,真漂亮真漂亮。有人说,影展不是影展,而是星展。其实星展也不是,盖男明星也没人理,实际上不过是“女人展”“名女人展”。于是柏杨先生又想建议啦,建议以后不再举办则罢,再举办时,最好正名为“东亚部分国家及地区演电影的名女人展览”,简称为“名件展”,这就没人说啥啦。

亚展的主持人龚弘先生,是一位画家。无论如何,在全心全力,兢兢业业地办,但他却弄了一批西崽来组成他的班底,事情怎能不如滚如沸,使洋大人抽冷气,使中国人乱瞪眼耶?不要说别的,仅只在颁奖典礼上,吾等小民,虽挤不进去瞧之,但却从收音机上听了点苗头。从司仪老爷曹戴维先生第一声起,一直到一哄而散止,好像上演了一场马丁·路易先生的闹剧片。而且全部英语道白,听得人毛孔齐张。柏杨先生隔壁住着一位军爷,正当我如醉如痴之时,他阁下却开了国骂,还以其没有前途的尊拳,擂我的墙曰:“老头,老头,你真听得进去呀?”我探头训之曰:“你简直神经病,有啥听不进去的?值此西崽时代,洋大人第一,阁下胆敢乱唱反调,天良安在,是何居心?”训得他闭口无言,这几天都没有理我,大概震于我的学问太大,自顾形惭也。

一个以亚洲国家和地区为单位的国际活动,直截了当地说吧,这次亚展与会的不过台湾、日本、韩国、马来西亚四个国家和地区。台湾用的是中文,日本用的是日文,韩国用的是韩文,马来西亚用的是马来文。却抛开自己的文字不用,而用起英语来啦。呜呼,世界上国际性的影展多矣。柏杨先生虽没有主办过,但没有吃过猪肉,却看过猪走。在电影艺术界首屈一指的威尼斯影展,从头到尾,用的都是意大利话,没有听说有哪个意大利朋友,奴性痒痒,冒出英语来也。威尼斯影展不说啦,前些时不是还有柏林影展乎,看电视的朋友当可在电视机上有所感触,他们招牌也好,指标也好,固都是德文的,他们的司仪和致词,也都用德语。为啥德意之国,没有奴才,也没有奴性?又为啥普天之下,芸芸众生,只台湾的奴才奇多,而奴性又随时随地,奇痒难熬哉?我想无他,关键在于这一批中国人既没有民族自尊心,也没有够水平的质量。

柏杨先生读中学堂时,有一位同学,尊名王春熙,正泡女学生泡得起劲。在家务农的老爹来啦,足蹬草鞋,身背布袋,布袋中带着他儿子最喜欢吃的桃干,老头之意,千里徒步,只不过为了看孩子一眼。想不到儿子一瞧老爹那种土豆模样,心中大惭,西崽气质的自尊,油然升起,高声曰:“阿泰,怎么老爷不来,叫你来啦,走走走。”他没有叫老爹“滚滚滚”,据说还是他有教养,看一场父子之情哩。老爹气得珠泪双抛,正要转身,恰被同村另一同学碰见,这才掀开了锅盖,弄得上不着天,下不着地。该女学生从此瞧他不起,不是因他爹是农夫瞧他不起,而是因他不认他爹瞧他不起。呜呼,当一个中国人,不时地奴性蠢动,羞于用中国语文,而以英语为荣,即令正统的盎格鲁撒克逊朋友,看在眼里,心里能瞧得起乎?

12. 西崽情意结

于是乎有人开腔啦,曰:“英语是国际语言呀,说英语并不丢人呀。”说英语当然不丢人,不要说说英语啦,就是说匈奴语鲜卑语,都不丢人,盖言语不过是表达思想感情的工具,天下没有谁规定哪一种语言丢人的。但问题就也出在这上面,只小民觉得不丢人没有用,在西崽的尊脑中,说中国话却是丢人的也。在某一个场合,用英语合宜,当然用英语。在另一个场合,用埃塞俄比亚语合宜,当然用埃塞俄比亚语。但在并不宜于用洋大人语文的场合,却用洋大人的语文,便是结结实实的畸形人矣。呜呼,我们再重复一句,西崽不西崽,畸形人不畸形人,和知识程度以及社会地位无关,君不见香港中文大学堂排挤钱穆先生之事乎?该校教务筹划委员会是最高权力机关,成员五人,即:该大学校长李卓敏先生,联合书院院长郑栋材先生,崇基书院院长容启东先生，该大学教务主任胡熙德先生，另外一位就是新亚书院院长钱穆先生啦。报上说，该筹划委员会一开起会来，大家全部英语出笼，中国人在以中国语文为主的大学堂之中，对象又全是中国人，却用英语发言，这也是人类一大绝件。钱穆先生大概发现"佛也救不了"，才一而再，再而三地要辞职撤退。

中文大学堂是英国人主动办的，早在 1957 年，汇丰银行大股东开斯维克先生便建议在香港大学设立一个中文部，后来英国政府又派了一个富尔敦调查团去香港调查，才终于成立。嗟夫，连身为殖民地主子的英国人，都感觉到中国语文不可侮，万不料中国的畸形人并不如此想也。读者老爷如果想参观一下高级文化西崽的嘴脸，不妨赶快办出境证，去香港中文大学堂，一瞧便知。噫，今天报上载，李卓敏先生不是经台北去东京乎？能看到他的记者真有福矣，可惜其他三位没有随行左右，否则为之一一塑像，送到西崽庙陈列，大家的印象必当更为深刻。

我们无意对李卓敏先生之类有所评论，风吹烟消，西崽分子在任何华洋人等眼中，都没有重量。君不见两晋南北朝乎？软骨动物固都有"汉人学得胡儿语，争向城头骂汉人"这种镜头，跟中文大学堂里西崽所表演的，一模一样，不过是改啦，改成"华人学得英人语，会议桌上整华人"。这种气质，心理学上应有相当解释，大概是一种极度的自卑感，似乎可称之为西崽情意结，由自尊的丧失和补救的迫切而产生，这种情意结发展到极端，不但以自己的语文为耻，以自己的种族血统为耻，也以自己的父母为耻。美国很多年轻黑人，便是被这种情意结所控制，悲剧闹剧，由此而生，不独中国的西崽分子为然也。

迄今为止，世界上还没有一种言语是国际性的，有人异想天开，发明了"英语优秀学"，说它如何如何的好，如何如何的妙，所以英语了不起呀了不起，发明这种学问的人，应该隆重颁给他一座西崽奖。在西方世界，古之时也，拉丁语是"国际语"，罗马帝国强大不堪，东征西伐，把弱小民族打得哭爹叫娘，拉丁语自然威不可当。一直到十八世纪中叶，英国学者写书，还是以拉丁文为正宗，只有在写小说散文这些不重要的东西时，才用英文。盖他们深信，拉丁语是国际语言，将流传千古，而英文不过是一个地区一小撮民族的方言，终有一天完其蛋也。后来法国出了一位拿破仑先生，武力所及，也有一手，再加上工业革命之后，殖民地遍天下，法文就吃香啦，连国际间签订条约，都用法文。西崽朋友也同样发明了“法文优秀学”，说法文怎么高级，一个字只有一个意义，制成公文书，等于铁板钉钉，连第二个解释都没有，可免去很多因解释不同而引起的纠纷。

就在前些日子，香港《自由报》还刊载一文，作者是谁，记不起啦，还在努力宣传法文第一哩。他阁下大概是一位法国留学生，眼看自己会的那一套逐渐没落，心里发急，忍不住大声疾呼，以醒迷梦。他的大作似乎就是法文优秀学的论文，把英文骂得一钱不值，说要讲法律，要讲条约，就得用法文。问题是，第二次世界大战时，美国弄出个原子弹，而且又有的是钱，到处乱援助，英文就不可一世。英国人真应向美国人磕头如捣蒜，如果美国人说的不是英语，而是埃塞俄比亚语，恐怕世界上果然的只剩下一小撮人在说英语，它便好不起来，也妙不起来也。

语言是国力象征，国力强啦，语言就吃香，一旦埃塞俄比亚强啦，也发明了各式各样奇怪之弹，而且钱多如驴毛，连美国都可怜兮兮去申请剩余物资，恐怕西崽分子立刻也就发明了“埃塞俄比亚语优秀学”，说它是如何如何之好，兼如何如何之妙。我想，自己是西崽，不妨拉下脸皮大大方方承认自己是西崽，不必汗出如浆地去乱找理论根据。我说这话，并不是要当义和团，而是说，即令自己的语文再坏，改良之可也，犹如自己的父母再坏，劝之可也，责之可也，杀而弃之则不可也。

如果说有国际语言的话，联合国规定的有五种焉，华文华语占其中之一。前些时“立法院”还提出质询，说台湾代表在联合国为啥不用中文讲话。答复来啦，说中国的国势正弱，如果要说中国话，就要增加一套设备，怕惹人家嫌。即令这是一个了不起的理由，可是抗战刚胜利时，中国的架子正大，国势正强，为啥不说中国话哉。归根到底，西崽情意结作怪罢啦。嗟夫，西崽不死，大难不止。

13. 畸形人

我们对畸形人的感触太深，所以写的也太多，于是有人说啦，因亚展与会人士都是在国际上跑码头的人，多半都会英语，为了简单明了，说说洋话，也没啥关系。但跑国际码头的人在各国代表中比例固不多也，各国的演员，恐怕十之九甚至十之十，啥都听不懂。整个中山堂坐了鸦鸦乌一片，只讲少数人听得懂的话，别人只有伸脖子的份，实在也太不美观。

这不是说，既来了台湾，我们就霸王硬上弓，全部华语道白。起码在目前，这是不可能的。第一，畸形人当道，他们没有这种自尊，也没有这种见识(不信的话，找个西崽谈谈，他不猛摇其头，把头都摇掉才怪)。第二，我们如果一向有自尊，现在仍保持自尊，别人当然没啥可说，可是台湾弄到今天这种地步，一旦自尊起来，别人看惯了畸形人嘴脸，一下子不畸形啦，还以为我们反了常也。但我想亚展上至少可以用各该国和地区的文字，日本席上用日文，韩国席上用韩文，马来西亚席上用马来文，然后下面再加上英文。讲演时用中国话，再用英文翻译。

于是又有人说啦，柏杨先生对洋人之话，很是敏感，哇啦哇啦说了一大堆，好像严重呀严重，台湾之兴亡，简直系于说不说洋话。有此见解，应该也属绝件。呜呼，说洋话不说洋话，和兴亡无关，一旦全台人把英语当成国语，该强照强，该亡也照亡。君不见十八世纪拿破仑先生鼎盛时，俄国人以说法语为荣乎？不要引经据典啦，阁下如果手有余钱，不妨去买一部托尔斯泰先生的《战争与和平》瞧瞧，连沙皇的宫廷，都是乱冒法文的，其情形比今天台湾的西崽，还要惨烈。

但如今法文不但退出了俄国，也退下了“国际语言”的宝座。在一些国家内，俄文反而吃香，三十年风水轮流转，没啥道理。

但乱讲洋话却和民族的复兴有关，乱讲洋话的正常人当然不是没有自尊，但没有自尊的西崽，一定乱讲洋话。仅只乱讲洋话固没啥不得了，犹如一个人乱咳嗽，有啥不得了乎？但该咳嗽如果是源于三期肺病，就不得了矣。一旦乱讲洋话不是源于研究学问，而是源于西崽情意结，就也同样的不得了矣。而这种西崽如果正是权势之徒，事情就比想的还要糟。想当年普法之战，法军打进柏林，菲希特先生仍在柏林大学堂讲演不辍，他说，德国处处不如法国，要想复兴，谈都不要谈，但德意志民族只要有德意志精神，只要有民族自尊，便终有一天能击败敌人，顶天立地站起来。他的讲词很长，后来定名为《菲希特告德意志青年书》，台北街头，都可买到也。而西崽正是斲丧民族精神和民族自尊的最大凶手，乱讲洋话不过是三期肺病必然发出的咳嗽，象征其不可救药，怎叫人忍得住哉。

这次亚展办来办去，在小民们眼中，“展”还在其次，而那接连两天的晚会，名女人亮相，好像才是正宗。亚展当局花财费劲，目的不过请一些名女人来台北唱几支歌，募几文捐，呜呼，又何必要办亚展哉？把办亚展的钱拿来当做捐款，岂不更简单明了？如果这不是目的，又为啥把影展本身不当回事？用办晚会的精力办亚展，恐怕亚展要蓬勃的多。我们不是说晚会不可以办，但得在两个要件之下办，一曰，它必须是影展的附件；影展本身如果鬼鬼祟祟，而晚会却锣鼓喧天，附件就成了主体矣。一曰，即令是附件，不办则已，要办就得把它办好。结果在台湾中华体育馆所呈现的，像是北平天桥关秀姑女士耍把式，和沈凤兮女士唱三弦，乱哄哄而闹嚷嚷。台湾在办晚会之类的工作上，据说，有其国际闻名的一套，这次却当着很多洋大人之面砸了锅，真不知当初鬼迷了谁的心也。孙武先生曰：“多算胜，少算不胜。”多准备胜，少准备不胜，两场晚会大概根本没有准备，即令有准备似乎也只是大而化之的准备。

最主要的砸锅事件是旋转台不转，相声里有一个灯谜，曰：“远看是电扇,近看是电扇,电扇虽电扇,就是它不转。”听众猜两年都猜不出是啥,结果“它仍是电扇,不过没有电”。再不然是坏啦,所以它才不转,这种谜底能气死人。但也可帮助我们了解旋转台。该旋转台固然是旋转台,不过是坏啦,所以它不转。旋转台不转,总不能归罪于台湾工业不行,台湾工业再不行,叫旋转台转之的本领固是有的,而它竟不转啦,这是人的问题。既然隆重地搞,为啥不隆重准备乎?我就不相信这种会发生临时故障的玩意儿,没有预防之法,只在肯用心不肯用心而已。

第二个砸锅事件是民族舞蹈,竟全部是日本玩意儿。关于这件事,报上攻击,全台哗然,不过畸形人的特征是,全世界哗然他都不在乎,他只在乎赏他饭吃的后台学,只要后台学不哗然就够啦。所以砸锅之后,天下照样太平,但挡不住小民心如火烧。昨天晚上,气温下降,十分凉爽,柏杨先生竹床高卧,做了一个梦。梦见我官拜巡按老爷,前往美国巡按,美利坚洋人一瞧上国大使驾到,一个个屎尿直流,种种马屁,不必细表。第一天晚上,就为我开了一个欢迎晚会,到有各界仕女,衣香鬓影,纷纷向我飞媚眼而表愿被搂之情,我老人家左顾右盼,好不快活。

晚会开始后,第一个节目是“美国土风舞”,柏杨先生虽已贵为天朝大臣,但西崽情意结不退,当时就屏声静息,瞪起圆眼,打算目睹盛况。于是乎大批舞娘登台,左扭右扭,前扭后扭,十分热闹,可是我却一直觉得眼熟得很,好像啥地方见过。正在迟疑,洋女唱起来啦,词曰:“一更里,大门开,小妹妹绣房等郎来。”噫,这不是柏杨先生家乡打牙牌小调乎?而她们跳的不也是凤阳花鼓乎?怪不得面善面善。在场的中国观众,只好端出严肃表情,以掩饰内心的微笑,柏杨夫人却噗嗤一声,口沫四溅。《纽约时报》记者立刻访问曰:“夫人,觉得不对劲呀?”柏杨夫人答曰:“非也,非也,贵国土风舞集各国之精华,步法音乐,均有异禀,为世界最有教育意义的舞蹈之一。”按,这话是这次亚展时,一位日本导演对中国记者说的,柏杨夫人不过套而用之,便把该夷搞得喜笑颜开,真聪明绝顶者也。

中国人在国际性场合中，挑明的要跳中国舞，就应该跳中国舞。台湾民族舞蹈提倡了十几年，年年有比赛，处处有学堂，就是赌一块钱，我也不相信全部都是日本舞搬家，难道没有一个舞是纯中国的乎？即令没有，临时编也编得出来，可能编得不好，可能演出效果不佳，但总不能说不是中国的也。如今竟选出来一个打牙牌，不但日本人龇牙，连韩国、马来西亚也得龇牙。如果这种行为是故意的，故意让夷人龇牙，以便把他们活活龇死，当然没啥可说。如果这种行为不是故意的，我们就要问啦，为啥如此低能？嗟夫，所有贻笑国际，腾笑万邦，都是这样制造出来的也。

另一个砸锅的事件发生在大会上，报上已有详细报导。那就是贵宾席上竟坐满了酒女，世界上也只有台湾有这种杰出现象。不过这倒跟亚展当局无关，盖时代风气如此，酒女出现贵宾席，还是小事哩，如果再仔细研究研究，恐怕谁都会冷了半截。随便举个例子吧，中国小姐第二届选拔之时，不是在台北国际学舍举办乎？有个姓彭的奇大之官焉，由其当差的手执赠券，像押解犯人似的，把他押解前往，见了熟人，还含笑点头，以示民主。可是在门口却被挡住啦，他阁下只有两张票，却硬要进四个人，收票的家伙如果有柏杨先生这种学问，他的官既如此之奇大，不要说四个人啦，就是四只狗我都照放。偏偏这年头没学问的人太多，竟敢据理力争，硬是不肯，该官大概认为有损尊严，勃然大怒，原来的狰狞面目出笼，把票一撕，掉头而去。

14. 骄其妻妾

所以说，无论啥娱乐性的晚会，发票送票，成了第一等学问。学问大的，晚会结束后，人人称赞，皆大欢喜。学问小的，恐怕还没有等到开演，老板就叫他卷铺盖。即令不这么严重，却也是“不是不报，时辰未到”,他至少已种下了卷铺盖的种子,现在虽不马上卷,将来终有一天卷也。

有些畸形人,不但送票的人明知道他不会去看,就是畸形人自己也知道自己绝不会去看,可是你不能不把最好的票,惶恐送上。否则的话,就是瞧他不起,夫民族的自尊越是颓败,个人的自卑则越是强烈。以中国官坛的畸形人而论,恐怕是世界上最奇异的动物之一,而他们的补偿要求,因之也最迫切。几乎天天都在提心吊胆,唯恐有谁没把他看到眼里。你不送票给他试试,第二天开“项目小组”时,他准宣传:“际此军民枕戈待旦之际,反攻大陆前夕,是何居心,天良安在?”如果你送的是三十排以后的座位,那比不送还糟。不送的话,必要时还可假装忘啦,在他面前痛哭流涕,以示该死,还有挽回一点局面的希望,如果真的送了后座之票,连“忘啦”的借口都找不出,那算糟到了底。

这就是孟轲先生说的那种“骄其妻妾”的小儿科心理,他因没有送他票而暗下毒手,并不是他重视晚会和重视票,而是他重视别人瞧他起,或瞧他不起。所以只要真的送了上去,他就兴喷喷而喜洋洋矣,自然不会真往一观。盖一曰:他阁下太忙。忙确实是忙,有开会忙焉,有应酬忙焉,有被更大一号的老板叫去骂之训之忙焉,有抱着酒女捞女或其他名女人喊娘喊姐忙焉。二曰:他阁下根本没有那种境界。有些道貌岸然,请他去听听黄梅调,他能接受,请他去听听交响乐,恐怕还不如在他屁眼里塞一根萝卜。

问题是,不去虽然不去,票还是要照送。呜呼,一旦票至,看他那股得意之状吧,柏杨先生为了想看亚展,怎么奔走都弄不到一张票。偶去拜访一位老友,该老友这几年和高阶层颇有一手,官崽们嗅觉特别灵感,就也送了他几张,票是我刚落座时送到的,他昂起尊脸,徐徐打开。我紧张曰:“是啥子票?”他作不在乎状曰:“亚展的票。”接着其词若有憾焉曰:“我哪有工夫去看那些臭女人,前天打狗脱死迷死已邀定请我吃咖啡啦,顺便还要谈谈小儿入美国籍的事。嘿,阿兰,拿去跟隔壁那个阿玉看吧,你不是喜欢凌波乎?”我正要阻拦,阿兰女士已笑嘻嘻地接了过去,转身而飞矣。

大概是1956年,那时候台北“三军球场”还在,台湾中华口琴会曾举办了一个口琴合奏晚会。开演之前,总指挥王庆辉先生照例向司令台一鞠躬。“三军球场”的司令台等于中山堂的贵宾席,当时也是鸦鸦乌一片,挤满了泼皮顽童。他们既不听口琴,当然也不管有人鞠躬。有的手执棒冰,望天大嚼。有的跳来跳去,捉其迷藏,木屐呱哒之声,连火车站都听得见。有的挤在一起,高唱“红灯绿灯各色灯”,其声嘶哑,惨不忍闻。其中一部分固是成人,但露胸搓泥者有之,用尊手捏脚者有之,捏到痒处龇牙咧嘴者更有之。身旁一个老头叹曰:“让总指挥向他们敬礼,真是作孽。”事后问过主办人,埋怨之曰:“你们怎么弄些小孩子上去乎?”谁知道主办人比我这个发问的人气还大,号曰:“是龟儿子弄些小孩子上去的。”盖他们送的票全都是大头目,谁知道大头目不去,却转送给他们的司机三轮车夫和送煤球的小子啦。

洋大人看歌剧,都是穿礼服的,而且除非有特别事情,很少中途离场。我们要达到这种境界,恐怕不太容易。但有一件最容易的事,不必靠外力,只靠一念之间就可办到的,那就是,晚会之类的票。达官贵人似乎应该想一想,既然有那么一种分量,使得发票单位不得不送,祖坟上已经冒了青烟啦,面子上也很够啦。自己去看,当然更妙,自己不去看,最好附一封信退回。人性多一点的,不妨在信上说两句客气致谢的话。官性多一点的,不附信退回。即令伟大过度,不肯主动退回,也没有关系,扔到字纸篓里可矣。即令转送亲友,至少应做到一点,转送的对象应该选择选择。好比吧,有一天焉,柏杨先生正在尊府拍你的马屁,把你拍得舒服非凡,恰巧送来两张国际性钢琴演奏会赠券,你就顺手转送给我,以示你有办法呀有办法。届时我偕老妻,蓬头垢面,拖了双破鞋,臭袜之味四溢,贼头贼脑,坐在诸位外国使节之间,试想丢的不是台湾之人乎?

我们家乡有句俗话曰:“不拉屎,占茅坑。”占茅坑还算高级的。而让茅坑时,不让给那些快要拉到裤子里的,却让给也是根本不拉屎的，那才是混蛋加生蛆。我敢和你赌一块钱，这种人下辈子再生为人时，一定没有屁眼，乃乱占茅坑，只蹲不拉之报也。至于像二届台湾小姐选拔时，在门口撕票跺脚的那位彭姓的，其尊臀更伸出坑外，还要霸占别人的茅坑哩，他下辈子不但没有屁眼，恐怕连肚脐眼都不会有也。（柏老按："晚会"这玩意儿，热闹了二十余年，在二十世纪七十年代后期，似乎已销声匿迹。八十年代之后的读者老爷，恐怕已弄不清怎么回事，无法想象当日盛况矣。）

15. 高等国民质量

社会上有句成语"为目的不择手段"，这句话是好是坏，应该赞扬，抑应该抨击，一直到现在，因为解释的不同，所以一直都在争论之中。不过我想，如果是国家民族存亡兴废大事，为目的似乎可以不择手段，所谓兵不厌诈，能骗就骗，能哄就哄，能抢就抢，能夺就夺。不过即令是这种大事，比较起来，还是以选择选择手段为佳，否则的话，当时固然耀武扬威，后世却终会蒙其羞而受其祸。历史上很多王朝因"开国不正"而毛病百出，可作殷鉴。晋王朝第八任皇帝司马绍先生，有一次跟宰相王导先生谈起晋王朝的开国史，王导先生老实不客气地把司马懿、司马炎、司马昭三位先生当年的杰作，一一供出。司马绍先生连脖子都红啦，把他的尊脸俯到床上，叹曰："若公言，晋祚复安得长远哉？"

盖不择手段的行为，一定出自一种无所不为的气质。国家当权的人一旦有了无所不为的气质，连上帝都不能保证他这种气质只用之于去对付国家大事，而不用之于去对付他看着不顺眼的人。然而，退一万步说，事关国家民族存亡兴废，一定要不择手段，尚有可说的。但无论如何，如果只是一个团体，如果只是一个人，则总得选择选择手段。一个人不怕他乱七八糟，不怕他奸淫烧杀，就怕他无所不为。也就是说，一个人即令他乱七八糟，即令他奸淫烧杀，只要他有所不为，他就是一条充满了高贵情操的英雄好汉。美国西部拓荒时期，枪手横行，但他们从不杀不拔枪的人，也从不朝人背后开枪，一定要杀之的话，也要用种种侮辱性的言词，逼得对方先行拔枪。

君看到一部电影乎？片名忘之矣。开演的时候，男主角在匪首家里，匪首的漂亮太太缠着他不放（一个男人遇到这种场面，真是悲喜交加，祸福齐降），但他不肯接受，正在推推拉拉之际，匪首突然回来，抬头一瞧，好小子，胆敢调戏我的娇妻。男主角当下表示他要脱离匪党，匪首一想，你拐了我的娇妻不算，还想去享清福，好吧，你走就走吧。男主角走到门口时，该匪首本来是背对着男主角的，趁主角背后无眼，没有注意，转身拔枪。谁晓得男主角乃第一等神枪手，匪首只拔出了枪，还没有来得及转身发射，男主角已一枪把他阁下撂倒。

这要命的一枪立刻引来大批警察，盖警方悬赏了五千美金巨款，购买匪首的尸体，这下子得其所哉。可是，那个警官验明子弹是从背后射进去的之后，脸色大变，把一口袋钱忽冬一声扔到桌子上，然后告男主角曰："把你的奖金拿去，马上离开这里，本乡不欢迎你这种人。"男主角被驱走后，流浪四方，可是所到之处，旅馆不留他宿，饭馆不留他吃，江湖好汉更不把他当做人子。背着一张黑锅，一直背到电影结束。

跟这部电影同一题材，而意义更深的，还有一部电影焉，惜也忘其名字矣。男主角也是因从背后开枪打死对手，而为世人所不齿，不但为世人所不齿，等他的儿子长大成人以后，晓得了父亲曾从背后杀过人，也瞧他不起。不过别人瞧他不起，可以不理他，可以揍他。儿子瞧父亲不起，既不能不理他，也不能揍他；而养育之恩，父子之情，更如山如海。该儿子遂陷入万分痛苦之中，正义跟亲情交战，恨不得自己马上死掉。当父亲的男主角也晓得自己被儿子轻视，可是毫无办法。

于是乎有那么一天,仇人找上门来,父子起而应战。有一个家伙在墙角埋伏,悄悄举枪,要射击父亲的后脑勺,这一枪下去,不用说,该老头准天灵盖开花。被儿子看见,父子连心,立刻照该家伙背后开了一枪,该家伙遂枪飞人倒,完了尊蛋。等到歹徒全军覆没,父子清扫战场,父亲就地取材,把该家伙背后的子弹口指给儿子,然后以手拍儿子之肩,低声曰:"孩子,我当初也是在这种情形之下开枪的。"然后儿子惭愧一笑,隆重闭幕。

呜呼,想当年刘备先生临死前,留了两句话给他的儿子,那两句话是:"勿以善小而不为,勿以恶小而为之。"这两句平淡的话,可以囊括基督教全部《圣经》,仅以"勿以恶小而为之",就是一种"有所不为"的精神,这精神是一种高贵情操。在"为""不为"之间,衡量出一个人的质量。而且不但可以用之衡量他人,也同时可以用之衡量自己,如果有一丝天良,虽儿子对父亲,都会觉得不能原谅。一个民族应该有这种气节,一个社会也应该有这种风尚。目的物固然使人怦然心动,但获得目的物的手段,必须选择选择。柏杨先生说这话,不是说我忽然心血来潮,要当圣崽,想吃冷猪肉啦,而是说这个原则不应抛弃,遇到枪战时歹徒杀父,当然可以不择手段,但社会上差不多都是泛泛之辈,好比说,办办亚展吧,大家比比电影,从容论道,便不能不择手段矣。

16. 天下之大昏

"为目的不择手段"几乎成了这年头一种风俗习惯,亚展就也跳不出这个漩涡。于是乎,笑骂由他笑骂,大奖我自得之。外边谣传说邵氏公司如何如何,而掌权老爷急忙声明绝没有如何如何。发生在暗室里的事,真言不入六耳,局外人不过根据现象,推断其原因,自然没有他们如何如何的证据。不过,亚展到了今天这种地步,如果掌权老爷真的得了邵氏公司的好处,那还算高级的,至少他还有点聪明,只"利"令智昏罢啦。以后遇到别的大事,无利可图时,还有聪明在。如今各位老爷努力否认得了好处,柏杨先生便不禁大起恐慌。君不闻古人云乎:"昏官之害,胜过贪官。"贪官不过见了钱才昏,而昏官则一昏到底,有红包固昏,没红包也昏。贪官不过为了既得利益才无所不为,昏官虽没有银子的诱惑,却照样也无所不为,其害之烈,较之贪官千万倍也。

《老残游记》上有这么一段。山东省齐河县发生十三条命案,大老爷刚弼先生用重刑修理可怜的贾魏氏,被老残救了下来。刚弼先生就是一个典型的昏官,他阁下既不要钱,也不要好处,唯一的毛病是大愚若智。天下事一旦落到这种人手里,仗着一身清白,无所不为的程度,势将更锐不可当。反正我不贪污就行啦,在"清廉"的罩袍底下,干出的都是掘坟坑式的误国殃民勾当和丢人现眼的镜头。

无论如何,《蚵女》都没有资格得奖。有些人说啦,蚵女也有好的地方呀,不过是仁者见仁,智者见智而已。我想"仁者见仁,智者见智",在某些人口中简直成了八字咒,遇到价值问题,好比说选中国小姐吧,丑八怪也当了选。一旦有人批评,八字咒立刻泰山压顶,好像只要祭起八字咒,便可掩盖一切不公。这里我们不得不再顺便提提熊式一先生,他阁下当评审委员的唯一任务,似乎就是为《蚵女》和凌波女士多打几分,而且还洋洋自得,以每个主办地区都得翠凤奖为绝妙之法,有这种观念的人,即令不昏,也俗不可耐,然而官崽们还把他当做活宝哩。

硬叫《蚵女》得奖,已够无法无天,接着又推出《花木兰》,更是裤子一脱,脸都不要啦,这大概和凌波女士有关。为了要使她成为"亚洲影后",而偏偏她演的影片又只有《花木兰》参加,便只好选中《花木兰》矣。既然所有影评人"一致"而"坚决"地非选她为影后不可,不要说是《花木兰》啦,就是卡通片也照样第一。堂堂国际性的竞争,成为儿戏,无他,"恶小而为之"而已。

亚展最最荒唐的一件事是给了林翠女士一个最佳女配角奖、王引先生一个最佳男配角奖。常看中国片的观众都知道,他们的演技便是拿到好莱坞都是第一流的。然而问题还不在此,畸形人的眼里,你再好都没有用,全世界都说你好,而我硬是认为你不好,你有啥办法哉。问题却在于,参加亚展的影片中,二位演的根本是主角而不是配角,这就异常出众矣。我想,有那么一天,世界各国总统齐集一堂,要选举世界上最漂亮的元首,结果宣布啦,约翰逊先生是最佳总统,戴高乐先生却当选了最佳副总统。如果真有这种绝妙之举,恐怕连柏杨先生家的莉莉小姐大牙,都会笑脱。(柏老按:写此文的当时,约翰逊先生尚是美国副总统,而戴高乐先生则正是法国总统。)

又好比柏杨先生,当代最伟大的潜水家兼飞行家也,忽然有一天,我的红包攻势收了奇效,诺贝尔奖金砸到我阁下头上,却不是潜水飞行奖,而是物理化学奖。虽然钱数是一样的,但我把该巨款下了腰包之后,能不在心中油然而兴"他妈的"之叹乎?便是那些发奖的畸形人,午夜梦回,摸摸良心,也能一身出冷汗。

然而,给我物理化学奖还不算了不起,了不起是竟然给我一个"女演员奖",那我就想把该巨款下腰包都不可能矣。英国有句俗谚,曰:"巴力门除了变更人的性别外,什么都能。"看情形可以扩而充之,中国畸形分子还能主角变成配角。呜呼,是他们的知识程度根本分不清主角配角欤?抑他们被女人玩昏了头,在暗室中心旷神怡,摸索过度,根本没有看欤?有一于此,就够瞧啦,二者兼备,就更出类拔萃。嗟夫,恐怕是无论怎么哇啦哇啦穷嚷,都无法解释怎么把主角变成配角?犹如无论诺贝尔奖金委员会诸公怎么哇啦哇啦穷嚷,都无法解释柏杨先生怎么忽然变成了好演员也。盖这不是公平不公平问题,而是瞎眼不瞎眼问题。

一个人也好,一件事也好,要想使人尊敬,必须选择一种使人尊敬的手段,否则恐怕是尊敬不成。亚展选出"影后",当然希望世人一致景慕,亚展选出的影片,也当然希望世人一致景慕,但如果畸形人穷凶极恶到连主角配角都可乱变的程度,他选出的后焉片焉,恐怕连他自己都看不起。

好啦,谈亚展谈得肝肠寸断,有点不合圣人之道。我想,畸形人恐怕最喜欢别人温柔敦厚啦,盖温柔敦厚好像是一条魔毯,专门用以掩盖脓血横流的大疮,宁可烂到底,也不愿别人掀开来洗之医之也。亚展反正已经过去,我们只好套一句烂语,以作结束,曰:“下届再办,勉之勉之。”——其实到了下届,包管仍然照样如此烂,善哉。

17. 希特勒

人类自从有了货币,也就是说,自从有了钱,就有了银行,不过名称和组织不同罢啦。犹太人以放高利贷闻名于世,西洋一提犹太人,就马上想起来可怕的“臭虫式利息”。臭虫在台湾是绝了种的(有一阵子好像电影院有过),中国人恐怕已经忘记它阁下啦。据说臭虫先生的繁殖率十分惊人,把一位男臭虫和一位女臭虫放在一起,一会儿工夫,就如《三字经》上说的:“父而身。身而子,子而孙。自子孙,至玄曾。”盖弟兄姐妹互相交配,一窝下来就是几百,两天一代吧(动物学专家千万别抬杠),一月工夫,就满坑满谷矣。犹太朋友借给你阁下十块钱,利息本已高得够你皮肉发紧,而利息再算利息,一年以后,你把被子卖掉都还不起他。所以西洋各国,一提起反犹,无不大喜若狂;而在中国便反不起来,盖我们没有切身痛苦也。

——说起犹太,忍不住要插一句嘴。台北统一饭店的经理,就是一位犹太老爷,此公是德国籍的,我想任何一个洋大人都可瞧不起中国人,唯有德国籍的犹太人,似乎没有资格。报上载,立法委员阿不都拉先生在统一饭店脱掉上衣跳舞,该犹太大发虎威,把盘子端了去;而且经常指使一些西崽,殴打一些有自尊心的中国籍侍者;好像这天下就是他的,而他就代表二十世纪文明。有一则小幽默上写着这么一个故事,某一个绝大的饭店里,侍者一不小心,摔了一个斤斗,把一碗热腾腾的罗宋汤,隆重地扣到一位绅士身上。作揖打躬的结果,绅士允许不予深究,但湿淋淋的衣服怎么办欤?只好脱下来由侍者拿到阳台上吹干。于是乎,不久以后,经理先生昂昂然走到眼前,端起嘴脸曰:"先生,对不起,我们这里是文明之地,不招待只穿衬衫的客人。"

统一饭店的犹太所本的,似乎就是这种文明规则。只不知道他瞧一下寒暑表没有?盖我们不反对衣帽整齐,而只反对他的嘴脸也。呜呼,中国的大礼服是长袍马褂,我真希望有长袍马褂的朋友,穿之前去,跳一个扭扭舞,看看该犹太再要啥花样?而菲律宾的大礼服根本就是一袭香港衫,如果该犹太是联合国秘书长,恐怕真要连菲律宾的会籍都开除了矣。

有一件非常重要的事,本于人类丰富的同情心,特别提醒该犹太朋友注意,以后你阁下再端客人盘子的时候,务必先看清楚。万一抬头一瞧,该客人竟是希特勒先生,你说,是继续端乎?抑一声不响,回去打包袱径往集中营报到乎?对啦,我建议统一饭店的中国籍员工,不妨学一句德文"希特勒万岁",或弄张希特勒先生的玉照,闲来无事,向该犹太朋友喊上两声,或掏出来发发他思古的幽情,似乎也是一种牛黄上清丸,能帮助其头脑清醒也。

由银行说到统一饭店,扯得太远,实在是银行和犹太不可分,每一个干银行的多少都有点犹太气质,对乎?

在我们中国,犹太人虽少,但放高利贷的朋友,却同样普遍,而且因社会的需要,不得不由个人而集体,由零星而整批。到了清王朝,遂有"钱庄"出现。夫钱庄者,大型的犹太,小型的银行也。这种钱庄,一直到二十世纪一十年代,仍声势烜赫。柏杨先生年轻时在奉天做事,便是一直由三和票号,往家给老妻汇钱的。汇钱时,手续简单得要命,只要把银子往柜台上一放,柜台的小子就立刻笑脸相迎,先请你坐,然后一杯香茶,茶还没喝完,银票已双手送到跟前,这是自己汇的。如果托钱庄汇,他就给你一纸收据。不出三天,家信还没有发哩,老妻已来信说钱早收到啦,不但早收到啦,还早买了裹脚布啦,真是既恶心又窝心也。

不过钱庄离现代企业化,仍有一段距离。因再大的钱庄都是家天下,家天下这玩意儿好像麻将牌上的清一色,如果对手是一群鸭子屎,而自己手气又顺,可能清一色加双龙抱,赢得一塌糊涂。可是,小民越来懂得越多,清一色就难做矣,再加上手气发背,三十二圈下来,连壶都不开,而仍得意洋洋,照做清一色不误,他不把裤子输掉,也得把袜子输掉。

家天下的钱庄纷纷完蛋后,代之而起的就是洋式的企业化的银行。银行的学问比钱庄大得多啦,大学堂里专门有"银行系",研究四年都研究不完,还要到研究所再啃书本,才能略窥门径,我们当然不打算去钻这个钢板。而只是感觉到,在我们中国,银行虽取钱庄而代之,这银行焉,那银行焉,还有政府办的合作金库焉,风起云涌,花样多端,实际上中国的银行不叫银行,只是当铺而已。

君读过橘子和枳子的故事乎?这故事连三岁顽童都知道,但也因为大家都知道啦,反而忽略它的严重性。据说橘子这玩意儿,在江南时是橘子,又大又肥,又甜又润。北方佬瞧在心眼里,痒在心头,就弄一批移种到北方。好容易开花结果,正要皆大欢喜,谁晓得长出来的,样子好像橘子,却硬不是橘子,干瘪苦涩,实在难以下咽,只好称之为枳子,以免侮辱橘子的美名。

中国自宋明两个王朝之后,一千年来的斲丧,成了世界上最大的酱缸,不要说橘子啦,啥玩意儿酱到里头,都会酱得不成东西,变成枳子还算好的,连原子弹都能变成石块也。呜呼,伊藤博文先生和辜鸿铭先生在英国同学时,所学的都是治世强国之术,伊藤博文先生回到日本,"醉卧美人膝,醒掌天下权",七搞八搞,搞出明治维新,小小东夷,竟成为强国。而辜鸿铭先生回到中国,忽冬一声,跌到酱缸里,只好当一名教书匠,度其残生。

很多从国外回来的朋友,看洋大人如彼之强,而中国却偏偏如此之弱,没有一个不义愤填膺,想努力奋斗一番。当初柏杨先生回台之时,也同样想“把头卖给识货的”。可是,折腾的结果,大家都被酱住,有的脑筋酱死啦,就也混水摸鱼;有的脑筋虽没有被酱死,也只好眼睁睁而干着急,偶尔哎哟哎哟,就被帽子铺掌柜的弄出各式各样的帽子,祭在头上,祭得走投无路。

18. 渡江而变

我们说连原子弹都能酱成碎石块,照例必有正人君子摇其尊头曰:“过甚过甚,夸大夸大。”我倒宁愿这是过甚夸大的,但稍微一瞧移植过来的东西,随便哪一个,或多或少,似乎都要离开一点它的基本精神。像民主法治吧,当然没人反对,不但没人反对,还有人日夜都在猛嚷要建立制度哩。柏杨先生曾说过,我最怕听人说建立制度,每次听建立制度的嗡嗡之声,就要发疯。盖民主法治的基本精神是“我不例外”,有些头目捶胸打跌,斥责别人不守法,不遵制度,而他自己却不守法,却天天破坏制度;天下有谁是傻瓜,甘愿被如此欺弄乎哉?结果你骗我,我骗你,上下交相骗,而花招百出矣。于是民主法治的基本精神,到了中国,遂被酱成“只我例外”,官崽越大,其例外的范围越广。

这是大焉者,谈起来伤心,不谈也罢。最近不是各方面都要求取消司机记点办法乎?我想任何文明国家,车山车海,记点办法是目前人类智慧发明的最好办法,千万不可取消。不过,任何办法只要在酱缸里一泡,准发生变态。若干时日之前矣,有一次,柏杨先生坐出租车(对啦,明明是出租车,而车篷上却硬是写“出租汽车”,实在想不通),去火车站接一位朋友。那时候台北中正路还未拓宽,两侧设有栏杆,天黑灯暗,不知怎么搞的,撞了一下。于是一位三作牌如获至宝,一跳而出,笑得尊嘴都合不住,向司机招手曰:“好啦好啦,停下停下。”司机稍微犹豫,该牌嘴脸霎时出笼,大喝曰:“你怎么,要造反呀!”这种“如获至宝”的心情便是变态,记点办法再不取消,司机无噍类矣。

——说起来台北的中正路,也真奇怪,花了那么多钱,动员了那么多官崽,好容易修好啦,落成到现在,大概只有半年光景,就已破破烂烂。难懂的是,慢车道何以如此之窄?而人行道又何以如此之宽?台湾是亚热带地区,阵雨最多,所以中国式的建筑,都用骑楼来遮盖人行道,这不仅是一种德政,也是一种最高的建筑设计,君看过台北襄阳路土地银行乎?纵是四层楼高,也照样伸展其走廊,这对行人该是如何大的方便耶?可是西崽朋友把洋大人建筑那一套原封不动搬过来,遂成了人行道顶上,空无一物。

台北市中正路有现成的走廊式人行道,不加以利用,却在走廊之外,再铺上露天式人行道,真是脱裤子放屁,多此一举。慢车道被挤得寸步难行,露天人行道而又等于虚设,为啥不把慢车道再为扩大?不把走廊人行道当做主要人行道乎?照样想不通,想不通。

如今露天人行道边坎,几乎烂了一半,钢筋水泥的玩意儿,竟跟纸糊的一样,纷纷裂之碎之。有些心术不正,专唱反调的人,说是准又偷了工减了料,我对此说坚决反对。不过它碎啦却是事实,奉劝走路的小民,要特别小心,万一被伸出来的钢条英勇地绊了一跤,把尊牙磕掉,勿谓言之不预也。

既然啥都在变,橘子变成枳子,“我不例外”变成“只我例外”,则银行变成当铺,固不稀奇也。呜呼,中国迄今为止,还没有出过银行家,而只出过当铺掌柜的,君去当铺当过东西乎?——对不起,你阁下当然没有去过,岂能如此咒人?不过柏杨先生倒是经常贲临的,那股劲真像被人朝屁股上猛踢一脚。未进当铺之前,先提高警觉,观察附近有没有熟人,等确定了真没有熟人,然后低着尊头,用三级跳的英姿,往当铺里一跳。有一次正要一跳时,一个平常必须在他面前摆谱的朋友冒了出来,热烈地抓住敝手,问曰:“柏老柏老,你手之舞之,足之蹈之,哪里去呀?”答曰:“国泰保险公司张经理请我吃晚饭。”他大惊曰:“啊呀,你真了不起,可是天还早哩,才下午一点钟。”我急曰:“教育电台宋台长一定要我现在去录音,对全国青年讲几句话。”他听了之后,不得不肃然而退。这时候我仍有点心神不宁,该家伙万一以小人之心度君子之腹,前去一询,而二位先生竟根本不认识我,岂不自掀底牌乎。于此顺便奉劝年轻小子,攀高枝时千万不可道出真名真姓,以免对证出来,前功尽弃。

然后,进得当铺,等到喘气稍定,双手举起(当铺的柜台都那么高,最是混蛋),嗲声喊曰:“掌柜的。”(喊“老板”也可以);再然后,掌柜的那个跟螳螂一模一样的尊头伸了出来,打量半天,把大衣接过去,左看右看,前看后看,看了个够,再伸出尊头,又打量了个够,此时也,我就努力向他微笑。他曰:“身份证?”赶忙双手递上,他再左看右看,前看后看,又是看了个够,曰:“相片不像。”我曰:“那是十年前的啦。”他喃喃曰:“柏杨,柏杨,有个柏玉璋是你的啥?”我曰:“对不起,我不认识。”他怒曰:“你怎么不认识,都姓柏呀。”我可怜曰:“真的不认识。”他停了一会儿,又曰:“这身份证是哪里来的?”我急曰:“真是我的,不信的话,我这里有一张稿费通知单。”他接过该单又看了个够,叹曰:“你原来还识字,唉,都是识字害了你。”我赶忙点头,他又叹曰:“这大衣给你十五块钱。”我结巴:“我原来想当三百元的。”他一听我胆敢反调,便不声不响,把大衣连身份证从窗口往外一推,稀里哗拉,掉到地下。我只好捡起来,向他说了一火车好听的话,怎奈他只埋头看他的武侠小说,我想书中的侠客真应该跳出来照他尊头上砍那么一刀。

他大概被我说得不耐烦,也可能被我的凄惨声调所打动,才曰:“看你的大衣吧,袖子破啦,领子破啦,扣子掉啦,里子化啦,面子烂啦,穿到身上,风一吹都能吹个窟窿。而且看你的情形,准死当无疑,十五块钱买一堆臭布,我还是傻子哩。”其实袖子只破了一点点,扣子只掉了一个,里子领子根本没化,面子还是新的。但他是当铺掌柜的,而我又急着等钱用。呜呼,人穷时连理都没有啦,还说别的哉。

最后他阁下总算开恩,当了五十元,一个人如果一生没有进过当铺,他真是白活。(柏老按:我老人家1968年入狱时,台北还有中正路;1977年出狱时,台北却没有了中正路。不是它搬了家,而是改成了忠孝东路、忠孝西路啦。)

19. 呆 账

当铺和银行的主要分别,在于当铺必须用东西作抵押,而银行则不一定,有时候固然要东西作抵押,有时候没有东西,仅凭信用也是一样。世界上只有中国的银行,完全当铺作风,硬是非抵押品不可。一谈到信用,噫,信用是啥?多少钱一斤?你说你有信用,拿出你的信用瞧瞧?你不是开纱厂乎?你能把棉纱搬到我仓库里,我就借给你钱;你不是开纸厂乎?你能把成纸也搬到我仓库里,我就也借给你钱。假如你不能如法照搬,不要说借钱啦,连屁都借不到。

我们并不反对银行借款要抵押,而只是反对每一笔都要抵押。说到这里,一定有干银行的朋友曰:“我们也有信用贷款呀。”我承认也有信用贷款,但贷到该款的靠山似乎不是“信用”,而是“权势”,不过顶着“信用”的帽子而已。有人说凡是“信用贷款”的,百分之百有其凶恶的后台,甚至他本人就是该凶恶的后台。我想百分之百未免口满,一万人中可能有一个半个是纯靠信用的也。于是又有人说啦,现在银行呆账这么多,已够受的,再不发扬当铺精神,大家风起云涌,纷纷来借,岂不全成了呆账,银行岂不关了大门乎哉?

关于呆账,研究它的文章多如牛毛,有的分析它的原因,有的提出救济防止之道。不过,我真想奉劝那些正人君子,有闲工夫不妨去看蚂蚁上树,不必再纠缠这个永远无法解开的结啦,越纠缠越不清,再纠缠一百年也没有用。旧的呆账谁也要不回来,而以后新的呆账势必一年比一年增多。你阁下如果爱国心重,硬不肯相信,那么敢和我赌一块钱乎？盖呆账债主借钱，并不靠他的信用，而靠他的权势，权势一天不垮，此账就一天清不了也。

这也并不是没有妙法，最简单的一法是：最高元首赫然震怒，把呆账交给台湾“警备司令部”，一律逮而捕之，然后给他一个期限，超过期限不缴，立即执行枪决。你看他还账还得英勇吧。此法当然有点窒碍难行，于是柏杨先生又有一法，那就是，请一批地痞流氓，组织一个讨债公司，把名单开给他。讨到了对半分，由该公司派出干员，找到呆账大王，不问三七二十一，先痛揍一顿再说，你同样也可以看到他还账的英勇场面。否则的话，写再多的文章，开再多的会，把全台的油墨都用光，把开会朋友的舌头都磨掉，啥用都没有。

欠账的人往往是可怜兮兮的弱者，只呆账大王是凶恶分子，好像西班牙斗牛的角，尖而且硬，锋利无比，谁都不敢碰。不要说银行不敢碰，连财政部都不敢碰，碰的人无不肚破肠流，一命归天。君不见台湾银行叫得最厉害乎？其实那不过叫大家瞧他们急啦而已，并没有真心去办，不要说签报最高元首啦，甚至连名单都不敢公布。盖诸牛角异常可怖，准许你叫，已够民主矣，再进一步的话，别以为董事长焉、总经理焉，平常尾大不掉，到时候一纸命令下来，照样得卷铺盖。

真正有信用而无倚无靠的小民，有谁呆了银行的账乎？一则他根本借不到钱，想呆也呆不起。二则即令吉星高照，借到了钱，他也呆不住，有些小子不明此中道理，竟然也想要赖，结果法院不声不响，封了他的大门。

呆账的来源，除了权势，还有红包。《拊掌录》上有一则故事。从前有个县太爷到任，雄心勃勃，要大刮一番，县政府有个衙役，为了未雨绸缪，就心生一计。有一天，趁着四下无人，向县太爷跪禀（现在当然是鞠躬矣）曰：“大人请到厢房一走，家兄有话面告。”县长是聪明之人，知道必有文章，到了厢房一看，果然有一包银子放在椅子上，心中大喜。于是乎又有一天，该衙役不知道犯了啥法，应打四十大板，已经掀翻在地啦，他就号曰：“大人请看家兄之面，高抬贵手吧。”县太爷曰：“你家兄是谁？”答曰：“就是厢房里坐的那一位呀。”

县长一听,口干舌渴,只好叹曰:“我和家兄是生死弟兄,怎能不照顾于你。可是你既然犯了国法,不打几下,徒坏我的前程。这样吧,只打椅子腿,你趴在地下拼命喊冤枉就行啦。”

呆账之要不出,是“家兄”在厢房里坐的关系。他阁下之坐也,如泰山石敢当,谁也木法度。银行咆哮如雷,不过打打椅子腿而已,怎么讨得进来哉?嗟夫,前面我们说非抵押不可,还算只说了一半,实际上是,仅只靠抵押仍然不行,还得有够数量的“家兄”,才能把款贷到。我有一个朋友,在某地开了一个小型的水泥厂(“小型”也者,是他客气,资产至少也有两千万元)。谈起初创业时向银行贷款情形,老泪都能流下一缸。上自总经理,下至守柜台的朋友,一个当铺掌柜嘴脸,蛮横、轻蔑、优越感、施舍感、救济感,而且不由分说。每次前往接头,都好像刚强奸了他的女儿。

最苦恼的是,送红包是一种顶尖的学问。写到这里,柏杨先生又想起一事,若干年前,吾友臧启芳先生去某国讲学,怎么办都办不到签证。眼看时间已届,对方一个接一个电报,他阁下心急如捣,知我足智多谋,向我领教。我连大脑都不费,就告之曰:“你明天再去,把两百元美钞夹到护照里,然后向该家伙一哈啰,不要说第二句话就行啦。”他大惊曰:“这不是公开行贿乎?”我曰:“谁说不是。”他曰:“柏老柏老,你存心坑人,届时他一翻脸,把我往派出所一送,我就吃不了兜着走矣。”我曰:“你所以没有前途,就在于此,中国乃红包之国,收也好,送也好,需要高深的艺术。但洋大人立国尚浅,在这上不太讲究,所以干啥都利落得很。”经我这么指点,他阁下如法炮制,果然,该洋大人把钞票往抽屉一塞,喊一声曰:“在我这里啦。”不到五分钟,签证到手。

呜呼,该国乃无传统文化之国,所以方便异常,如果换了中国官崽,便不能如此矣。很多华侨朋友,回台投资,就常有这种无从下手的茫然之感,盖“一关一关又一关,关关不断;一山一山又一山,山山相连”。要行贿又不敢,不行贿又不行,真能急出来癞痢头。河南省乡下,有一出戏,嘲笑妓女撇清的,唱曰:“你乱摸只管乱摸吧,俺可不是那种人。”“你亲嘴只管亲嘴吧,俺可不是那种人。”“你脱我裤子只管脱我裤子吧,俺可不是那种人。”噫!

20. 用科学方法

大家既然一律“俺可不是那种人”,嫖客先生就必须有其慧眼。不过问题是,嫖客先生万一倒运,摸到良家妇女身上,顶多不过吃一个耳光,再顶多也不过挨一顿臭揍,然后从地下爬起来,拍拍屁股走路,好像没这回事一样。可是行贿行错了对象,就大发了矣,到时候人赃俱获,百口莫辩,甚至再往法院一送,就更糟啦也。

——在这里,柏杨先生又要插嘴啦。中国法律,对行贿受贿,是双罚制的,受贿的官崽固然犯法,即是行贿的混蛋,也照样有罪。立法者一厢情愿的想法是,官崽纵然有心要钱,混蛋也不敢给。这种想法跟柏杨先生家四岁小孙女的想法一样,天真纯洁,可喜可爱。呜呼,事实上却是,因大家都在犯法,反而把双方揉成了联合阵线,官崽一口否认受贿,混蛋也发誓没送过一分钱。于是乎,受贿的官崽反而得到法律的保障,他可以向混蛋警告曰:“我拿你的钱,你可别生歪心眼,案发啦你也一样坐牢。”双方既然利害相同,日子久啦,不但是联合阵线而已,简直结成一体矣。

我想,消除贪污的方法之一,似应采取“窝里反”政策,君不见悬赏捉拿强盗乎?再英勇的土匪头,都挡不住官方的悬赏。悬赏一块钱当然没用,可是如果悬赏美金二十万元,那就足够其助手神魂荡漾,大义灭亲矣。治疗贪污,最好把行贿者受罚这一条取消,那就等于在他们非法行为中,埋伏了饵雷,足以减少乱刮的镜头,阁下以为然乎?

这都是题外之话,反正是,在现在这个社会里,行贿是一种艺术,我想官崽大学堂真应该设立一个“红包系”，专门研究行贿之学。再不然就索性红包合法化，设立一个红包管理局或红包服务中心（红包管理委员会也可，不过多容纳几个吃闲饭的家伙），由柏杨先生担任局长，把全台红包，集中于此，然后用科学方法，合理统筹分配。好比说，你阁下想在银行贷款二十万元，依目前行情，请吃酒家焉，北投洗澡焉，送一个电冰箱焉，再加上“笑脸代金”，总得一万五千元左右。那么好啦，你就把一万五千元缴给红包管理局，由红包管理局给你一张贴着印花的收据，凭此收据，前往办理贷款，啥刁难都没有，当天就拿到钱。你阁下既不必摸索钻进，当铺掌柜的也不必褒贬你的新大衣，省下来的时间去筹划你的事业，台湾要不强，不可得也。

然后红包局左调查右调查，弄清来龙去脉，就分别如数送上，经理先生二千元焉，协理先生二千元焉，放款主管四千元焉，对保的一千元焉，凡是经过手、盖过章的朋友，每人五百元焉。红包局留五百元作为经常费，柏杨先生则留五百元下了腰包。如有剩余，缴给国库。

这里说的二千元三千元，当然不是一定之规，红包局既用的是科学方法，当然知道每一笔钱谁应该得多少，故诸官崽大可放心，我想这是澄清吏治的妙法之一。柏杨先生能发明这个妙法，可谓伟大不可名状，忧国志士，盍兴乎来。

银行里的规矩似乎最多，似乎最没有漏洞。可是，实际上不过鬼打架。以开户来说吧，按照规定，三次退票，成了拒绝往来户后，两年内不能再开户。——说起来开户，也是世界十大奇观之一，一个人如果有钱想存到银行里，以常情判断，应该简单得很吧，可是你阁下不妨弄两千元存之试试，还拿不到支票簿哩，而必须在乙种户头内存满了三年（大概是三年，记不清啦），而且每天平均要有五千元，才有资格申请正式甲种户头。银行一旦到了这种地步，当铺都不如，一副冥顽不灵的愣相，就跟丛林里蟒蛇一样矣。前些时还有些畸形人发明了一种法规，该法规规定，开户要缴全家户口誊本，以便调查亲属内有没有拒绝往来户的，如果你的父亲大人或你的弟弟哥哥中，有一位是拒绝往来户,"不自殒灭,祸延阁下",你就连存款资格都没有啦。呜呼,世界上只有野蛮民族和野蛮政府才实行亲属连坐,古时候有灭九族灭十族的镜头,鲜血淋淋,有权势的人心中无不大悦,想不到如今还有这种畸形观念往外乱冒。幸亏该法规没有实行,否则的话,更狗娘养的也。

不管怎么说吧,开户困难对不对是一个问题,开户困难的事实,既已形诸法规,俨然俨然,看起来跟真的一样。可是那不过是专门对付小民用的,有权势或有家兄的朋友,却随时都可以照开不误。有人说开一个户的代价是两千元,你只要付出两千元,当天就可以拿到支票。又有人说,"财政部"督察之类的官都发了财啦,不靠别的,仅靠介绍开户就买了洋房。我想这些话都是胡说八道,打死我我都不相信,盖相信啦,岂不吃官司乎哉?

不过我倒是亲眼看见有些拒绝往来户的朋友,神通广大,头一天拒绝往来,第二天就又弄到一本支票。也有些新户头的朋友,根本没有经过三年的"考查",照样可以掏出支票叫你开开眼界。这不过是芝麻小事而已,出动家兄,也不过二三千元。如果遇到大焉的,家兄恐怕得是个大胖子才行。于是乎,到时候他不呆账,难道王八蛋呆账乎?

前些时何凡先生在台北《联合报》上介绍了一件怪事。说他的朋友在郊区开了一个橡胶厂,向交通银行接洽贷款,第一天见了该行的阮经理,第二天该行就派了一位杨先生去调查,当天就决定妥当。何凡先生对该事大为惊奇,所以才在报上嚷嚷,而该橡胶厂老板也受宠若惊,才逢人就哇啦哇啦乱叫。关于这件事,柏杨先生原则上不肯相信,向何凡先生探询究竟,他说确确实实,绝对没有权势在里面捣鬼,也没有家兄在厢房里高坐,但其爽快利落,好像是真正的银行家,而不像是当铺掌柜的。嗟夫,这样说来,台湾还可有救,一时亡不了哩。因之我想建议最好把别的银行那些当铺掌柜型头目,用绳子拴起来,拉到交通银行,让他们参观参观,以便头脑稍微醒一醒,则岂止工业界之福,也是国家之福。如果一直这样下去,大家都硬蹲在酱缸里自得其乐，终有一天，被酱得七窍流血。

21. 是当铺

人生在世，锦上添花的多，雪里送炭的少，你越有办法的时候，就越有办法，越没办法的时候，就越没办法。去年（1963）有个朋友出国考察，驾临柏府，叫我给他出个主意，看能不能弄一个名誉学位，以便唬唬眼皮薄的中国同胞。我曰："依我看来，你老哥周游世界一趟，平安归来就不错啦。"他听了甚为泄气，我曰："名誉学位是典型的锦上添花，你如今既无赫赫之名（在台湾小岛上，折腾的人人见了都鞠躬，那不算数），说了半天他还不知道你是干啥的，怎能有学位到手？假如你阁下得了诺贝尔奖金，或是腰缠巨款，到了某一大学堂，捐上美金一千万元，盖个图书馆，或盖个女生宿舍，看他一手交钱，一手交货吧。"

名誉学位是求名，而向银行贷款是求利，毛病都是一样的，越是需要它，它越不来，等你忽然伟人啦，不需要它啦，它反而往你怀里硬塞。胡适先生共有三十七个学位，呜呼，随便转让给柏杨先生一个，我就一辈子吃之不尽矣。美国有些政治型科学家，脑袋上的学位，能有一二百个，真是天生的铁头，不怕压烂也。而我们想出了神经病，却硬是想不到一个。向银行贷款也是一样，越是晴天，他越借给你伞，一旦大雨倾盆，正需要伞的时候，他不但不借给你伞啦，反而把已借给你，正在遮雨的伞索回。而你阁下如果手里有美金二千亿——这数目未免有点太多，可能把当铺掌柜的吓成羊痫风。所以，不妨少一点，你阁下如果手里有美金一百万元吧，过年过节，银行老板都会请你"吃油大"——坐上席吃猪肉。平常日子，一个电话，要多少有多少，不要说叫他送钱啦，就是叫他送女儿他都干。

这是银行家的本质,移到台湾,变成当铺,就更为稀烂。到了最近几年,权势和家兄也插上一脚——而且是一大脚,就更不可收拾。官崽同志每每吹曰:“这个起飞啦,那个起飞啦。”我想,仔细研究研究,恐怕只有当铺才真正起了飞。

于是乎畸形人开腔啦,说不是他乱限制呀,而是空头支票满天飞,影响银行的信誉呀。嗟夫,银行既然成了当铺,还有啥信誉的。而且即令影响信誉的话,影响的也是客户的信誉,固影响不到银行的信誉,不必自己往自己脸上贴金也。

关于空头支票满天飞,跟银行开户滥不滥根本没有关系,如果一定要说有关系,限制开户就可减少空头支票的话,那么柏杨先生又有一个妙法,用此妙法,不但可以减少空头支票,而且还能根本杜绝。说出来也很稀松,只要下令所有的银行关门,岂不就根本没有空头支票乎哉。写到这里,我又有建设性的建议,孔丘先生一辈子都是主张“正名”的,为了正名,还是索性改称吧,除了交通银行外,其他银行,一律改称当铺,台湾银行改为“台湾当铺”,“华南银行”改为“华南当铺”,“第一银行”改为“第一当铺”,“合作金库”改为“合作当铺”,“土地银行”改为“土地当铺”。一味乱叫“银行”,实在有点扰乱听闻,动摇国本。

有人说世界上最难同化的有两个民族,一是日本的大和民族,一个是中国的汉民族。这句话至少有一半是真的,凭天地良心说,日本人实在是其软如棉,而又其硬如铁,对外来的文化,吸收之快,消化之强,叫人伸大拇指。当一个日本学者,他根本不需要了解任何一种外国文字,就可从事更高深的研究和更精彩的发明。盖洋大人辛辛苦苦,费了一辈子精力,才写了一本书,不出一个月,日文译本就在东京堂而皇之地出了笼。洋大人对日本这种搞法,真是又喜又恨。喜的是,自己著作在世界上迅速得到反应;恨的是,自己费了那么大劲(可能他阁下为了这本书断了一条腿),而日本人却轻轻松松,顺手拈来,天下还有比这更不公平的事哉?美国有位教授,曾花了十四年工夫,在亚马逊河研究土著巫医所用的若干种特效药,回国后写了一本书,他的投资机构正想发笔大财,谁晓得只几天光景,日本译本就寄了回来,向其表示敬意。虽然气得张口结舌,却仍不能不拍个复电表示感谢。

日本人这种吸收力和消化力,对洋大人的科学如此,对洋大人的文学也同样如此。别小看该可怜兮兮的三岛,他只要一天和外界保持联络,他就会一天走到时代的前端,而永不落伍,别人有啥,他准也有啥。美国的汽车世界第一,日本的汽车却硬挤进了美国市场,把美国佬挤得牙齿痒痒。德国的照相机世界第一,日本照相机也使德国坐卧不安。这种例子多啦,举一天都举不完。而日本人对文学欣赏的程度,也挤进世界第一流国家之列,就是去年(1963),全日本个人收入最多的是作家,而不是电影明星和首相大臣,在半开化的酱缸国家里,恐怕连梦都梦想不到天底下竟真有此太虚幻境也。

日本之所以能如此飞黄腾达,完全仗着他的吸收和消化,不过这种吸收,一旦到了无处可吸收,没啥可消化的地步,也就是说,一旦发生天灾人祸,使大日本和外界隔绝啦,事情就恐怕不妙。第二次世界大战爆发初期,日本连露了几手,大军所指,勇不可当,尤其零式飞机,把美利坚搞得束手无策,飞行员们一听说来袭的是零式飞机,就两腿发软。可是,过了两年,就不行啦,洋大人不断有新鲜玩意儿搬到战场上,而日本却仍是老一套,盖存货用光啦,余劲使尽啦,肚里空空,只好垮台。

怪哉的是,日本虽勇于吸收,善于消化,其精髓和形式却始终不变,当然不是说一星一点都不变,而是说日本始终有他自己的一套,那是一种民族的自我警觉和自尊。在巴西移民中,日本人有他们的小小国度——日文学堂和日文报纸,仍穿他们的和服,仍敬他们的天皇神道。最使人冒火的,他们还只用日本货。

22. 大祸当头

中国人当然也够顽强的，世界各国的华侨社会无不使当地的洋大人感到难以理解。不过，那都是上一代的人啦，到了现在这一代，随着民族自尊心的堕落，好像不但不最难同化，反而最易同化矣。近百年来，中国对外来文化，似乎只有一条路，那就是进口之后，先行酱它一酱，把橘子酱成枳子，一直酱到适合中国特有的“国情”为止。于是乎洋大人有斑马线，台北也有斑马线，不过台北的斑马线不是保护行人的，而只供压死护士小姐之用。洋大人有圣诞，台北也有圣诞，不过台北的圣诞不是骨肉团聚，而只供跳舞狂欢之用。洋大人有阳历新年，台北也有阳历新年，不过台北的阳历新年不是休息庆祝，而只供寄贺年片之用。

贺年片应该是一种极有人情味的举动，柏杨先生每年一定要寄。盖工商业越发达，社会也越紧张，谋生也越不易，时间也就越是金钱。除了少数生有异禀的朋友，大多数小民都兢兢业业，东奔西走，马不停蹄，从太阳东升跑到红日西下，不要说休息啦，就是静坐十分钟想一想的时间都没有。自然产生了一种现象，那就是，一个人的生活圈子逐渐缩小，除了工作上，也就是除了为赚几个钱而必须接触的那一小撮人外，很难心平气和地找几个朋友东南西北聊聊天，轻轻松松。做官的忙于逢迎钻营，表演忠贞。做商的忙于轧头寸，打算盘。做工的忙于担挑拉抬，腰痛背酸。当教习的口干舌渴。当文人的爬格子能把鼻涕都爬出来。当权的每天提心吊胆，唯恐怕谁踢他的屁股。以致人头乱钻，人腿乱跑，正如元曲上说的，“密匝匝蚁排兵，闹嚷嚷蝇叮血”。

于是乎，再要好的朋友，不要说远在异国异地矣，纵是同在台北市，也成了咫尺天涯，如果没有特别安排，真能三年不通音讯，病了的固然不知道，便是出了车祸被压断了脖子，也不知道。而人是感情动物，疏远得久啦，最老朋友间的友情可能慢慢褪色；半老朋友间的友情已经不太浓，说不定十年下来，会变成了陌生人矣；至于新交的朋友，好像妓女接待嫖客一样，几个月下来，更是无啥介事。

不知道从哪一年起，可能是 1955 年吧，寄贺年片成了一窝蜂。一个交际相当狭窄的小子，能一口气接上三五十张。柏杨先生一向是人多地方不去的，每天除了上班，就是蹲在家里冒充老太爷，很少与外界来往。为这件事，老妻还一口咬定我完啦，她常曰："你瞧人家张先生，天天跑处长公馆，如今当上主任啦。"又曰："你瞧那个姓赵的，走上部长太太的内线，就要去美国出席啥会议啦。"说得我心痒难抓。呜呼，柏杨先生天纵英明，腿有黑子，岂是没前途之人，就决心也奔走奔走权贵之门。可是拍马屁钻路子这玩意儿，和其他救国救民的大道理一样，说起来容易，真的去干，就不简单。而且现在社会，圈圈差不多都是先天的，单纯靠把头削尖猛钻，并没有太大用处。夫先天的也者，最典型的莫过于同一训练班，同一训练学堂，或留美时同一个客柔扑。同学焉，教习焉，自然成为一个圈圈。于是东圈西圈，勇不可当，圈外之人，纵然把头皮钻破，顶多也不过钻成"门神"，猛一瞧你在门里，可是遇到风雨黑夜，大门一关，你仍然被关在门外。所以后来我也就不再钻啦，我说这些，不是说我清高，谁要以为我清高，谁就头脑不清，盖没有圈圈的人永远受到排斥，老妻虽程度甚低，见识倒并不甚低也。

一个人到了没有圈圈的地步，真是孤苦伶仃，不过社会关系也顺便的就单纯起来。从前有人说，谢冰心女士写作范围是个哑铃，一端是母亲，一端是学堂，当中只被一条细线相连。柏杨先生的生活同样也是一个哑铃，一端是办公室，一端是柏府，当中不过一条马路。然而，就是这么一个可怜老头，在那几年过年时，都能接到七八十封贺年片，其他稍微有点架势的显赫人物，其贺年片之多，真要用洗脚盆装也。

直接受贺年片之灾的，有三种人焉。一曰秘书老爷的手，照册猛抄，有时能抄三天三夜，关节都抄得脱了臼；一曰邮差先生的腿，身上背着一袋袋漠不相关的“大宗邮件”，脚底下都能跑出燎泡；一曰官崽的娘——不是他娘的胴体，而是他娘的耳朵，盖接到该官崽贺年片的朋友，打开一看，开台湾省骂曰“干他娘”，则他娘的耳朵如不泡到凉水里，真能烧掉。风气所及，凡是有秘书而他又有权乱花纳税人钱的家伙，把各机构各单位的职工名册，收集一份，不管大哥二哥麻子哥，不管人死了没有，或离了职没有，更不管认识不认识（当然不认识），只闭着尊眼叫秘书老爷写而寄之，这种贺年片不叫贺年片，而叫干他娘片。（柏老按：二十世纪七十年代之后，社会层面加多，传统的政坛是唯一重要层面的现象，逐渐退却，成为重要层面之一，不再是唯一层面啦，但各种层面里，圈圈仍在作怪，简直是非我族类，其心必异。噫。）

23. 礼多人怪

畸形人所以冒着被人干他娘的危险，而仍照寄贺年片不误，大概他阁下对心理学颇有研究，俗不云乎“礼多人不怪”。我给他一张贺年片，叫他看我多么温柔痴情呀，接片的家伙，如果对我有坏印象，一接该片，可能变好；对我有好印象的，一接该片，印象就更好矣；根本没有印象的，一接该片，岂不也就有了印象乎？这种心战之术，事实上也往往会收到奇功，盖寄寄贺年片，不过小焉者，而和这种同一原理的，还有“召见”之术。

提起来召见，有一度真是其效如神，有些当老板的，心血来潮，最喜欢召见伙计。二十世纪一十年代之初，我去上海，有一个朋友，芝麻职员一个，有一次在报上发表一则短文，大谈国家大势，头头是道，文情并茂。不知道怎么搞的，被董事长知道啦，于是乎，有一天焉，他桌上放了一纸通知，通知上说，董事长第二天下午召见他啦。第二天他一早就沐浴更衣，披挂整齐，届时惶惶恐恐，趋进（非“走进”）董事长办公室，叫他坐他不敢坐，叫他站他也站不稳，董事长倒非常民主，喊他“同志”，又握他的手，问他家里有几个人？住在哪里？又问他有啥困难？最后告他曰：“有什么困难只管找我。”言毕端茶送客。

从此之后，该小子就春心荡漾，认为他有的是前途，马上就要不得了啦，连柏杨先生这种老朋友也不能交啦。有时马路上碰见，他竟假装不认识我，把我气得七窍生烟，也不再理他。老妻就埋怨我臭骨头，曰：“一个人的架子突变，必有原因，你不缘竿而上，真是穷昏了筋。”可是既已不理他于前，现在再去巴结，实在一时磨不开，只好放弃良机。

可是一直过了一年，仍没有动静，该朋友的架子也就慢慢恢复原状，一直等到他觉得确实没有希望时，才降贵纡尊，跑到柏府，一进门就叹气（有些人真是天生奇骨，大小由之）。呜呼，这都是想当年的往事矣，那时民智未开，以致有此误会，到了现在，大家才弄明白，老板召见你阁下，不是他要对你有印象，而是要你对他有印象；不是他要爱护你，而是叫你爱护他；不是他要关心你，而是要你关心他；也不是他要帮助你，而是要你对他产生知遇之感，以便万一有那么一天，好杀身以报。

乱寄贺年片的心战，跟这种类型的召见，有异曲同工之妙。你瞧，堂堂市长大人都向我恭贺年喜啦，下届选举时，我不选他选谁？有此一念，遂蔓延成灾，连佛教徒都庆祝起耶稣先生的圣诞矣。

这两年来，寄“干娘片”的风气渐渐消失，大概头子们忽然发现小民并不都是好愚弄的，不但没有收揽到人心，反而有被干娘的危险，也就高抬贵手矣。这真是一件了不起的转变，值得大书特书者也。

但柏杨先生却是一直寄贺年片的，数十年如一日，而且我之寄贺年片也，完全采取主动，不管你高兴不高兴，不管你喜欢不喜欢，也不管你开不开省骂国骂，我要是寄的话，泰山都挡不住。盖贺年片是一种表示怀念的东西，清王朝末年，那时流行的是拜帖，用大红纸条，写上自己姓名，然后开列一张详细住址，交给仆人逐户送上。现在改为邮寄，已经方便得多啦，只要贴四角邮票，就能把千里外邮差先生支使得双腿乱跑，人们更应该利用这种科学进步，互通衷情。有些人以不寄贺年片为荣的，我却是以寄贺年片为荣，我不但寄，前不言之乎，还主动地寄；不但主动地寄，还亲笔地写；还亲自一张一张往信封上贴邮票（老妻有时想帮忙贴，我都不准）。可惜无法一一写信，否则我还要一封一封地写哩。

朋友们暌违得太久，都有点模糊啦。一年一度翻开通讯册子，恭恭敬敬地依册照写，他阁下的模样和最近一次晤面情形，就油然浮上眼帘，真是古人所说的"如对故人"。写好之后，把卡片装进去，再往上一张一张地贴邮票。贴邮票时，二度再看一遍，也等于重温旧梦。这种一张一张往上贴邮票之法，邮局最为反对。有一次我把大迭贺年片抱到邮局，柜台小姐伸其玉头一瞧，柳眉皱成一团，埋怨曰："你为啥不寄大宗邮件呀？"我曰："我不知道还有大宗邮件。"她明察秋毫曰："你这个老头，去年也是不知道，前年也是不知道。"我只好装傻而笑，她把那一叠贺年片往里一拉，哗啦一声，散了一地，悻悻曰："都像你这么贴邮票，我们盖邮戳，手都要盖断啦。"我曰："大宗邮件也得盖邮戳呀。"她曰："那是拿到总局用机器盖的，用不着我们一个一个往上敲。明年再寄时，记住寄大宗邮件，听见了没有呀。"我曰："对不起，对不起，明年一定遵办，不遵办你就罚我请你看电影。"不过明年我还是要一张一张往上贴的，届时如果该小姐仍在柜台之上，我就转移阵地到别的邮局去寄。台北共有三十一个支局，一年去一个，至快也在三十一年之后才能再碰她的钉子。但有一点务必请邮局老爷放心，我贴的邮票，无一不合规格，直式的一定贴到左上角，横式的一定贴到右上角，如果用机器盖戳的话，包管如意，这是我的伟大细心之处，不可不知也。

24. 原　则

柏杨先生主动寄贺年片,并不是有啥不轨的打算,好比第一天寄贺年片,第二天就去借钱;或是叫你阁下对我有深刻而良好的印象,以便明年选举时投我一票。盖我也有我的原则在焉。其一,我感谢的人我寄之;其二,我怀念的人我寄之;其三,我敬仰的人我寄之;其四,我觉得需要我鼓励安慰的人我寄之。只要是这四种人,长辈也好,晚辈也好,贵为大官大商也好,霉为监狱里的囚犯也好。都一一亲笔恭写,亲自寄发。

我的贺年片是表示我的感激、怀念、敬佩、鼓励和安慰。呜呼,生活过得很好,万事如意的朋友,不会觉得柏杨先生之片有啥特别,而且说不定还以为拍他的马屁哩。倒霉的朋友才会知道二十年不变的友情是多么可贵。一个人的朋友数量,往往随时变化,阔的时候门庭若市,垮的时候连狗都不上门,如果新年能获得一张贺年片,应是多么的温暖乎！吾友杨自汉先生,不知道为了啥,被判无期徒刑,关在澎湖监狱,一个人一旦关进监狱,便等于掉到枯井里,亲戚也没啦,知己也没啦,对这种倒霉分子,一纸友情比他自由时一吨钞票还重要也。

一年一度的贺年片,另外还有一种意义,那就是让朋友晓得你还活着。假如搬了家的话,让朋友们也顺便知道你的新址或新的通讯处,而且还有一种副作用,那就是让朋友知道你太太姓啥叫啥。接到贺年片的朋友往往瞪其双眼,作下列各叹,曰:“噫,他原来搬到台北县永和镇,而且还是二楼,发大水再不怕啦。”“他的太太叫柳刘莺,啊呀,这是我十年前的女朋友呀,原来甩了我嫁了他,好小子,你真有一手。”“盛哉盛哉,他家还装了电话,马上打一个去,叫他请喝两蛊。""这家伙还记得我,难得难得,到底是老朋友好。"如果贺年片再写上或印上几句报告近况的话,就更为亲切矣。

如今经过大灾难之后,有力人士努力发起不寄贺年片运动,大概大家吃的苦头太多,也就纷纷响应。官崽办事,永远矫枉过正。成了灾难,固然是"过之",一毛不拔,连来者都不理,昂然独尊,六亲断绝,似乎也有点"过之"。反正柏杨先生有自己的老主意,不过我声明的是,凡接到我贺年片的先生老爷,不必一定要来一个反击——非回寄一份不可,那就官式化啦,只要肯接受我这份情意就够啦。

25. 伟大过度

拜读方以直先生在台北《征信新闻报》上写的《我要写作》,我本来十分佩服他阁下的,但对这篇大作,却不禁笑掉大牙。他说他没有写作天才,又感到"方块材料难找",看样子十分苦恼。呜呼,柏杨先生自从当了"专栏作家"(说穿啦不过"写稿子的"),迄今五载,天天猛写,却从没有一天感觉材料难找的。而尤其妙的是,柏杨先生别的没有,只写作天才,确如山洪暴发。李白先生那种"下笔千言,倚马可待"的功夫,比我还差一段劲,在我看来,不过小儿科而已。一定有些脑筋不清的读者老爷,以为我又犯了老毛病,满口唾沫,乱吹其牛啦,这算啥话,我不吹牛已经够惊人的矣,还敢吹之乎。

读者先生如果想知道柏杨先生何以如此伟大,我一说你就会恍然大悟。而且你最好在恍然大悟之前,先行拜读拜读敝大作《鬼话连篇集》,便可开窍。盖我这一切光荣的成就,以及我绝顶的聪明才智,"乃属天授,非人力也"。据正史上说,柏杨先生三十六世祖柏拉图先生在雅典降生时,爱琴海的水都沸腾了七七四十九天,在那段期间,龙王爷连搬了七次家。吾祖柏拉图先生生下来就口吐真言,曰:

“柏氏后代，必有兴于中国者。”三岁写《理想国》，八岁拜亚里斯多德先生为师，九岁曾作诗一首，诗曰：“东南西北风，应乎在红中，杨梅开天花，西窗又倚梦。”好啦，你该明白我的来历不凡了吧。

然而主要的还是我自己，二十七世皇考柏之瑜先生移居中国后，于1893年，生柏杨先生于四川灌县，载诞之辰，灌县不有座二郎庙乎？该二郎庙忽然塌啦，盖我的伟大气味太重，把它熏塌啦。不特此也，正史上又说，当时还满屋蓝光，有一道白颜色的圆柱，从南天门直通产房，其中隐隐约约有声音曰：“柏杨先生当大贵。”这是正史，而野史上另有一说，说的是该声音从地下发出，语不可辨，仔细听之，原来奏的贝多芬先生的《田园交响曲》。嗟夫，如果当时奏的是《皇帝圆舞曲》，我今天就更不得了矣。

然而，仍不特此也，蓝光里还有十三条青龙，二十六条黄龙，五十二条其他乱七八糟的龙，飞腾跳跃，唧唧喳喳。其中四条还一声呼啸，钻到房子里，化成四条床腿。一直到今天，柏府上还有这张床，四龙的口鼻宛然，用手敲之，还会发出“万岁”之声。你阁下如果三生有幸，来柏府串门，我一定请你敲之试试，包管大吃一惊。

昨天介绍的是柏杨先生的异样，其实柏杨先生的异样非常茂盛，限于篇幅，只能随便拣若干荦荦大者。如果一桩桩一件件，大小不漏，都介绍出来，恐怕至少要写一本书。好比说，我呱呱坠地时，红光满室(昨天说的是啥光呀？已忘之矣，反正我用的乃正史笔法，这光那光，无关紧要，你只要因此而被酱住，对我肃然起敬就行啦)，红光不但满室，还穿出窗户，满街都像是着了大火，消防车呜呜来救，走近一瞧，原来不是着了大火，而是生了一个“鳖祖鱼皇帝”。

柏杨先生生而能言，不但会说中国话，还会说英文。弥月之日，皇考在灌县西街东元楼大张筵席，宾客纷纷驾到。有一个退休了的户部侍郎前来向我瞻仰，他把胡子嘴往前一伸，我就哈啰曰：“狗打猫儿拧！”乳母当时吓了一跳，双手一松，把我掉到地上。据正史说，我所以没有当上大人物，而只能以爬格子为业，完全和那一跌有关。该一跌把紫微星跌跑啦，来了一个文曲星代替，于是焉我就文思泉涌。

异样还多的是，不及备载。至于柏杨先生的异禀，也非同小可，除了生而能言外，屁股上还有黑子。大腿弯之处，更有一个肉印，上有篆文曰“王”，此王的意义不一定指政治上的王，在专栏作家中称王，也解释得通。我在私塾上学的时候，有一天，读着读着，趴在桌上睡起午觉，教习大怒，举起烟袋锅照我尊头上就是一记。这一记下去，紫云从他敲的地方袅袅上起，有一苍老声音喝之曰：“鼠辈安敢无理。”柏杨先生后来云游四方，经常有六丁六甲，谒者功曹，四路财神，八方土地，为我保驾。如果没有这些神仙保驾，我今天怎能如此了不起哉。

尤其妙的是，不要瞧柏杨先生又老又脏，望之不似人君。殊不知怪就怪在这里，即之也温，试之也深，学问大得很哩。而我的学问不是来自学习，我根本不用学习，只要往椅子上一坐，提起尊笔，学问就会往外直冒。翻来覆去一句话，“乃属天授，非人力也”，不要说写写杂文，就是一旦改行去当科学家，用不了三天就能发明出来七八种原子弹。

说到这里，一定有人说我信口开河，大概读正史太多，读得入了魔道。入魔倒是没有入魔，而是我感到人心不古，专栏作家一天比一天增多，对我的饭碗实在是一种可怕的威胁，如果不早日弄点玄虚乱唬，使他们知难而退，饭碗终有一天会被挤破。一旦大家发现当专栏作家竟不这么简单，自己生时既没有乱七八糟发光；生了之后，屁股上也没有雀斑，自然不敢非分妄想。甚至方以直先生看了这篇大作，神经紧张之余，也仓皇撤退。呜呼，全台湾专栏作家如果只剩下柏杨先生一个人，你瞧我舒服吧。

26. 平均分配

东京"世界运动会"已闭幕了好几个月矣,而余波一直荡漾,真乃"剪不断,理还乱,是瞎愁,别有一般滋味在心头"。最大的一个波浪是台北《征信新闻报》记者钱爱其先生一篇专栏,其次是台北《自立晚报》记者刘南先生一篇检讨,再其次是那位美国女人杨传广太太发表在台北《中国邮报》上的一封信,再其次是"太子洗马"魏振武先生在美国愤怒地举行了一个记者招待会。而最后的一炮是,就在上个星期吧,记者老爷巴巴的越洋报导,说杨传广先生又发豪语说,他还要参加下届在墨西哥举行的"世界运动会",为国争光哩。

谈起来"世界运动会",便不得不大牙发酸。我们前几天刚刚发现外交人才是内政人才的延长,其实何止外交人才是内政人才的延长,体育人才也是内政人才的延长。这里用"内政"两个字似乎不太妥当,如果改成"政治",说成"体育人才是政治人才的延长",便差不多矣。政治人才都像今天这种模样,体育人才怎能旱地拔葱,单独地绿油油充满生机哉?一个国家的总力量是平均分配的。清王朝末年,老小官崽采取的是"洋枪洋炮铁甲船"政策,认为中国没有一样不好,只不过洋枪洋炮铁甲船差劲罢啦,只要有了洋枪洋炮铁甲船,就能把洋大人打得皮破血流。结果洋枪洋炮装备起来,铁甲船也云集港口,1894 年甲午之战之前,中国海军吨数占世界海军第四位,日本不过一个小鬼,给中国提鞋都不配。但是军事人才也是政治人才的延长。有一次一个日本人去中国军舰上参观,只见水兵们洗的臭袜子竟晒在炮管上,而他阁下伸手往炮口里一摸,竟摸出一把灰,他就知道,这种海军,在世界上占第一位都没有用。

国家和人体一样,不可能有一只脚特别奇妙,能把墙头踢个窟窿;也不可能有一只耳朵特别敏锐,连月球上嫦娥小姐嗲声嗲气都听得见;自然也不可能身上已经长疮出脓啦,双手却连汽车都举起来,盖四肢五官也者,仍是一体,不能分割发展也。世界上拿金牌最多的国家,其科学也最发达,教育也最普及,军力也最强大,文学也最优美,音乐也最有造诣。一个强壮的人,手指脚趾以及屁股上的细胞都是强壮的,一个发八十度高烧的老头,手固然不能抬,脚指头总可以动动了吧,谁知道连脚指头也不能动。

中华民族到了今天,大玩意儿若原子,若钢铁,若医药,当然不必多提,就是写篇小说,唱唱歌,跳跳高,赛赛跑,打打球,掷掷铁饼标枪,完全是一两个人的事,应该没啥了吧,再也想不到连一个人可以做的事,也有问题,也样样不如人。两场"世界运动会"下来,丢人砸锅,一言难尽。

洋枪洋炮铁甲船救不了国,于是畸形人又发明科学可以救国,这跟当初发明洋枪洋炮铁甲船可以救国一样。谁都不能否认,现在如果有人认为科学不重要,他不是义和团就是神经病。问题是,国家是一个总体,如果文学、音乐、电影、绘画、政治、经济、心理状态等等,都落伍十万八千里,科学怎能单独发达起来乎?即令发达起来,也跟当初洋枪洋炮铁甲船发达起来一样,表面上花枝招展,好不漂亮,只可惜屁股底下没有根也。不要说一阵风能吹个斤斗,就是洋大人一咳嗽都能把它震成碎片。新竹不是有个原子炉乎?原子炉是干啥的,柏杨先生弄不清楚,反正伟大得不得了就是矣,不过不要说只新竹有原子炉,纵是每个县市都有原子炉,科学也单独开不了花,结不了果。即令稍有规模,它也救不了国,一定把救国的担子压到它身上,也只有把它压成肉酱。

这些年来,二抓牌于二抓之余,心理似乎有点变态,觉得洋大人有啥玩意儿,中国必须也有啥玩意儿。洋大人不是有斑马线乎?咱也有斑马线,洋大人不是有原子炉乎?咱也有原子炉,于是台北的斑马线成了"诱敌深入,聚而歼之"的陷阱,专门压死小民;而原子炉像一个象牙塔,远远矗立新竹郊外,一谈起经费,就叫苦连天,而该象牙之塔一草一木又都是从洋大人那里搬来的，和想当年洋枪洋炮铁甲船一草一木都是从洋大人那里搬来的一样。呜呼，搬来容易，摆在那里叫人肃然起敬容易，叫它发挥力量却难也难也。（柏老按：写此文时，对该原子炉一无所知，对装置该炉的中国原子科学之父孙观汉先生，更一无所知，只知该炉的经费奇缺，故有此见。想不到五年之后，兴起大狱，我努力坐牢。孙观汉先生竟对我营救十年，嗟夫。）

体育和科学同样命运，也有人叫体育救国的，叫的人理由之多，可以装一火车（过两天柏杨先生发起神威，要叫“洗澡救国”啦，反正不花本钱，只要嗓门大就行），不过体育照样也不能单独的开花结果。大家都挤在酱缸里，谁都跳不出来，洋枪洋炮铁甲船固然跳不出来，斑马线原子炉也跳不出来，文学艺术照样也跳不出来；体育亦然，十年之久，好容易看中了一位杨传广先生，结果竟然大失所望。

就在罗马“世运”举行过之后，我就向主管官儿作过一次建设性的建议，建议东京再开“世运”时，只要派两个人去就行啦，一位是杨传广先生，一位是柏杨先生。由杨传广先生负责拿金牌，由柏杨先生负责丢人现眼；分工合作，相辅相成。主管官儿竟然不肯采纳，真是可惜。时到今天，我又要作更建设性的建议啦，这次更简单明了，下届“世运”不是在墨西哥举行乎？杨传广先生既已报销，届时只要派柏杨先生一人去就行啦，包管像往届一样的功德圆满，盖凡是别的选手——包括杨传广先生在内，所能做到的事，柏杨先生全能做到。

27. 立下军令状

我说凡是过去参加“世运”选手所能做到的事，我都可以做到，一定有些没有见过大世面的人，认为我穷极生疯，吹起牛来不纳税。呜呼，柏杨先生以虚怀若谷闻名于世，谦恭下士还来不及，岂能吹牛哉？等我把话再加解释，你准佩服得五体投地。好比说，浩浩荡荡一大群选手，得的不过零分，这有啥稀奇的，在我看来，得零分比母鸡下蛋都容易，何必去那么多人，只要柏杨先生一人出马就成。篮球队不是根本没有挂名乎？柏杨先生届时去场子里打两个飞腿，照样也挂不上名。自行车队不是连场地都不敢进乎？柏杨先生届时负责也连场地都不敢进。射击比赛不是枪不合格乎？这一点更易如反掌，柏杨先生去时只要带上我孙女玩的活塞气枪，就是奥委会主席，想叫它合格它都不能合格。至于拳击惨败，跳栏半途而逃，那更是我的拿手，届时我不但跟选手们一样，弃权的弃权，倒地的倒地，而且还脚底抹油，逃得飞快。就是墨西哥出动全台三作牌都捉不住（关于这一点，我可立下保单，如果不幸竟被捉住，再不幸拿了金牌，我就退票还洋）。

在得零分上，柏杨先生既不亚于先贤，至于丢国家人，现祖宗眼，柏杨先生也有绝对把握。有人不是大做生意，大带私货乎？柏杨先生出发时，各级官崽尽可把要带要卖的东西，如蛇皮宫灯之类交下，或把要买的东西开一详单，自己觉得分量够的，不给钱也行，如果自问稍差一劲，则当场现款交易。我从墨西哥回台途中，一定路过美国、日本，包管办得叫你舒舒服服。尤其是柏杨先生天生奇才，西班牙话说得比西班牙人都好，做点生意，带点私货，简直小小者焉，而且就是你叫我带几位墨西哥妙龄女郎回台北跳脱衣舞再捞一笔，我都有办法。

其他零碎节目，像见了洋人就骨头酥啦，我一样能酥。乱甩鼻涕乱吐痰啦，我一样能乱甩鼻涕乱吐痰。把中国记者当成王八蛋而把洋记者当成活宝，我尤其有这种功夫（不信的话，我明天就举行记者招待会，表演给你瞧）。至于大牌运动员带太太上阵，我更不会让中国同胞失望，届时柏杨夫人隆重地随侍在侧，用其小脚一拧一拧，包管洋鬼子为之失色。又至于忽然间不承认自己是中国人，我也能做得彻底，如果你阁下不肯放心，届时不妨说我是中国人试试，我不到法院告你一状，说你恶意诽谤才怪哩。

反正一句话，啥丢人现眼的事，我都做得到，不但做得到，而且做得更加叫座。而且我还敢立下军令之状，假使有谁说我没有他们丢的多现的妙，我就伸出尊脖，凭你喀嚓一刀。只花百分之一的价钱就可收到百分之百丢人现眼之效，又何乐而不为乎？

关于台湾选手在东京"世运会"中种种精彩花样，除了《征信新闻》钱爱其先生一篇报导外，《自立晚报》刘南先生，也有一篇检讨，该检讨甚长，在报上连载了半个月，把一些体坛上的二抓牌连载得七窍生烟，乃祭起各种帽子，倒转过来把刘南先生祭得头肿脸青，几乎敲饭碗而卷铺盖，其劲可谓奇猛。柏杨先生鉴于前车之覆，自然不敢在此继续研究。好在该两篇大作既在报上发表过，各位畸形人的嘉言懿行，总算藏诸名山，传诸后世，读者老爷如果心脏良好，而又有兴致参观膜拜的话，不妨翻翻阅之，用不着我再炒冷饭矣。

但当初东京"世运"开幕之后，一连串泄气镜头传来，台湾人连腰都挺不直。这里所说的泄气，一方面是指竞赛失败，同时也是指选手先生以及体崽种种场外表演。于是大家只好盼望杨传广先生一人矣，盼望他一炮打得山摇地动。可是爬得高跌得也惨，希望大失望也受不了。上午传来消息，他阁下英勇落后，台湾人面面相觑，但仍盼望他能像他自己吹的那样，用其后劲，一鼓作气。呜呼，中国人这时候的心理，真是可怜，古人云："死马当作活马医。"当时则是"死人当作活人盼"。结果左盼右盼，前盼后盼，到了晚上，柏杨先生和老妻躲在家里，电视也不敢看，收音机也不敢听，唯恐怕消息不好。

大概到了十点钟，一位朋友打电话来，她也是不敢听广播的，而她府上又没有电视机，巴巴打听的就是杨传广先生的消息。我曰："请暂时稍候，等我问问。"于是鼓起胆量，向"中国广播公司"询问，中广一向服务周到，备受赞扬的，那一天大概也因伤心过度，一问三不知。而这时老妻却从隔壁包打听先生那里得到消息啦，是电视上报导的，届至当时为止，杨传广先生是第十名。柏杨先生的尊头马上就大了起来，赶紧向朋友报告，听到的只是一声长叹，呜呼。

28. 洞烛机先

杨传广先生这一次丢盔掼甲,柏杨先生三年前似乎就有这种预感。于是有人说我又要当事后圣人,看起来吹牛不但不纳税,简直连草稿都不打。所以必须拿出真凭实据,才能以示不凡,1962 年 9 月 2 日,我在台北《自立晚报》上发表一文,其中一段曰:

最后我们尚要谈谈杨传广先生,杨先生在罗马"世界运动会"上为台湾争取了第二名,弄得家喻户晓,这是一个好现象。盖中国人恐怕一直到今天,都多少有点瞧不起体力发达的这一行,由杨公而改变,不能不说是一大进步。故杨公肩上的责任大矣,不但继往,而且开来,中国人对之也期望过高。想不到在最高的时候,却揍出来当头之棒,他不但结了婚,而且生了子焉,这是一个大的打击。但柏杨先生认为关键似不在此,而在于他的爹娘竟一直和其他路人一样,也不知情,不知孔孟学会会员们有何感想。这是一个精彩的开端,恐怕更精彩的事还在后边,我们有得瞧的哩。

当时柏杨先生只是感觉到有点不对劲,这种不对劲是直觉的,当然不是预言。柏杨先生如果会预言,早去西门町摆卦摊,哪还有闲工夫辛辛苦苦爬格子乎?直觉的是,他阁下已被一个他从前连做梦都梦不到的世面,弄昏了头。杨传广先生原来只不过是一个小土豹子,用学院派的话来说,只不过是一个乡土气息很重的青年。在他看来,台北已是天堂啦,至于美利坚,简直是一个神话。可是一年前他还在山地锄田拔草,一年后却像印度王子一样,既有名又有钱,而且又有"太子洗马"之类的官儿伴读,一跳就跳到新大陆。而且又有一位血统上脸皮上虽是中国人,但却以美国人自炫的女人爱上了他,他能不发昏第十一乎？发昏之后紧接着是发狂，他怎能不结婚乎，结婚之后，紧接着是体力衰退。发狂是做人失败之本，体力衰退是运动场上失败之本。

关于发昏发狂，柏杨先生想起了古人一句话，曰“求忠臣于孝子之门”，我们虽然不能刻板地由一个人孝不孝来判断他忠不忠，但可以从一个人孝不孝来判断他的天性是不是厚道。所以当东京“世运”时，柏杨先生就不赞成把他爹娘送去。有一点要知道的，如果老头老太太是国王和皇后，当然可收打气之效。问题是老头是一个乡巴佬，老太太又一脸花纹，面对着千万观众，和现代化而脑筋蓬勃的美国太太，一个厚道的人只会记起天伦之爱，即俗语所谓“子不嫌母丑”。而一个发昏发狂的人恐怕就要引以为耻矣。杨传广先生在东京不肯去飞机场迎接双亲的镜头，一点都不突兀。嗟夫，大家都以为爹娘能给他鼓励，谁知道不但鼓不了励，反而给他重重一击，使他自惭形秽，精神不安。

我们无意责备杨传广先生不孝，父母如果不能使儿女感到骄傲，有时候也真别扭。我们也无意宣扬杨传广先生不厚道，一个教养并不太高的年轻人，春风得意的时候，难免要有一阵子坐不稳马鞍桥。我们只是说，杨传广先生当时心目中的父母，已非他儿时心目中的父母，也非五年前在台东农业学堂时的父母。如果上天帮忙的话，老头老太太早一点翘了辫子，则只要表演一次“痛不欲生”，就可名利双收，现在这种总拖在屁股后的现象，无怪乎他阁下嫌累赘也。

杨传广先生和他现任太太结婚，大家得到消息之初，尤其是一些可怜光棍，无不羡慕他艳福不浅。如果不是在运动场上有两下子，以周黛茜女士的肤浅和虚荣，恐怕杨传广先生碰她一下，她都会认为侮辱，如今竟然以身相许，真是妙不可言。洋大人曰“形势比人强”，诚不虚也，不过柏杨先生似乎到现在仍觉得他们的婚姻并不对劲。杨传广先生说中国国语都结结巴巴，而一直到现在，他的英语仿佛也不太灵光。他结婚是他到美国的第二年（可能是第三年，不过第几年没关系，由他阁下现在这种英文程度，纵是第十年也一样），他那时的英语大概跟柏杨先生现在的台语差不多,表达简单的意思,勉强可以凑合,稍微复杂一点的,和稍微有点深度的,恐怕有点木法度。

然而,谈情说爱这玩意儿,似乎完全靠嘴巴,情要谈才浓,爱要说才深。真是无谈不成情,无说不成爱。俗语曰"谈恋爱",而从没有人说"摸恋爱",盖恋爱离不开心心相印,而心心相印离不开甜言蜜语。有些人义正词严曰:"我这个人最老实啦,嘴巴也最笨,最不会甜言蜜语。"——这句叫人听了心里舒服的话,正是甜言蜜语。呜呼,年轻小子和年轻姑娘挤在一起,你爱我,我爱你,假如一个"老实人"看她长得清瘦就喊她"小寡妇",看她长得丰满就喊她"女猪仔",骨头该够硬了吧,但他能恋爱成功乎?

恋爱也好,交朋友也好,主要的是谈,所谓"酒逢知己千杯少",一对男女在花前月下,一谈能谈通宵,他说她眼如秋水,她说他龙额隆准;他说爱她的眉儿弯弯,她说爱他的胸如锅炉;他说他要去美国入美国籍当美国人,她说她嫁给美国人能把亲戚朋友羡慕死;他说他一定弄钱捧她当明星,她说她当了明星绝不再爱别的小白脸。两人谈到得意之处,赶忙接吻,接吻之后,又继续猛谈。你一言,我一语,甜言如丝,蜜语如麻,织成了另一个世界,两人就在这世界中沉醉。

29. 谈恋爱

关于谈恋爱,一位年轻朋友抬杠曰:"不说话不但照样可以恋爱,而且还爱得更深哩。哑巴不是照样恋爱,不是照样可以结婚乎?甚至既哑巴又盲聋的朋友,同样恋爱不误,你难道说他们都是畜牲,只会性交,而没有爱的情操乎?"

非也非也,柏杨先生根本不是这个意思,哑巴朋友和盲聋朋友,当然有爱情,盖他们的心灵并没有哑巴,也没有盲聋也。不过,问题是，抚摸可以表示爱，但不能代替言语。互相凝视也可以表示爱，同样也不能代替言语。爱情是个很复杂的东西，不能全靠“含情脉脉”和“会心的微笑”。你阁下上班时打一个电话回家，对娇妻曰：“我爱你！”她真能高兴得多给你煎个荷包蛋。而一个臭男人正在办公室心魂不定，女朋友打电话来曰：“天凉了一点呀，你现在要加上一件衣裳才好呀。”他恐怕马上就唱起歌来。哑聋男女，便无法传递这种心声矣。

最主要的，哑巴和聋盲朋友，他们不得不放弃言语，也就是说，不能用言语表达感情是一种严重缺陷，等于没有腿不能走路是一种严重缺陷一样。没有腿的人坐在轮转椅上照样可以东奔西跑，但我们不能说那是正常的，或认为腿这玩意儿一点也不重要。

抗战初胜利时，柏杨先生看到很多阿兵哥讨了日本太太，那些想当年的金枝玉叶，一个个漂亮非凡，阿兵哥从军十载，一旦结了其婚，自然另有风味。但却有一个无形的鸿沟，一直横亘在二人之间，这鸿沟不是两国间百年大仇，也不是生活方式不同，而是言语不通。我有一个朋友，有一天请我光临他舍下吃饭，他们已结婚四年矣，生下一男一女，男孩刚会爬着走，女孩尚在襁褓。日本太太含笑迎客，宾至如归，大家团团而坐，一面吃一面谈，我曰：“贤弟媳，难为你啦，中国生活过得惯乎？”她瞧我两眼瞪她，知道是跟她说话，连忙含笑鞠躬曰：“谢谢。”我曰：“我这个老弟，有点粗线条，可是却是一个好人，你要用心管管他。”她仍是含笑鞠躬曰：“谢谢。”我曰：“美子呀，闲时候教他学学日文，中国人学日文要比外国人学日文容易得多。”她还是含笑鞠躬曰：“谢谢。”我正要继续努力发言，朋友曰：“老哥，别费唾沫啦，她一句中国话都不懂。”我曰：“那么你的日文一定炉火纯青矣。”他曰：“我只会一句，八格野鹿。”我大惊曰：“小子小子，你们恋爱是怎么谈的？”他曰：“连一句都没谈，她父亲战死啦，母亲卧病在床，我一进门，她瞧我手提机关枪，雄赳赳气昂昂，一副皇军气派，就心肯啦。别看我识字不多，却福至心灵，觑出苗头。有一天我就那么一——嗨，反正是上了床啦。用洋派话说，那就是结了婚啦。”我大惑曰:“这些年来你们靠啥互通心声呀?”他愣了半天曰:“啥叫心声?我只知道睡觉。”

谈恋爱有谈恋爱的专用言语,谈到了高潮,出了黄色花样,则有黄色花样的言语。这种言语不便于举例说明,举起例来恐怕文崽大怒,轻则开除台湾“中国文艺协会”会籍,重则一纸报告上去,老头皮有破裂的危机。好在就是不举例子,读者老爷也知道那些话是啥,不仅普通小民到时候会如此如此,便是圣崽大人,到时候也会如此如此。我有一个朋友,恋了七次爱,都没有恋成,眼看成啦成啦,大家都泻空了尊肚,准备吃他的喜酒啦,小姐们却一个接一个撤退。众朋友关心之余,知道柏杨先生颇有点道行,就公推我前去考察,以便相机开导。考察的结果是,他阁下道德学问,简直没话可说,孔丘先生见了他都得和他握手,也大概是道德学问太多的缘故,在小姐面前,仍忍不住往外乱冒,在紧要关头而仍以兄长的姿态和口气“爱护她”,就此路不通矣。

这种现象倒可以举个例。有一天二人吃过小馆,她提议去看电影,看电影时他好像刚当选了孔孟学会常务理事,正襟危坐。小姐看见银幕上接吻的镜头,在他耳边曰:“这个吻好疯狂呀。”他摇头曰:“不像话,不像话。”看过电影,小姐提议跳舞,跳舞当中,他一面踩她的脚,一面端嘴脸曰:“这种不正当的地方,我劝你以后还是少来,有时间看看书也是好的。”结果如何,不必细问。呜呼,我们当然可以说他不懂风情,但更具体的是,他在谈恋爱时说的却是站在讲堂上的话;该甜言蜜语的时候却冒出来“致训词”节目,他不垮还有天理乎?

当然也有靠着翻译大谈特谈的,君不见二次大战时,美国大兵每到一地——好比到了法国吧,靠着一本英法字典,就谈起恋爱。不过这都是非常交易,而不是正常婚姻,而且其主要的目的似乎是“性”,而很少“爱”的成分。即令是一本专门为调情而编的“黄色大字典”,也不能包罗万象,把最惊心动魄的话一一列举,盖有些话只有在特定的两个男女之间和特定的时候才能说之的也。

这些话都不是有人教之的,到目前为止,还没有一个学堂开这门功课(如果有这门功课的话,包管警察局请那位教习吃官司),自然父母也不会教他;据说有些开明的母亲会教儿女们关于性的知识,但关于言语,却木法度也。夫言语是一种艺术,可予以规矩,不能使之巧也。连柏杨先生也只能告诉你一个原则,曰"嗲",至于怎么嗲法,嗲成了功,或嗲砸了锅,则全靠自己矣。

然则那是天生的乎?当然不是天生的。性是本能,爱情的言语乃得自于平常耳闻目染,一句下流的或骂人的话,用到特定的男女两人之间,反而更增加浓度。

30. 只有我们的老

两天以来,我们谈的是爱情和言语的关系,现在该言归正传矣。那就是,翻来覆去,我们不得不对杨传广先生和周黛茜女士二人的婚姻,感到困惑。最大的问题在于,他们当初是怎么恋爱上的乎,言语既不足以"谈恋爱",剩下的便只好"摸恋爱"矣。"摸恋爱"似乎有三种类型,一种是吾友和日本太太"结结巴巴式",一种是哑子朋友"比比画画式",另一种则是既哑且盲"伸手乱抓式"。而"结结巴巴式"似乎还是"摸恋爱"中最高级的,杨传广先生和周黛茜女士可能属之,除了结结巴巴用英语"埃拉夫油""油啊尔鼻涕拂耳"外,再继之以强壮的臂膀和一张奇异的大嘴,后来索性生米煮成了熟饭,不隆重结婚不行矣。

这不是说凡结结巴巴式的"摸恋爱",一定没有爱情。而是说它可能没有爱情,互传心声是爱情的基础之一,缺少这一个基础,爱情便会使人发软。如果杨传广先生在"世运会"上得了金牌,威名永在,"摸恋爱"和谈恋爱一样,其婚姻的幸福,准可预卜。可是他阁下在东京栽了斤斗,如果回到台湾,大家因他是留过洋的,而太太又是美国人的缘故,奴性一发,可能会端出种种理由,另眼看待。但他阁下如果继续留在美国,美国这个国家,社会波动非常厉害,拿过金牌的朋友过了两天都被忘啦,何况一个黄脸皮的二三流货色乎?十年八年下来那股劲就没有啦。

职业运动员唯一出路是当教练(有人说杨传广先生不是职业运动员,好吧,算你赢,不必在这里扯嗓门),杨先生似乎也只能当二三流教练,甚至更等而下之。美国太太一旦发现她“摸恋爱”摸出来的竟不是英雄,如果她还有青春,如果她的财富超过丈夫那一点点周薪,呜呼,他们的婚姻能不能继续美满,真叫柏杨先生在万里外为之担心也。

有一件事可以说明二位似乎已晕了头。当杨传广先生在东京大败之后,他对他的美国太太说了一句话,你猜那话是啥,其实用不着猜,报上已刊登来矣。他曰:“让我们去北海道休息休息,忘掉‘世运’吧!”真是诗意盎然。不过试问一下,去北海道要多少银子?该银子是他阁下自己挣的乎,抑美国太太供给的乎,或者仍要我们这些被瞧不起的中国同胞掏血汗钱继续孝敬乎?好像有一种不散的阴魂,认为靠罗马“世运”那一块银牌,就可以骑在同胞脖子上折腾一辈子。如果真能折腾一辈子,当然吉祥如意。而一旦折腾不下去,强烈的虚荣心落了空,恐怕好戏还在后头,我们继续有精彩节目可瞧也。

天底下没有绝对新鲜的事,使人发麻的节目,往往成双成对。读者老爷一定还记得赵令瑜女士吧,她阁下是有史以来唯一的一位肉包子打狗,有去无回的中国小姐。她在长堤落选了之后,哭成了泪人儿,说有人曾当面告诉她说,她简直可拿第一。吾友倪英伟先生在选美当时,正在长堤,来信感叹曰:“各国小姐在台上一字排开,只有我们的老。讲演节目中,她倒是口若悬河,但这不是英语讲演比赛。人家希腊小姐连简单的英文字都不会说,照样冠军,来美后深为中国人之摸不着重点而伤心。”

不过,自以为漂亮算不了啥,柏杨先生最近因为颇有几文,每隔一天,就吃一粒维他命,最近照照镜子,忽然觉得非往日之我,盖我现在又白又胖,美老头一个,街上的大姑娘都向我飞媚眼。好啦,连柏杨先生都有如此诚恳的自负,何况一个小小女子乎?但有一点却颇算了啥的,那就是她阁下隔洋告诉《中央日报》记者苏玉珍女士曰,她明年还要参加,这就不能不使人五体投地矣。于是我又感到困惑,中国人是一个"念旧"的民族,所以历届中国小姐,都是沙里淘金式,反正是那么一伙人,今年选不上,明年卷土重来。一个个抱着"只许成功,不许失败"的决心,用种种奇计妙法,不达到目的,誓不干休。幸好只举办了四届,看样子四十届之后,参加第一届的落选小姐,仍要抗战到底也。问题是,洋大人之国,能允许 1964 年落选小姐参加 1965 年选拔乎?

美女如此,英雄亦然,杨传广先生也扬言要参加墨西哥"世运"。前已言之,届时只要派柏杨先生一个人参加就行矣,反正是拿不到分,反正是丢人现眼,何必再劳动美国太太的丈夫乎?而杨先生之再参加也,不知道那笔钱归谁出。还是老话,是他阁下自己出乎,抑美国太太的美援乎,再不然仍是中国小民血汗钱乎,如果他自己出,或是美国太太美援,我们没啥可说,如果仍要靠我们小民的血汗钱,则我们小民便得思量思量矣。固然运动不比选美,但在本质上却是相同的。"老"是一个无情的打击,赵令瑜小姐不知道有老,才眼花缭乱。杨传广先生也不知道有老,才成了今天这番情况,而且墨西哥之战再下来,排了个倒数第一,恐怕他的婚姻就更要不妙。

自然,妙不妙是他自己的事,我们不必插嘴,但这种念头怎么一下子跑到他阁下脑筋里哉?实在值得研究。

31. 除夕叫停

抗战期间，柏杨先生曾去过河西走廊，在酒泉张掖一带，逗留了几个月。当地有一种风气，凡大宅巨户门上，几乎都有一匾，匾也者，千篇一律的高帽之词。其中有一家的高帽最为惊人，曰“排长第”，该家主人曾在马步芳先生的部队中当过排长者也；又有一家更是出众，曰“班长第”，该家主人同样的在部队中当过班长，不过他是正规军中的班长，一个班长抵他三个排长，所以也亮起招牌。

当时大家看啦，无不失笑，柏杨先生更笑得人仰马翻。可是笑过之后，这些年来，却一直觉得这里面有点问题。呜呼，如果该匾不是“排长第”“班长第”，而是“状元第”“宰相府”，大家还笑不笑乎哉？恐怕不但笑不出来，代之而兴的势必是肃然起敬。有人曰：“这是因为排长太多，班长更举目皆是，而状元宰相比较少的缘故，谓之物以稀为贵。”其实也不尽然。如果柏杨先生大门上也悬上一匾，匾曰“柏杨第”，或者更写实主义，曰“小偷第”（想当年柏杨先生年轻时，手脚灵活，曾有过若干利落表演，有一次在上海四马路一家成衣店连“俘”了五十套西装，都没被发觉，这些事警察局都有案可查的，非我向你们后生小子瞎吹牛也）。好啦，这够物以稀为贵了吧，你阁下笑乎不笑乎？阁下不把牙笑掉，已算你够沉住气矣。

这似乎是一种封建观念在作怪。一个人只要当过三天校长，他就一辈子都是校长；一个人只要当过三天局长，他就一辈子都是局长。读者先生如果不信，用不着去河西走廊乱瞧，只在台北就够你饱眼福的。前些时我去看一个朋友，朋友不在，问他哪里去啦，朋友太太曰：“主席有事找他去呀。”我大惊曰：“是台湾省政府主席乎？”她生气曰：“是咱们省的主席呀。”该主席便跟“班长第”同样的是老古董。又有一天，我在家被煤球账逼得团团转，一个朋友光临，谈起来他要办一个工厂，我提醒他文人从政，固然干不好，还有干好的希望；文人从商，恐怕有赔无赚，小心小心。他眉飞色舞曰："部长说啦，他可为我打开外销。"打听了很久，部长也者，也是一个过气的。

老古董而仍以"现代化"自居，过气的而仍以"现任的"自居，实在是人类一大闹剧。赵令瑜小姐想再度参加选拔，杨传广先生想再度参加"世运"，大概是一时磨不开脸，或一时下不了台。唯一不同的是，政治上商业上有东山再起的机会，至少理论上有此可能，而选美会或运动场上，事关容貌身材的变迁，肌肉的弹性和体力的衰退，则绝无此可能也。

有些正人君子曾在报上为杨传广先生抱不平，说结婚不影响体力，不但不影响体力，反而更调和体力哩。该正人君子真应该亮出真名真姓，最好能刊登玉照，以便小民向他阁下欢呼，这种话那些老夫少妻的朋友最爱听啦。问题是，结婚只可以说不影响寿命，甚至还可以说能延长寿命，却不能说不影响体力，更不能昧着天良说反而更调和体力也，夫寿命和体力是两回事。一个九十岁的老头和一个二十岁的小子，都是同样的活着，可是老头的体力，能比得过小子乎？任何一个国家征兵，其年龄都限定二十岁上下的小子，便是看中了小子的体力。呜呼，如果有谁一时发了神经，把柏杨先生也征去服役，不要说跑步啦，便是爬都爬不动矣，而且一旦跌倒在地，陈年老疾，一时并发，躺到军医院光荣的床上，既吃药又打针，"国防部"岂不是倒了大霉乎耶？

即令结婚不影响体力，也影响肌肉的弹性。君知道杨传广先生今年高寿几何？再过四年又高寿几何？东京"世运"那年他三十一岁，墨西哥"世运"时，他已三十五岁矣。这种年龄，拿到大学堂当教习有点太小，但拿到运动场上蹦蹦跳跳，便未免太老。杨传广先生曾在台湾省运动会上表演过几手，你看他一面手舞足蹈，一面香汗淋漓，几乎当场虚脱，旁观者无不为这位英雄末路，黯然神伤。辛稼轩先生词曰："不知筋力衰多少，只觉新来懒上楼。"我们可套之以叹杨传广先生曰:“不知筋力衰多少,只觉近来喘如牛。”哀哉!也有另一部分正人君子在报上说,杨传广先生二十天前在美国还精神勃勃,二十天后怎么会衰退乎?二十天前他在美国是不是真的精神勃勃,恐怕还是问号。即令真的精神勃勃,也不能保证二十天后仍不差分毫,盖体力衰退是累积起来的,二十天固然短,而一个人的一生却是由很多二十天累积而成。君不闻乎,有一个饿得发昏的穷措大,一口气吃了九个馒头都不饱,最后再吃下半个,饱啦,乃叹曰:“早知道这半个可以吃饱,何必吃前面那九个哉?”饱是九个半馒头累积起来的,半个馒头是吃不饱的焉。杨传广先生的衰老也是如此,东京“世运”不过是该半个馒头而已。

写到这里,暂时叫停,未完的话,留到明年再说。盖今天是除夕,柏杨先生辛辛苦苦,腰酸背痛,宣劳了整整一年,也应该休息休息啦。顺便在此向台北朋友致意,我又要南下避年啦。此身不在台北,所以大年初一,也不再去你府上迎头痛击,拱手如仪矣。至亲好友,千万也请不要贲临,届时驾到柏府,扑了个空,不但扫兴,而且万一我又隆重失窃,因而疑心到你阁下头上,一状告到警察局,把你传去问长问短,就显得不够交情矣。

过了年再见,柏杨先生暨你阁下,务必发财一同,发得越多越不嫌多。是祝。

32. 南下杂感

柏杨先生南下避年,悄然而去,悄然而回。我说“悄然”,盖记实也,形势比人强,悄然不悄然,往往身不由主。记得十年之前,我在草屯小住,草屯乃南投县管辖,有一天开门撒尿,只见七八辆耀眼欲眩的小轿车,鱼贯而过,地方绅士及官崽人等,恭立道旁,猛鞠其躬,我吓得连尿也没敢撒，就跳跟逃回，原来县太爷李国桢先生下乡视察来矣。后来他阁下成了“奉命不上诉学”男主角，弄了一身官司，连他题的日月潭国民小学堂招牌都被校长砸掉（换上当时台湾省教育厅长刘真先生题的）。有一天我又出门撒尿，看见他阁下一个人在道旁踽踽而行，好不两袖清风也。（注：当时因没有官劲阻碍，我就撒了个痛快。）

这是过气的，还有当行的，现任“教育部长”阎振兴先生从台湾省“教育厅长”宝座下来时，虽然还有一个台湾省立成功大学堂校长干，但那是冷板凳，他不理别人，别人也不理他。可是就在上月，平地一声雷，当了“教育部长”，前天报上说，他从台南来台北到差的时候，车站上就有数百人欢送的场面。呜呼，柏杨先生虽不想悄然，也热闹不起来。

这次南下避年，最使我伤心的是本专栏《倚梦闲话》不得不中断半个月之久。临锁门开拔时，我还念念有词曰：“避年期间，仍要猛写，一天不停。”不过我有个比较伟大的毛病，那就是必须伏在我那张破桌子上，脑筋才能旋转。桌子太过于漂亮，会觉得浑身发烧，写不出。桌子太烂，穷气熏人欲醉，也写不出。于是一停就停了十数天，以致稿费全无，痛哉。

常有些人说台北的人情薄，薄不薄很难一言为定，柏杨先生大概是过惯啦，即令是薄的话，似乎薄得也非常习惯。就计程汽车而论，在台北坐之，理直气壮，表上跳多少钱就是多少钱，从没有听说顾客和司机卷起袖子，互相“干你老母”的，即令是过阴历年，也是一板一眼。对于穷朋友，出租车真是一大恩人，腰里有十元，就坐它十元；有二十元，就坐它二十元，很少有坐漏了底的现象。

可是中南部那些人情敦厚的城市，坑人的花样简直比台北还要狠。初三那一天，柏杨先生在台中中央书局门前，叫了一辆出租车去台湾省立体育专科学堂，坐上去还没走几步，司机老爷就转回尊头，怒目曰：“三十元。”呜呼，从中央书局到体育专科学堂，竟要三十元，这不是谋财害命是啥？该车是“新幸福”车行的，看起来还是台北的人情薄一点好。

提起出租车,又想到"正名"问题。记不得哪一天啦,柏杨先生曾非常困惑过,明明是"出租车",车顶上却矗立着"出租车","计程"二字不但简单明了,而且崇法务实,盖"出租"的范围要广得多。不计程的汽车也可照叫出租汽车,若旅行社的旅行车焉,若游览公司的游览车焉,若公路局的长途车焉,为啥不能使之更切合实际乎哉?

这是官方"正名"问题,还有民间"正名"问题,那就是"他哭兮"。平常日子,柏杨先生不大上街,孤陋寡闻,还不知道出租车又叫"他哭兮"。也是这一次南下避年,长了见闻。初七之日,我刚出高雄车站,就听见一个妙龄女郎,纤其腰而露其腿,玉手乱招,娇喊曰:"他哭兮。"我看她招手的方向正对着我,还以为是叫我前去安慰她一番哩。遇到这种惊艳场面,当然也顾不得老妻啦,乃扶正领带,力疾前往,好容易跑到跟前,刚嗅到从她身上发出的香味,而她阁下已跳上出租车走她娘的啦。这才恍然大悟,原来出租车不叫出租车,而叫"他哭兮"。

最严重的是老妻也传染上这种舌头之痒。昨天南下避年归来,出了台北火车站,正要去搭公共汽车,她竟然也一摆粗手,唤曰:"他哭兮。"我当时就叹曰:"夫人,不要再叫他哭兮啦,再叫可就要我哭兮啦。"嗟夫,我想世界上最不可忍耐的是中国人在中国土地上,对中国人乱冒洋话。尤其是像柏杨夫人者流,识字不多,派头不小,就更凄惨悲凉。

33. 送到圣人庙

我们本来正在写杨传广先生的,写着写着,阴历年一脚插进来,插断了气。现在避年已毕,四大皆空,应该言归正传矣。

在南部时候,有些朋友问我曰:"柏老柏老,你哇啦哇啦半个月,尽谈男女婚姻,那和杨公夫妇有啥关系哉?"呜呼,我自以为翻来覆去说得很详细啦,而竟然仍有些人执迷不悟,真是伤心,现在索性大嗓门嚷嚷吧。那就是,依常情来说,周黛茜女士崇拜杨传广先生的成分多,而爱杨传广先生的成分少。爱固然可以包括崇拜,但崇拜绝不就等于爱,更不一定包括爱。以爱为出发点时,她将处处为丈夫着想,而以崇拜为出发点,她就要抓住丈夫的小辫子荡秋千矣。

这是很显然的。周黛茜女士向以美国人自居,主要的是,中国现在行情太低,没有崇拜的价值,如果中国现在伟大得不像话,她恐怕又是一番表情。于是乎,杨传广先生名闻天下时,"杨夫人""杨太太"飘飘然而沾沾自喜。而如今杨传广先生似乎要完了蛋,呜呼,我不是铁嘴大学堂毕业的,故不敢预言他们的婚姻一定会拆伙,但我却不得不为他们间的幸福,捏一把汗。

杨传广先生参加东京"世运",理所当然,而他太太竟然也跟了前去,真是货真价实"二十年来目睹怪现状"。当然啦,台湾政府给她一个头衔,曰"女管理",问题是她如果押宝没有押到杨传广先生头上,而押到柏杨先生头上,成了"柏夫人""柏太太",官崽们能冒出"女管理"灵感乎。有人说这没啥了不起,没啥了不起当然没啥了不起,反正跟着"世运团"吃我们小民血汗钱的多得是,再添一个美国女人,又能多吃几文哉?但主要的,这是一个"特权观念"问题。杨传广先生不过在前届"世运"中拿到第二名,就既派"太子洗马"远涉重洋,伴他读书,又把他太太也弄成名闻国际的"女管理",父母也跟着双双观光东土(这一记表错了情)。开幕那天,连拿金牌的挪威王子都下场徒步一周,只有杨传广先生一人高踞台上,顾盼自雄。有人说他不知耻,有人说他小人得志不学无术。柏杨先生觉得并没有这么严重,而只是"特权"观念作祟,大家先自动自发地手忙脚乱,丑态毕露罢啦。

洪荒时代,一人得道,鸡犬升天。老家伙当了皇帝,跟他一块拼老命流鲜血的朋友,也就是"功臣",不是杀之,就是烹之。了不起封他一个侯爵，就到顶尖啦，而他那些毫无贡献的兄弟姐妹老婆娘，却王焉公焉公主焉郡主焉，舒服舒服。这种观念，一直到了今天，都阴魂不散，在杨传广先生头上转来转去。瞧他阁下从东京回国那一段吧，请他去台湾省运会上表演表演，他那种吊儿郎当的模样，一股子满不在乎的嘴脸，好像在洋人跟前卖劲才有意思，在你们这些土豹子眼前，真是委屈万状（也幸亏他吊儿郎当，盖吊儿郎当他还汗如雨下，如果真的勇猛起来，真要断了筋也），好像他花中国人血汗钱，“乃属天命，非人力也”。昨天听说他阁下向“教育部”要求继续给他公费，表示还要继续留美研究。呜呼，不知道他继续留美研究些啥。继续研究他的美国太太和孩子乎，抑继续研究怎么再吊儿郎当乎？

我想一定有人努力支持杨传广先生继续留在美国，即令“得道”的人本身不太坚决，“鸡犬”们也会奋勇劝进。不要说别的，即以远洋伴读的“太子洗马”而言，他首先就不会愿意杨传广先生打道回府。盖杨先生一回了府，他还靠啥吃啥，只好也跟着回府，损失就惨重了矣。至于一些身在台内而靠杨公混混的一批体崽，也不能眼睁睁瞧着树倒猢狲散，自必用种种奇计怪法，继续慷小民之慨。

就在这次避年途中，遇到一位体育界朋友，他也是既得利益分子之一，所以说起话来，颇为温柔敦厚。他曰：“‘世运会’的主旨，在于参加，不在于得分。我们责人不能太苛，杨传广也是一个人，怎能一定求其必胜哉？”听了之后，当时就考虑上书官府，把他送到圣人庙。原来“世运会”的主旨竟然只是参加而不是得分的，呜呼，这是人家奥林匹克主席的话，在于鼓励和安慰，想不到落到中国畸形人手里，就成了响尾蛇飞弹。如果参加“世运”的目的，真的并不在得分，则以后可以不必选拔啦，在成年的公民中抽签可矣。而柏杨先生也想参加参加，柏杨夫人也想当当女管理，成乎？成乎？他妈的。

俗云：“养兵千日，用兵一时”，养兵的目的就是在于打胜仗，如果养兵养得十分起劲，开到前线，稀里哗啦，一哄而散，恐怕军事法庭有得忙的。小民拿血汗钱养杨传广先生，官崽体崽内外夹攻，既派太子洗马，又养洋婆骑驴，其目的只不过是为了参加，而不是为了拿金牌，恐怕连太上老君听啦，都得气绝身死。

34. 长江后浪推前浪

英国一代伟人丘吉尔先生死矣，而且葬矣，他阁下不仅是英国的救星兼欧洲的救星，也是自由世界的救星。当他登上首相宝座时，法国已经投降，美国尚未参战，只剩下不列颠三个小岛，在德国雷霆万钧的军力下发抖。那时候如果不是他挺身而出，德军一登陆英伦，美国立国传统又是第一拳总是让别人先动手的，德日不犯他，他再心痛也打不起来。于是德军东征，日军西伐，在印度焉，甚至在重庆焉、西藏焉会了师，今天又是一番天地，此时大家恐怕都在努力喊天皇万岁哩。

所以丘吉尔先生是一个救命恩人，希特勒先生恨他恨得入骨，当丘吉尔先生在下院发表他那段千古不朽、隽语横生的演说之后，德国轰炸英国的每颗啸声炸弹上，都漆着"敬赠丘吉尔"，一则泄愤，一则也是心战，叫英国小民瞧瞧，如果能把丘吉尔赶走，你们就不致挨这家伙啦。

可是提起来真叫人伤心，等到德国一投降，反对党就要求普选，丘吉尔先生气得七窍生烟，七窍生烟仍挡不住对方的攻势，只好可怜兮兮向工党商量，等他的政府击败了日本之后再大选行不行？当然不行，好吧，选就选吧，以我拯救国家民族于危亡的伟大功劳，怕小民不选俺保守党乎？选举的结果是啥，世人皆知，他阁下竟垮了台，而由艾德礼先生继任首相。其中最尴尬的局面是，在大选揭晓之前，丘吉尔先生出席国际间的巨头会议，不得不把艾德礼先生像尾巴一样带着，以便他进入情况，一旦当选，好来接棒。——写到这里，想起来一桩往事，1949 年上海大战尾声之际，一位立法委员要搭机来台，当时军事首长汤恩伯先生严加拒绝，还大义凛然曰："你不是平常在立法院总攻击政府，说这也不对，那也不对乎？今天还跟着政府干啥？"把该立法委员整得眼如铜铃，后来还是别人出面说情，才算搭上飞机。

这种狭隘的气质和糊涂的观念，是使中华民国弄到今天这种地步的主要原因。看情形如果把丘吉尔先生换成了畸形人，恐怕半路上不把艾德礼先生推到大西洋里才怪，即令不把他推到大西洋，也会不跟他说话。

这都是题外闲扯，话说大选揭晓，民族救星被受恩的小民一脚踢，全世界为之愕然。当时有一个美国记者前去访问，为了安慰老头，乃曰："阁下，那些因你而得救的小民，真是忘恩负义。"丘吉尔先生咬着他那根奇臭的雪茄，答曰："一个忘恩负义的民族是年轻的，这证明我们英国人并不老大。"呜呼。

丘吉尔先生赞扬那些背弃他的小民，并不是真的欣赏忘恩负义，而是在打该美国记者的耳光，从这个耳光上可以看出丘吉尔先生够得上一个伟人水平，他不仅有胸襟，而且有认识。盖小民们选他不选他和忘恩负义不忘恩负义无关，那只是一个单纯的"接棒"问题。无论如何，接力赛要优过单跑，一个人一口气跑一万公尺，差不多到极限啦，如果跑十万公尺的话，恐怕肠子都能跑出来。而接力赛则可以一口气跑十万八千里——不但可以跑十万八千里，简直可以与天地同寿，无穷无尽地跑下去也。

诗不云乎："长江后浪推前浪，自古新人换旧人"，这是天老爷正常的安排，自以为非他莫属的，便是畸形人。杨传广先生罗马"世运"光荣的时代已经过去啦，除非耶稣基督亲自出马，照他尊肚上吹口仙气，把他的年龄恢复到二十岁，或把他的肌肉吹出弹性，他再不会有当初那些好日子矣。这和那位肉包子打狗的赵令瑜女士一样，她将来可能当女总统，也可能当皇后，但她再也不能站在长堤选美会的延伸台上矣。这也不是小民忘恩负义，而同样的也是接棒问题也。1965有1965的中国小姐，1966有1966的中国小姐，如果该1964年的老资格一直蹲在高台上不肯下来，人家一叫她下来她就珠泪双抛，说别人忘恩负义啦，我们还有啥可说的。即令我们良心一昧，眼睁睁看着其他如花似玉被摒被斥，被阻在台下凋零，而她自己能不觉得良心难过乎？

现在这种“体育明星”制，已经走到错路上，但是只要能捧出明星来，我们仍万分同意。不过就是捧明星的话，也应该捧新明星，而不应该捧老古董。杨传广先生公费期满后，应该停止啦，用来再培植新的血轮，新的血轮最大的好处是可以不必多一个伴读的太子洗马。一想起来新血轮，我就浑身不自在，东京“世运”上，大家以为杨传广先生十拿九稳，想不到别的国家冒出的竟全是年轻力壮的新人，而又“只有我们的老”。

杨先生如果有胸襟，有认识的话，不妨效法丘吉尔先生，自动把棒交出来算啦，交给二十岁的小伙子。如果他不能自动交出来，只有请“政府”帮助他交出来矣。公费满后，请他回国，他如果不回国，就让他留在美利坚自己折腾可也。下次墨西哥“世运”，千万不要再敦请他们贤夫妇暨太子洗马一轰而往矣。如果需要丢人砸锅的镜头，请柏杨先生前往也是一样，而且我只要一半价钱。

然而，我并不是不为杨传广先生难过，一条英雄好汉，被美国太太和一堆儿女拉下了马，后生小子，能不慎哉。